Business Engineering

Herausgegeben von U. Baumöl, H. Österle, R. Winter

Springer
*Berlin
Heidelberg
New York
Hongkong
London
Mailand
Paris
Tokio*

Business Engineering

V. Bach, H. Österle (Hrsg.)
**Customer Relationship Management
in der Praxis**
2000. ISBN 3-540-67309-1

H. Österle, R. Winter (Hrsg.)
Business Engineering
2000. ISBN 3-540-67258-3

R. Jung, R. Winter (Hrsg.)
Data-Warehousing-Strategie
2000. ISBN 3-540-67308-3

E. Fleisch
Das Netzwerkunternehmen
2001. ISBN 3-540-41154-2

H. Österle, E. Fleisch, R. Alt
Business Networking in der Praxis
2002. ISBN 3-540-41370-7

S. Leist, R. Winter (Hrsg.)
Retail Banking im Informationszeitalter
2002. ISBN 3-540-42776-7

C. Reichmayr
Collaboration und WebServices
2003. ISBN 3-540-44291-X

Oliver Christ

Content-Management in der Praxis

Erfolgreicher Aufbau und Betrieb unternehmensweiter Portale

Mit 113 Abbildungen

Springer

Dr. Oliver Christ
Schorenstrasse 1
9000 St. Gallen
Schweiz
oliver.christ@unisg.ch

ISSN 1616-0002
ISBN 3-540-00103-4 Springer-Verlag Berlin Heidelberg New York

Bibliografische Information Der Deutschen Bibliothek
Die Deutsche Bibliothek verzeichnet diese Publikation in der Deutschen Nationalbibliografie; detaillierte bibliografische Daten sind im Internet über <http://dnb.ddb.de> abrufbar.

Dieses Werk ist urheberrechtlich geschützt. Die dadurch begründeten Rechte, insbesondere die der Übersetzung, des Nachdrucks, des Vortrags, der Entnahme von Abbildungen und Tabellen, der Funksendung, der Mikroverfilmung oder der Vervielfältigung auf anderen Wegen und der Speicherung in Datenverarbeitungsanlagen, bleiben, auch bei nur auszugsweiser Verwertung, vorbehalten. Eine Vervielfältigung dieses Werkes oder von Teilen dieses Werkes ist auch im Einzelfall nur in den Grenzen der gesetzlichen Bestimmungen des Urheberrechtsgesetzes der Bundesrepublik Deutschland vom 9. September 1965 in der jeweils geltenden Fassung zulässig. Sie ist grundsätzlich vergütungspflichtig. Zuwiderhandlungen unterliegen den Strafbestimmungen des Urheberrechtsgesetzes.

Springer-Verlag Berlin Heidelberg New York
ein Unternehmen der BertelsmannSpringer Science+Business Media GmbH

http://www.springer.de

© Springer-Verlag Berlin Heidelberg 2003
Printed in Germany

Die Wiedergabe von Gebrauchsnamen, Handelsnamen, Warenbezeichnungen usw. in diesem Werk berechtigt auch ohne besondere Kennzeichnung nicht zu der Annahme, dass solche Namen im Sinne der Warenzeichen- und Markenschutz-Gesetzgebung als frei zu betrachten wären und daher von jedermann benutzt werden dürften.

SPIN 10898697   42/3130/DK - 5 4 3 2 1 0 - Gedruckt auf säurefreiem Papier *für Antonia*

Geleitwort

Content-Management ist eine verschämte Umschreibung dessen, was von Knowledge Management übrig geblieben ist. Die Euphorie des Wissensmanagements, die von neuen Dimensionen der Suche von Wissen, der Ableitung von Erkenntnissen und der Kommunikation von Inhalten beseelt war, ist einer tiefen Ernüchterung gewichen. Wie nach jedem Hype lohnt es sich aber zusammenzutragen, was denn übriggeblieben ist und offensichtlich Bestand hat. Und das ist im Fall der neuen Formen der Wissensverarbeitung beachtlich. Die Wissenschaft und vor allem die unternehmerische Praxis haben ihre wissensintensiven Prozesse tatsächlich grundlegend überarbeitet und transaktionale Prozesse mit Wissensbestandteilen angereichert. Aktuelle, möglichst redundanzfreie Verfügbarkeit aller elektronisch verfügbaren Dokumente wird heute in vielen Fällen geradezu als selbstverständlich vorausgesetzt.

Trotzdem stehen die Unternehmen mit dieser Aufgabe in den Anfängen. Eine Vielzahl von parallelen Intranets bzw. Websites, eine bunte, heterogene Softwarewelt und primär technisch statt geschäftlich getriebene Lösungen führen zu extrem hohen Kosten für das Content-Management, die nur deswegen nicht stärker diskutiert werden, da sie nicht auf einer Kostenstelle, sondern stark verteilt auf viele Organisationseinheiten anfallen, so wie dies in den Anfangszeiten des Personal Computers (PC) der Fall war.

Die Arbeit von Oliver Christ hilft Unternehmen, Wege zur Ausschöpfung des Potentials aus elektronischen Dokumenten einerseits und zur Begrenzung der Kosten andererseits zu finden. Die Publikation hat den entscheidenden Vorteil, dass sie nicht nur über Schreibtisch-Lösungen, sondern über real erprobte Konzepte berichtet.

St. Gallen, im Januar 2003   Hubert Österle

Vorwort

Betrachtet man rückblickend die Entwicklung im Online-Bereich über die letzten fünf Jahren, ausgehend von den frühen Unternehmensauftritten im World Wide Web bis hin zu unternehmensweiten und -übergreifenden Portalen, die Inhalte aus heterogenen Quellen über verschiedene Kanäle (WWW, Mail, WAP) integrieren, werden die hohen Anforderungen an die heutige Organisation und informationstechnische Unterstützung des Content-Management augenscheinlich. Content-Management entwickelte sich von einer isolierten Aufgabe, die in der Regel von einem Webmaster übernommen wurde, zu einer Querschnittsfunktion, die verschiedene Organisationseinheiten des Unternehmens tangiert. Diese erstellen, pflegen, verteilen und löschen Content-Objekte im Laufe deren Lebenszyklen und benötigen zur effizienten Durchführung und Koordination ihrer Aufgaben verbindliche Prozesse und darauf abgestimmte Softwarefunktionen. Hersteller von Content-Management-Systemen versuchen diesen Bedarf bei der Entwicklung ihrer Lösung zu befriedigen und bieten Softwarepakete an, die ein breites Spektrum an Content-Management-Funktionalitäten abdecken. Manche Anbieter vertreiben dedizierte Lösungen zur Unterstützung isolierter Funktionsbereiche des Content-Management. Unternehmen, die vor der Auswahl eines Content-Management-Systems stehen, sehen sich einer Vielzahl von Lösungen gegenüber, die – obwohl sehr verschiedene technische Ansätze verfolgend – die gleichen Funktionen abzudecken versprechen. Um Fehlinvestitionen zu vermeiden, sollten Unternehmen vor der Auswahl eines Content-Management-Systems ihre Content-Management-Strategie entwickeln und davon ausgehend Prozesse und darauf abgestimmte Funktionen des Content-Management ableiten. Die vorliegende Arbeit betrachtet die Thematik Content-Management aus den verschiedenen Blickwinkeln: Strategie, Organisation und Informationssystem und verdeutlicht die Erkenntnisse anhand verschiedener Fallstudien.

Diese Arbeit entstand im Rahmen der Kompetenzzentren Business Knowledge Management und Customer Relationship Management des Forschungsprogramms „Business Engineering der Universität St. Gallen" (BE HSG) am Institut für Wirtschaftsinformatik der Universität St. Gallen. Die Kompetenzzentren des Forschungsprogramms BE HSG forschen anwendungsorientiert auf strategischen Gebieten der Wirtschaftsinformatik in enger Kooperation mit der Praxis. Der hohe Praxisanteil dieser Arbeit war nur durch die enge Zusammenarbeit mit allen Vertretern der Partnerunternehmen in den genannten Kompetenzzentren möglich, denen ich für ihre Offenheit und Kooperationsbereitschaft zu grossem Dank verpflichtet bin. Einen besonderen Dank für die kooperative Zusammenarbeit möchte ich an die Mitarbeiter von E-Plus richten, die mich tatkräftig bei der Entstehung der im Text integrierten Fallstudie unterstützt hatten.

Zum Abschluss dieser einführenden Worte möchte ich noch meinen Dank an verschiedene Personen richten, die mir direkt oder indirekt sehr bei der Entstehung des Buches geholfen haben:

In erster Linie danke ich Herrn Prof. Dr. Hubert Österle für die wissenschaftliche Betreuung der Arbeit und für die praxisnahen Arbeitsbedingungen am Institut für Wirtschaftsinformatik, die die Erstellung einer solchen Arbeit ermöglichten. Herrn Prof. Dr. Beat Schmid danke ich für die Übernahme des Korreferats und für die wertvollen Anregungen. Mein besonderer Dank gilt Herrn Dr. Volker Bach für die fachliche Unterstützung und für die angenehme Zusammenarbeit.

Ich danke meiner Frau Dörte Wittig-Christ für die emotionale und inhaltliche Unterstützung bei der Erstellung der Arbeit und in allen anderen Lebenslagen. Mit ihr zusammen gelingt, was nicht immer selbstverständlich scheint: Die Harmonie zwischen herausforderndem Berufs- und erfülltem Privatleben. Auf eine gemeinsame Zukunft mit ihr freue ich mich von ganzem Herzen. Bei meinen lieben Eltern bedanke ich mich für die vielfältigen Unterstützungen auf meinem bisherigen Lebensweg.

St. Gallen, im Januar 2003 — Oliver Christ

Inhaltsübersicht

1 Einleitung 1

2 Grundlagen 11

3 Content-Management-Strategie 48

4 Prozess- und Systemarchitektur für
   das Content-Management 83

5 Content-Management-Systeme 135

6 Projektszenarien 168

7 Zusammenfassung und Ausblick 184

XII Inhaltsübersicht

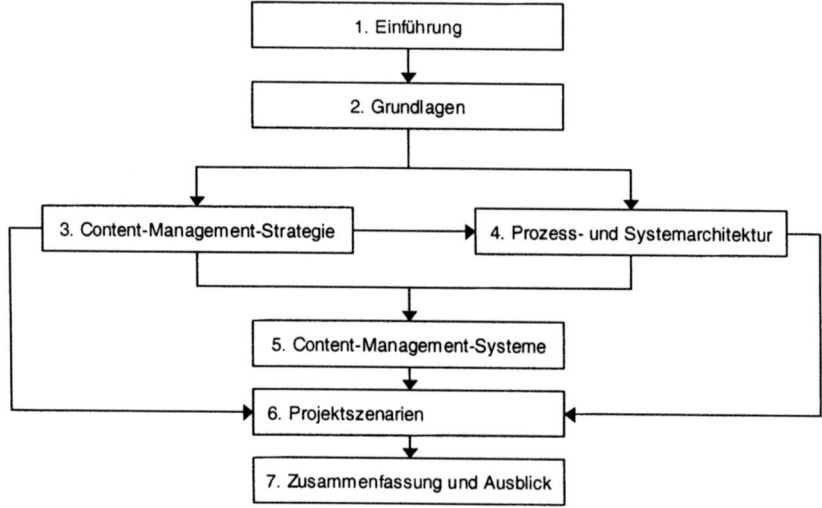

Inhaltsverzeichnis

Abbildungsverzeichnis XIX

Abkürzungsverzeichnis XXV

1 Einleitung 1
   1.1 Ausgangslage... 1
   1.2 Handlungsbedarf 7
   1.3 Ziele und Adressaten der Arbeit.................................... 8
   1.4 Aufbau der Arbeit... 9

2 Grundlagen 11
   2.1 Begriffsabgrenzungen 11
      2.1.1 Portale.. 11
      2.1.2 Wissensmanagement... 13
      2.1.3 Content-Management.. 15
   2.2 Business Architecture in the Information Age 16
   2.3 Potentiale einer Architektur für das Content-Management 17
      2.3.1 Architekturbegriff... 17
      2.3.2 Prozesse und Funktionen des Content-Management 18
      2.3.3 Einsatzgebiete der Architektur......................... 20
   2.4 Bausteine des Content-Management 22
      2.4.1 Intranet-Portal... 22
      2.4.2 Internet-Portal... 25
      2.4.3 Allgemeines Modell... 27
      2.4.4 Implikationen für das Content-Management 28
      2.4.5 Implikationen für die Content-Management-Architektur 29
   2.5 Technologische Treiber des Content-Management 30

2.5.1 Leistungsfähige Information-Retrieval-Systeme ... 30
2.5.2 Content-Syndication ... 31
2.5.3 Unified Messaging Systeme ... 32
2.5.4 Extensible Markup Language (XML) ... 34

2.6 Fallbeispiel E-Plus ... 39
2.6.1 Das Unternehmen ... 40
2.6.2 Struktur des Portals ... 40
2.6.3 Content-Syndication ... 43
2.6.4 Mehrkanalstrategie ... 44
2.6.5 Personalisierung ... 45
2.6.6 Trennung von Inhalt, Funktion und Layout ... 45
2.6.7 Strukturierte Inhalte mittels XML ... 46

3 Content-Management-Strategie ... 48

3.1 Strategische Komponenten des Content-Management ... 48

3.2 Potenzialanalyse ... 51
3.2.1 Fallbeispiel E-Plus ... 51
3.2.2 Allgemeines Vorgehen ... 52

3.3 Auswahl der Content-Cluster ... 53
3.3.1 Fallbeispiel E-Plus ... 53
3.3.2 Allgemeines Vorgehen ... 55

3.4 Auswahl der Content-Partner ... 56
3.4.1 Kooperationsformen und Vertragskomponenten ... 56
3.4.2 Fallbeispiel E-Plus ... 58
3.4.3 Allgemeines Vorgehen ... 61

3.5 Kanalmanagement ... 62
3.5.1 Fallbeispiel E-Plus ... 62
3.5.2 Allgemeines Vorgehen ... 63

3.6 Lösungstechnologien ... 65

3.7 Wirtschaftlichkeitsuntersuchungen ... 67
3.7.1 Fallbeispiel E-Plus ... 68
3.7.2 Anwendungsgebiete ... 69
3.7.3 Kostenelemente ... 69
3.7.4 Nutzenelemente ... 70
3.7.5 Bausteine eines Business Case für das Content-Management .. 73

3.8 Terminologiemanagement 74
    3.8.1 Anwendungsgebiete und Nutzenpotenziale 74
    3.8.2 Grundlagen 76
    3.8.3 Begriffsdefekte und deren Auflösung 78
    3.8.4 Allgemeines Vorgehen 80

4 Prozess- und Systemarchitektur für das Content-Management 83

4.1 Fallbeispiele zur Prozessarchitektur 83
    4.1.1 Fallbeispiel E-Plus 83
    4.1.2 Terminologiemanagement der Helsana Krankenversicherung .. 88

4.2 Prozesslandkarte 91

4.3 Rollenmodell 93

4.4 Funktionsübersicht 94

4.5 Content-Nutzung 94
    4.5.1 Anwenderzentrierte Content-Nutzung 95
    4.5.2 Management des eingehenden Content 96
    4.5.3 Prozessmodell des Nutzungsprozesses 98
    4.5.4 IS-Funktionen 99

4.6 Content-Redaktion 100
    4.6.1 Content-Quellen 100

4.7 Lebenszyklus von Content-Objekten 103
    4.7.1 Anforderungen an eine integrierte Content-Redaktion 105
    4.7.2 Prozessmodelle 107
    4.7.3 IS-Funktionen 114

4.8 Content-Syndication 115
    4.8.1 Der Zukauf von Inhalten über Content Syndikatoren 117
    4.8.2 Content-Syndication im Geschäftsnetzwerk 119
    4.8.3 Prozessmodelle 120
    4.8.4 IS-Funktionen 123

4.9 Content-Strukturierung 124
    4.9.1 Ordnungsprinzipien und Ordnungssysteme 126
    4.9.2 Metadaten 127
    4.9.3 Klassifikationsvarianten 129

    4.9.4 Prozessmodelle...130

    4.9.5 IS-Funktionen...134

5 Content-Management-Systeme.. 135

  5.1 Fallbeispiel E-Plus..135

    5.1.1 Ursprüngliche Systemarchitektur des Portals.........................135

    5.1.2 Einführung eines Content-Management-Systems
        in 3 Ausbaustufen..137

  5.2 Markt für Content-Management-Systeme 140

  5.3 Serverarchitekturen...142

    5.3.1 Liveserver...142

    5.3.2 Staging-Server...143

    5.3.3 Applikationsserver 144

  5.4 Spezialisierte Systeme zur Unterstützung des Content-
      Management 145

    5.4.1 Content-Syndication..146

    5.4.2 Content-Redaktion und -Nutzung 149

    5.4.3 Content-Strukturierung 152

  5.5 Content-Management-Systeme...157

    5.5.1 Autonomy 157

    5.5.2 Hyperwave 159

    5.5.3 Lotus Knowledge Discovery System 160

    5.5.4 Vignette..162

    5.5.5 SAP 164

  5.6 Funktionsportfolio der untersuchten
      Content-Management-Systeme...166

6 Projektszenarien... 168

  6.1 Fallbeispiel E-Plus..168

  6.2 Fallbeispiel Credit Suisse 169

  6.3 Systematik 170

  6.4 Rahmenbedingungen 171

  6.5 Projekttypen..171

    6.5.1 Content-Syndication..171

6.5.2 Konsolidierung Portal-Landschaft 174
6.5.3 Einführung eines CMS 177
6.5.4 Automatische Strukturierung von Inhalten 180

7 Zusammenfassung und Ausblick 184

7.1 Zusammenfassung 184

7.2 Ansätze zur Weiterentwicklung 186

7.3 Ausblick – Die Semantic Web Initiative 187
    7.3.1 Grundlagen 187
    7.3.2 Potenziale für das Content-Management 189

7.4 Ubiquitous Computing – Herausforderung für das Content-Management? 190
    7.4.1 Technologische Enabler des Ubiquitous Computing 190
    7.4.2 Anwendungsbeispiele des Ubiquitous Computing 196
    7.4.3 Herausforderungen für das Content-Management 198
    7.4.4 Zusammenfassung und Ausblick 199

Anhang A: Prozessarchitektur – Aufgabenbeschreibungen 201

A.1 Aufgaben des Nutzungsprozesses 201

A.2 Aufgaben des Prozesses „Erstellung Content" 202

A.3 Aufgaben des Prozesses „Pflege Content" 203

A.4 Aufgaben des Prozesses „Erstellung Templates" 205

A.5 Aufgaben des Prozesses „Pflege Templates" 207

A.6 Aufgaben des Prozesses „Feedbackmanagement" 208

A.7 Aufgaben des Archivierungsprozesses 209

A.8 Aufgaben des Aggregationsprozesses 209

A.9 Aufgaben des Distributionsprozesses 210

A.10 Aufgaben des Strukturierungsprozesses 211

A.11 Aufgaben des Prozesses „Terminologiepflege" 213

Anhang B: IS-Architektur – Funktionsbeschreibungen 215

B.1 Nutzungsfunktionen 215

B.2 Syndicationfunktionen 216

B.3 Strukturierungsfunktionen 217

B.4 Redaktionsfunktionen 218

B.5 Integrationsfunktionen 220

Anhang C: Materialien zur Fallstudie E-Plus 223

C.1 Ergebnisse, Lessons Learned und Ausblick 223

C.3 Ansprechpartner 226

C.4 Kontakte und Termine 226

Literaturverzeichnis 227

Sachverzeichnis 241

Abbildungsverzeichnis

Abbildung 1–1: Prognostiziertes Datenvolumen auf Intranets (Angaben in Terabyte) [Murray 2001, S. 2] 2

Abbildung 1–2: Homepage der Firma Cisco 3

Abbildung 1–3: Content-Broker integrieren Inhalte verschiedener Content-Provider 4

Abbildung 1–4: Onvista bietet Finanzinformationen über das Internet an 5

Abbildung 1–5: Integrierte Content-Nutzung über WWW & WAP (Hyperwave) 6

Abbildung 1–6: Gliederung der Arbeit 10

Abbildung 2–1: Ebenen einer Wissensplattform 13

Abbildung 2–2: BKM-Sicht Wissensorg. für Business Engineering 14

Abbildung 2–3: Business Architecture in the Information Age 16

Abbildung 2–4: Metamodell des Business Engineering 18

Abbildung 2–5: Geschäftsfunktionen und Unterstützungsfunktionen 19

Abbildung 2–6: Wissensmanagement als Unterstützungsprozess 20

Abbildung 2–7: Ein Intranet-Prototyp für das Schadenmanagement in Versicherungsunternehmen 23

Abbildung 2–8: Content-Management-Modell für die aktive Schadenentgegennahme 24

Abbildung 2–9: Homepage von Autobytel.com 25

Abbildung 2–10: Content-Management-Modell für den Kundenprozess „Autobesitz" 26

Abbildung 2–11: Allgemeines Modell für das Content-Management 27

Abbildung 2–12: Cycos-mrs - Unified Messaging Lösung 34

Abbildung 2–13: Trennung von Layout, Struktur und Inhalt in XML 35

Abbildung 2–14: Komponenten des Tamino Servers 39

Abbildung 2–15: Content-Partner von E-Plus (Auszug) 41

Abbildung 2–16: Startseite des E-Plus-Portals 42

Abbildung 2–17: Konzept des Content-Syndication 43

Abbildung 2–18: Syndizierte Inhalte auf dem E-Plus-Portal (MAX) 44

Abbildung 2–19: Mehrkanalangebot auf dem E-Plus-Portal 44

Abbildung 2–20: Trennung von Inhalt, Funktion & Layout im E-Plus-Portal....45

Abbildung 2–21: Auszug aus der Elementliste der XML-DTD 47

Abbildung 3–1: Elemente der Content-Management-Strategie und deren Beziehungen 50

Abbildung 3–2: SWOT-Analyse 52

Abbildung 3–3: Analyse der Content-Angebote im Vergleich zu Wettbewerbern 54

Abbildung 3–4: Vorgehen bei der Ableitung der Content-Cluster 56

Abbildung 3–5: Organisationsformen ökonomischer Aktivitäten [Sydow 1993, S. 104] 57

Abbildung 3–6: Fragen an Content-Provider (Auszug aus RFI) 59

Abbildung 3–7: Elemente des Standardvertrages mit Content-Providern......... 60

Abbildung 3–8: Vorgehen bei der Auswahl der Content-Partner 61

Abbildung 3–9: Storyboard für ein externes Content-Cluster 63

Abbildung 3–10: Vorgehen bei der Auswahl von Zugangskanälen 65

Abbildung 3–11: Technologielandkarte (Beispiel) [Thiesse 2001, S. 116] 67

Abbildung 3–12: Auszug aus einem Business Case für Content-Cluster 68

Abbildung 3–13: Basiskosten des Content-Management............................ 69

Abbildung 3–14: Kostenkategorien in Content-Management-Projekten 70

Abbildung 3–15: Nutzenelemente von Content-Management 72

Abbildung 3–16: Bausteine eines Business Case für das Content-Management 73

Abbildung 3–17: Quantifizierter Nutzen von Content-Management................. 74

Abbildung 3–18: Kosten-Nutzen-Verlauf des Terminologiemanagements [vgl. Hellmuth 1997] 76

Abbildung 3–19: Sprachebenen des Terminologiemanagement 77

Abbildung 3–20: Dimensionen eines Begriffes 78

Abbildung 3–21: Begriffsdefekte und deren Auflösung 79

Abbildung 3–22: Vorgehensmodell Terminologiemanagement 82

Abbildung 4–1: Aufbauorganisation des Content-Management bei E-Plus 84

Abbildung 4–2: Aufgabenkettendiagramm „Erstellung Eigencontent" 85

Abbildung 4–3: Aufgabenkettendiagramm „Integration Fremdcontent" 87

Abbildung 4–4: Aufgabenkettendiagramm „Pflege Content" 88

Abbildung 4–5: Aufgabenkettendiagramm des Prozesses
„Begriff aufnehmen" 90

Abbildung 4–6: Prozesslandkarte für das Content-Management 91

Abbildung 4–7: Zuordnung der Content-Management-Prozesse
zu den Bausteinen des Content-Management 92

Abbildung 4–8: Rollenmodell des Content-Management 93

Abbildung 4–9: Übersicht über die IS-Funktionen des Content-Management . 94

Abbildung 4–10: Content-Strukturierung und -Präsentation 96

Abbildung 4–11: Varianten des Usertracking im Internet 98

Abbildung 4–12: Aufgabekettendiagramm des Nutzungsprozesses 99

Abbildung 4–13: Funktionsunterstützung der Nutzungsprozesse 100

Abbildung 4–14: Systematik der unterschiedlichen Content-Quellen
[vgl. Bullinger et al. 2000, S. 21] 101

Abbildung 4–15: Content-Life-Cycle [vgl. Büchner et al. 2001, S. 85] 104

Abbildung 4–16: Beispielhafte Content-Redaktion in einer integrierten
Redaktionsumgebung [in Anlehnung an Gruhn et
al. 2000; Büchner et al. 2001] 106

Abbildung 4–17: Aufgabenkettendiagr. des Prozesses „Erstellung Content"... 109

Abbildung 4–18: Aufgabenkettendiagramm des Prozesses „Pflege Content".. 110

Abbildung 4–19: Aufgabenkettendiagramm d. Prozesses
„Erstellung Templates„ 111

Abbildung 4–20: Aufgabenkettendiagramm des Prozesses
„Pflege Templates„ 112

Abbildung 4–21: Aufgabenkettendiagramm des Prozesses
„Feedbackmanagement" 113

Abbildung 4–22: Aufgabenkettendiagramm des Archivierungsprozesses 114

Abbildung 4–23: Funktionsunterstützung der Redaktionsprozesse 115

Abbildung 4–24: Typen von Content-Syndikatoren [vgl. Werbach 2000] 116

Abbildung 4–25: Aufgabenkettendiagramm des Aggregationsprozesses 122

Abbildung 4–26: Aufgabenkettendiagramm des Distributionsprozesses 123

Abbildung 4–27: Funktionsunterstützung der Syndication-Prozesse 124

Abbildung 4–28: Search Engine vs. Discovery Engine
[vgl. Harty et al. 1999] 125

Abbildung 4–29: Klassifikation von Metadaten 128

Abbildung 4–30: Varianten der Content-Strukturierung 129

Abbildung 4–31: Aufgabenkettendiagramm des Strukturierungsprozesses 132

Abbildung 4–32: Aufgabenkettendiagramm des
Prozesses „Terminologiepflege" 133

Abbildung 4–33: Funktionsunterstützung der Strukturierungsprozesse 134

Abbildung 5–1: Systemarchitektur des E-Plus Portals 135

Abbildung 5–2: Systemarchitektur „Soll" Ausbauphase 1 137

Abbildung 5–3: Systemarchitektur „Soll" Ausbauphase 2 138

Abbildung 5–4: Systemarchitektur „Soll" Ausbauphase 3 139

Abbildung 5–5: Entwicklungstendenzen des weltweiten Content-
Management-Marktes (Angaben in Milliarden US$)
[vgl. Drakos/Votsch 2001, S. 8] 141

Abbildung 5–6: Live-CMS [Bullinger et al. 2000] 143

Abbildung 5–7: Staging-CMS [Bullinger et al. 2000] 144

Abbildung 5–8: Basiskomponenten eines Applikationsservers
[in Anlehnung an Busch 2000] 145

Abbildung 5–9: Kinecta Interact Architektur [vgl. Kinecta 2000] 147

Abbildung 5–10: Gadget-Syndication mit Plumtree Portal
[vgl. Plumtree 2001a] 148

Abbildung 5–11: RedDot Enterprise Architektur [vgl. RedDot 2001] 151

Abbildung 5–12: Integration von automatisch generierter und
vorgegebener Taxonomie [vgl. Semio 2000a, S. 4] 153

Abbildung 5–13: Durch Semio Taxonomy erstellte Taxonomie
[vgl. Semio 2000a] 154

Abbildung 5–14: SER Distiller Architektur 156

Abbildung 5–15: Autonomy Portal-in-a-Box Konzept [in Anlehnung an
Autonomy 2001] 158

Abbildung 5–16: K-Station Architektur [vgl. Lotus 2001b] 161

Abbildung 5–17: Vignette Content Products [vgl. Webber 1999;
Spencer 2000; Pierce 2001; Quakenbush 2001] 163

Abbildung 5–18: Architektur mySAP.com Workplace (Quelle: SAP AG) 165

Abbildung 5–19: iView Server Architektur (Quelle: SAP AG) 165

Abbildung 5–20: Funktionsportfolio der untersuchten Content-
Management-Systeme 166

Abbildung 6–1: Projektplan „Content-Syndication" 169

Abbildung 6–2: Projektplan „Content-Syndication" 173

Abbildung 6–3: Projektplan „Konsolidierung Portal-Landschaft" 176

Abbildung 6–4: Projektplan „Einführung eines CMS" 179

Abbildung 6–5: Projektplan „automatische Content-Strukturierung" 182

Abbildung 7–1: RDF Statement im Graphenmodell 189

Abbildung 7–2: Electronic Product Code 194

Abbildung 7–3: Auto-ID Konzept 195

Abbildung 7–4: Smartshirt für das Remote Patient Monitoring
(Quelle: http://www.sensatex.com) 197

Abbildung C–1: Kanalabhängige Kennzahlen 223

Abbildung C–2: Entwicklung der Nutzerzahlen MAP
(März - Dezember 2000) 224

Abkürzungsverzeichnis

API	Application Programming Interface
BPR	Business Process Reengineering/Redesign
DMS	Document Management System
ERP	Enterprise Resource Planning
FAQ	Frequently Asked Questions
FTP	File Transfer Protocol
HTML	Hypertext Markup Language
HTTP	Hypertext Transfer Protocol
ICE	Information and Content Exchange Protocol
I-Net	Internet/Intranet
IT	Informationstechnologie
LDAP	Lightweight Directory Access Protocol
PDA	Personal Digital Assistant
PDF	Portable Document Format (Adobe)
SAP	Systeme Anwendungen Produkte in der Datenverarbeitung
TCP/IP	Transmission Control Protocol/Internet Protocol
URL	Unified Resource Locator
WAP	Wireless Application Protocol
WFMS	Workflow Management System
WWW	World Wide Web
XML	Extended Markup Language

1 Einleitung

1.1 Ausgangslage

Die meisten Unternehmen verfügen zum heutigen Zeitpunkt sowohl über einen Webauftritt als auch über ein Intranet. In den letzten Jahren entstanden viele interne und externe Unternehmensportale, da Unternehmen die Potenziale des Internet erkannten und aufgrund des Verhaltens der Konkurrenz gezwungen waren, ebenfalls - und so schnell wie möglich - im Internet präsent zu sein. Gegenwärtig haben sich viele der Intranets zu Datenfriedhöfen entwickelt, auf denen die Mitarbeiter die gewünschten Inhalte nicht oder nur noch mit unverhältnismäßigem Aufwand finden [vgl. Nohr 2000, S. 4]. Ein Grossteil der Internetauftritte brachte den Unternehmen nicht den erhofften Erfolg. Die Ursachen sind mangelnde Berücksichtigung der Benutzeranforderungen (Mitarbeiter, Kunden, Partner), fehlende Internetstrategie sowie unkoordiniertes Vorgehen bei der Entwicklung der Plattformen. Viele Unternehmen haben die Situation erkannt und suchen nach zukunftsweisenden Lösungen. Damit sich die Fehler der Vergangenheit in abgewandelter Form nicht wiederholen, bietet es sich an, in einem ersten Schritt die momentanen Entwicklungen im Internet zu verfolgen, um daraus praktikable Lösungen für die Um- oder Neugestaltung der Unternehmensplattformen abzuleiten:

Starke Zunahme der Inhalte auf webbasierten Plattformen

Die Website der Firma *Zdnet* bestand im Juli 1999 aus 50.000 einzelnen Seiten. Bereits ein Jahr später ist die Zahl auf 240.000 Seiten angewachsen, die sich aus insgesamt 2 Millionen einzelnen Elementen (Text, Grafiken, Software etc.) zusammensetzen [vgl. Weinstein 2000]. Viele Unternehmen sind von dem erheblichen Wachstum ihrer Websites überfordert und kaum noch in der Lage, die einzelnen Inhalte effizient zu verwalten und benutzergerecht zu verteilen. Doch nicht nur im Internet explodiert die Menge der Inhalte. Insbesondere Intranets, die ursprünglich entwickelt wurden, um die Informationen schnell und gezielt Mitarbeitern zur Verfügung zu stellen, entwickeln sich zu unübersichtlichen Datenfriedhöfen. In Zukunft wird sich dieses Problem noch weiter verschärfen. Die Firma *International Data Corporation* prognostiziert für das Jahr 2006 ein weltweites Informationsvolumen auf Intranets von 1.200 Terabytes [vgl. Murray 2001, S. 2]. Die Menge der Informationen stellt an sich noch kein Problem dar. Wenn es Unternehmen schaffen, die Inhalte nach klaren Regeln zu strukturieren und zu filtern, Mitarbeiter, Partner und Kunden mit dem benötigten Wissen zu versorgen und über eine stringente Content-Management-Strategie verfügen, können sie sich dadurch erhebliche Wettbewerbsvorteile verschaffen.

2 Einleitung

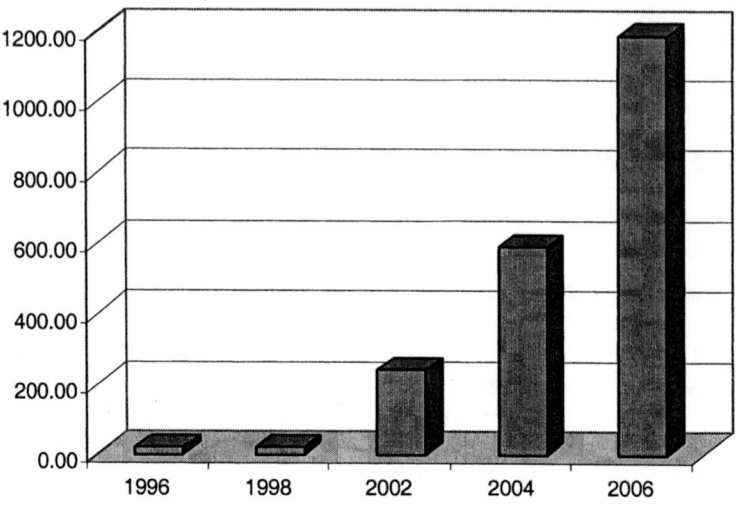

Abbildung 1–1: Prognostiziertes Datenvolumen auf Intranets (Angaben in Terabyte) [Murray 2001, S. 2]

Ausbau von Websites zu Wissensportalen

Viele Firmen begannen in den letzten Jahren damit, einen grossen Teil ihres Wissens über Produkte, Märkte, das Unternehmen etc. auf ihren Websites zur Verfügung zu stellen, um Kunden und Geschäftspartnern einfache Supportmöglichkeiten anzubieten.

So bietet die Firma *Cisco Systems, Inc.* auf ihrer Website Kunden umfangreiches Wissen zu den einzelnen Produkten (Telefonanlagen, Router, Netzwerkmanagement etc.) des Unternehmens an und verlagert so Teile des Serviceprozesses zum Kunden. Die Benutzer verfügen oftmals über ausreichendes Spezialwissen, um die benötigten Informationen zu einzelnen Fragestellungen selbständig über die Cisco-Seite zu beziehen und finden so schnell die Lösung für ihr Problem. Mitarbeiter publizieren neue Informationen zu den Produkten direkt im Intranet. Über spezifische Sichten werden Kunden über das WWW ebenfalls mit den Dokumenten des Unternehmens versorgt.

Abbildung 1-2: Homepage der Firma Cisco

Das Portal der Firma Cisco bildet die Schnittstelle zwischen den Prozessen der Kunden und den Geschäftsprozessen des Unternehmens. Wissen wird in Geschäftsprozessen erzeugt, kombiniert und verteilt und muss über klar definierte Unterstützungsprozesse aufbereitet und in die Portalseite integriert werden.

Aktualität, Relevanz und Richtigkeit der Informationen, die Kunden über die Website des Unternehmens zur Verfügung gestellt werden, kann nur gewährleistet werden, wenn klar definierte Content-Management-Prozesse und organisatorische Regelungen (Rollen, Prozessbeschreibungen, Verantwortlichkeiten) bestehen und mit den internen Prozessen (Produktentwicklung, Archivierung, Marketing) des Unternehmens verzahnt werden, so dass das webbasierte Content-Management ein Teil des unternehmensweiten Dokumentenmanagement wird [vgl. Nohr 2000; Büchner et al. 2001, S. 90-93].

Content-Provider und Content-Broker erleichtern die Content-Akquisition

Content-Provider wie *Reuters, Bloomberg oder Infospace.com* versorgen Firmenkunden mit externem Content. Content-Broker wie *isyndicate.com* (siehe

Abbildung 1–3) integrieren eine Vielzahl von Content-Provider und bieten Kunden einzelne, auf ihre Internetauftritte zugeschnittene Informationspakete an. Kunden können die gekapselten Informationspakete abonnieren und in Intranet- oder Internetportale integrieren. In der Vergangenheit nahmen zwar viele Unternehmen die Dienstleistungen von Reuters, Bloomberg etc. in Anspruch. Vielfach standen diese Services aber nur einzelnen Mitarbeitern über proprietäre Anwendungen zur Verfügung und liessen sich nur schwer in bestehende Informationssysteme integrieren. Aufgrund verbesserter Integrationsmöglichkeiten und standardisierter Dokumentenformate, sind Unternehmen in der Lage, externe Inhalte flexibel und benutzergerecht über I-Net-basierte Anwendungen zu verteilen.

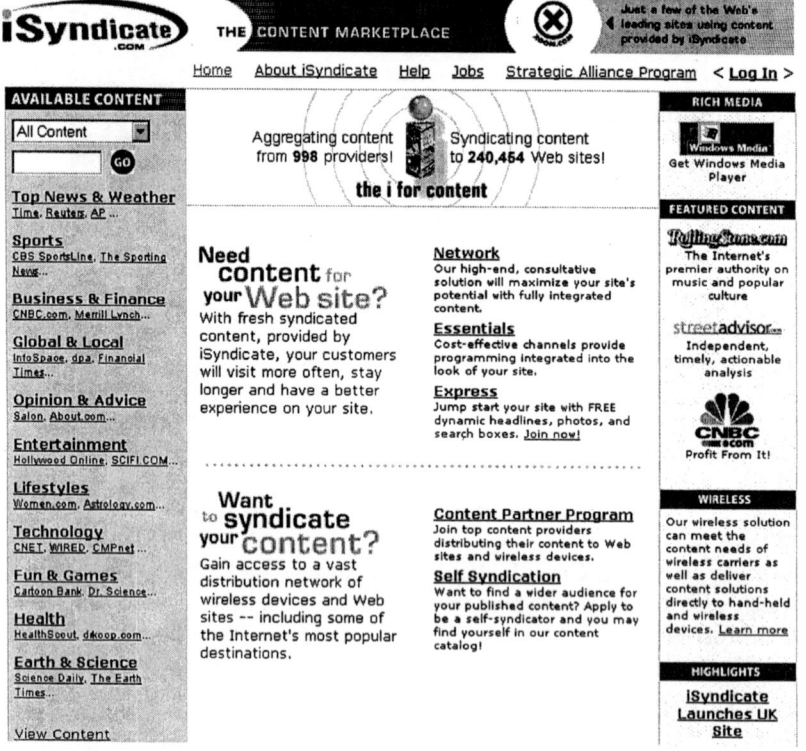

Abbildung 1–3: Content-Broker integrieren Inhalte verschiedener Content-Provider

Der Finanzinformationsdienst *Onvista* (siehe Abbildung 1–4) integriert Inhalte des Informationsproviders *Reuters* in ein Finanzportal und bietet Benutzern integrierte Sichten auf das aktuelle Börsengeschehen. Das Unternehmen bündelt Informationen wie Börsenkurse, Bilanzen, Kennzahlen, Nachrichten und Analystenmeinungen und bietet einen schnellen Überblick über Wertpapiere, Marktentwicklungen und Indizes. Onvista stellt diese Informationen Nutzern über das Internet zur Verfügung.

Ausgangslage 5

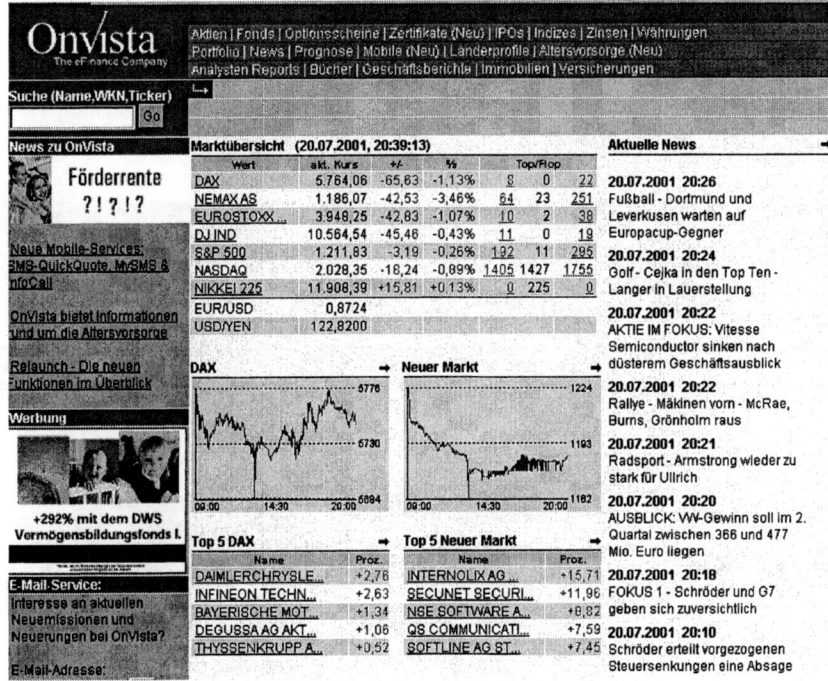

Abbildung 1-4: Onvista bietet Finanzinformationen über das Internet an

Die Integration von extern bezogenen Inhalten in Internet- oder Intranetplattformen kann zu einer gewaltigen Informationsflut führen, wenn die Inhalte nicht sorgfältig mit der Struktur der Website abgestimmt und ausreichende Filtermechanismen zur Verfügung gestellt werden. Firmen müssen sich über die strategische Relevanz des Content klar werden und versuchen, die auf ihre Internetstrategie zugeschnittenen Inhalte anzubieten. Unternehmen müssen Content-Strategien entwickeln, um sich von ihren Konkurrenten zu differenzieren, die gleichwertige Inhalte zu ähnlichen Konditionen vom Markt beziehen können.

Nutzer greifen über unterschiedliche Devices auf Inhalte zu

Die meisten Inhalte werden Benutzern zum heutigen Zeitpunkt über das Inter- oder Intranet angeboten. Interessenten greifen über den auf PC oder Notebook installierten Webbrowser auf die Informationen zu. In Zukunft werden Nutzer verstärkt andere Zugangsdevices wie z.B. Mobiltelefon, PDA oder Fernseher verwenden wollen. So prognostizieren Marktstudien in den kommenden Jahren ein enormes Wachstum der mobilen Internetnutzer gegenüber den traditionellen, PC-basierten Internetzugriffen. Aufgrund der verbesserten Bandbreite der Mobilzugänge (UMTS, GPRS) und verbesserter Benutzerinterfaces werden viele Benutzer den mobilen Zugang bevorzugen oder mindestens als parallele Zugangsoption fordern. Nach [Condon 1999] werden bis 2004 ein Drittel aller Europäer auf das Internet über mobile Endgeräte zugreifen. Für Unternehmen ist es wichtig, diese neuen Entwicklungen im Rahmen ihrer Internetstrategie zu berücksichtigen und frühzeitig Strukturen zu schaffen, um Inhalte über verschiedene Kanäle anbieten zu können. Content-Management-Systeme wie Hyperwave (s. Abbildung 1–5) verwalten Content-Objekte präsentationsneutral und konvertieren diese entsprechend devicepezifischer Vorgaben in die gewünschten Formate (HTML, WML, PDF etc.).

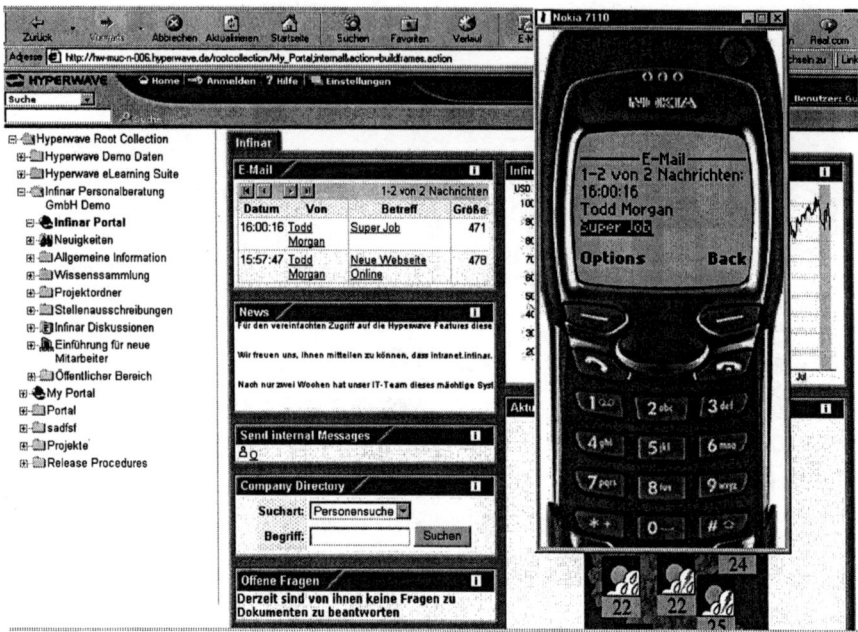

Abbildung 1–5: Integrierte Content-Nutzung über WWW & WAP (Hyperwave)

Mit Hilfe der XML-Technologie können Inhalte kanalunabhängig gespeichert werden. Die Verknüpfung von Inhalt und Layout geschieht erst zum Zeitpunkt des Abrufs der jeweiligen Seite. Durch die Strukturierung der Inhalte über XML-Dateien und die Erstellung von auf einzelne Devices zugeschnittenen Stylesheets können Unternehmen den Benutzern den Zugang zu ihrem Content über die jeweils präferierten Zugangsgeräte anbieten.

Integration von Web-Content-Management und Dokumentenmanagement

Unternehmen benötigen in vielen Fällen eine Kombination aus strukturierten und unstrukturierten Informationen. Die Informationen, die bspw. ein Call-Center Mitarbeiter einer Bank für die Bearbeitung einer Kundenanfrage benötigt, müssen aus unterschiedlichen Quellen zu einem integrierten Content-Cluster zusammengesetzt werden. Daten aus Transaktionssystemen und Datenbanken, interne Dokumente und Informationen aus dem Internet werden gebündelt und Mitarbeitern über das Intranet zur Verfügung gestellt. In den letzten Jahren begannen viele Firmen damit, ihre schwach strukturierten Informationen (Textdokumente, Präsentationen, Audiodateien) mit Hilfe von Dokumentenmanagementsystemen zu verwalten. Diese speichern die heterogenen Dateitypen i.d.R. auf einem zentralen Server. Getrennt davon werden Metainformationen, Zugriffsrechte und Indizes der einzelnen Objekte über Datenbanken organisiert. Die Erstellung und Pflege von Websites (Intranet, Internet, Extranet) erfolgt meist in separaten Anwendungen, die in spezialisierter Form den Web-Publishingprozess unterstützen. Mit zunehmendem Einsatz des Intranets als Hauptinformationsplattform im Unternehmen müssen die bisher getrennten Bereiche zu einem integrierten Informationsdienst verschmelzen, um aktuelle Informationen für Mitarbeiter, Kunden und Geschäftspartner bereitzustellen. Die prozess- und systemtechnische Integration von Dokumentenverwaltung, Transaktionen und Web-Publishing wird somit zum entscheidenden Wettbewerbsfaktor für Unternehmen.

1.2 Handlungsbedarf

Durch die weite Verbreitung des Internet haben sich in den letzten Jahren die Anforderungen an das Content-Management erheblich gesteigert. Einerseits bieten sich den Unternehmen durch die Vernetzung mit Geschäftspartnern, Organisationseinheiten und Kunden erhebliche Potenziale, andererseits müssen in den meisten Unternehmen massive organisatorische und technische Veränderungen vorgenommen werden, um diese Potenziale zu realisieren.

Typische Schwierigkeiten, die sich bei der Durchführung von Content-Management-Projekten ergeben, sind:

- In vielen Projekten werden die Content-Management-Prozesse von Grund auf neu entwickelt. Es besteht Bedarf, Referenzprozesse für das Content-Management zu definieren, die als Grundlage für individuelle Projekte herangezogen werden können. Dies umfasst die Beschreibung der einzelnen Aufgaben, die Definition von Führungsgrössen für diese Prozesse sowie die Abgrenzung zu angrenzenden Prozessen.

- Für das Content-Management müssen Informationen aus heterogenen Informationsquellen integriert und strukturiert werden. Neben Informationen aus Datenbanken, Hostsystemen oder Dokumentenmanagementsystemen, benötigen Unternehmen Inhalte von Geschäftspartnern, Content-Providern oder Content-Brokern, die sie in ihre Portale integrieren. Es besteht Bedarf nach einer idealtypischen IS-Architektur, die in Projekten als Grundlage für die Neu- bzw. Umgestaltung der Informationssysteme verwendet werden kann.

- Viele Content-Management-Projekte werden aufgrund des breiten Projektrahmens sehr komplex. Da Content-Management oftmals funktions- und organisationsübergreifend entwickelt werden muss, besteht die Gefahr, dass der Projektrahmen schnell unübersichtlich wird. Es besteht Bedarf nach einer modularen Architektur für das Content-Management. Idealerweise sollten die einzelnen Module in separaten Projekten umgesetzt werden können. Gleichzeitig sollte diese modulare Architektur das gesamte

Unternehmen abbilden, um die Entwicklung von Insellösungen zu vermeiden (integrierte Architektur).

- Content-Management-Systeme decken ein breites Spektrum an Funktionalitäten ab. Die Grenzen zu anderen Softwarelösungen wie z.B. Portallösungen oder Dokumentenmanagementsystemen sind fliessend. Der Markt für Content-Management-Systeme setzt sich aus einer Vielzahl von Anbietern unterschiedlicher Ausrichtung zusammen. Dies führt zu Unsicherheit bei der Auswahl geeigneter Softwarelösungen. Es besteht Bedarf nach einer systematischen Darstellung der Content-Management-Lösungen sowie einem Kriterienkatalog für die Auswahl eines geeigneten Systems.

1.3 Ziele und Adressaten der Arbeit

Forschungsgegenstand der Arbeit ist die Ableitung einer generischen Architektur für das Content-Management in Unternehmen. Der Fokus der Arbeit liegt auf der organisatorischen und systemtechnischen Unterstützung unstrukturierter Informationen sowie deren Verteilung über Portalanwendungen.

Die Hauptergebnisse der Arbeit sind:

- Basiselemente der *Content-Management-Strategie*. Diese bestehen aus Vorgehensmodellen zur Ableitung und Umsetzung einer Content-Management-Strategie im Unternehmen. Das Vorgehen illustriert die Zusammenhänge zwischen den einzelnen Strategiekomponenten.

- Eine *Prozessarchitektur* für das Content-Management. Diese enthält Prozesse, Aufgaben und Rollenmodelle für den Betrieb integrierter Content-Management-Umgebungen. Die Architektur ist in vier Module zerlegt, die die Komplexität der Ergebnisse reduzieren und die isolierte Anwendung einzelner Bausteine des Content-Management ermöglichen.

- Eine *IS-Architektur* für das Content-Management von Portalen. Die IS-Architektur enthält die für das Content-Management relevanten Funktionen. Die Arbeit stellt die abgeleiteten IS-Funktionen den zugeordneten Aufgaben der Prozessarchitektur gegenüber.

- Eine Auswahl und Analyse von *Softwaresystemen* zur Unterstützung des Content-Management. Die Arbeit untersucht Content-Management-Systeme ausgewählter Hersteller auf Abdeckung der aus der Architektur abgeleiteten IS-Funktionen. Im Rahmen dieser Untersuchungen betrachtet der Autor Varianten der systemtechnischen Gestaltung des Content-Management.

- *Projektszenarien* für die praktische Umsetzung der Content-Management-Architektur. Anhand von Fallbeispielen und theoretischen Betrachtungen leitet der Autor Nutzenpotenziale und idealtypische Projektverläufe für spezifische Content-Management-Projekte ab.

1.4 Aufbau der Arbeit

Abbildung 1–6 stellt die Gliederung der Arbeit schematisch dar.

Kapitel 2 (Grundlagen) enthält die für die Arbeit wesentlichen Begriffsabgrenzungen, beschreibt die Elemente und Einsatzgebiete einer Architektur für das Content-Management und stellt technologische Treiber für das Content-Management vor. Das Kapitel beschreibt den spezifischen Bezugsrahmen für die vorliegende Arbeit (Bausteine des Content-Management). Dieser stellt ein Framework für die Strukturierung des Content-Management zur Verfügung, auf dessen Basis die in den nachfolgenden Abschnitten spezifizierten Architekturelemente unterteilt werden. Das Kapitel endet mit einer Einführung in die Fallstudie des Telekommunikationsunternehmens E-Plus. Die Studie ist integraler Bestandteil der gesamten Arbeit und verdeutlicht in allen Kapiteln die jeweiligen Ergebnisse.

Kapitel 3 (Content-Management-Strategie) leitet die strategischen Elemente des Content-Management ab und stellt Methodenelemente zur Entwicklung einer Content-Management-Strategie bereit. Der Abschnitt *Content-Cluster* beschreibt Techniken zur Identifikation und Bewertung der relevanten Content-Cluster. Der Abschnitt Partnermanagement leitet verschiedene Kooperationsformen und Vertragsvarianten im Rahmen des Content-Syndication ab und zeigt die Auswahl der Content-Partner auf. Im Abschnitt *Basistechnologien* werden Auswahlstrategien für die Basiskomponenten und –standards für das Content-Management vorgestellt. Im Rahmen des *Kanalmanagement* wählen Unternehmen die verschiedenen Zugangskanäle auf die Content-Basis aus und bewerten diese anhand von Wirtschaftlichkeitsmodellen. Das Kapitel schliesst mit einem Vorgehensmodell zum *Terminologiemanagement* für die Entwicklung eines unternehmensspezifischen (Fach)vokabulars.

Kapitel 4 enthält die Prozess- und Systemarchitektur für das Content-Management. Das Gliederungsprinzip für dieses Kapitel bildet das in Kapitel 3 vorgestellte Content-Management-Framework. Die Prozesse und IS-Funktionen der verschiedenen Ebenen werden dabei integriert betrachtet. Der Abschnitt Aufbauorganisation enthält Rollenmodelle und Funktionsbeschreibungen für die Content-Management-Organisation.

Kapitel 5 (Content-Management-Systeme) beginnt mit einer Klassifikation der verschiedenen Systemtypen und Serverarchitekturen von Content-Management-Systemen. Das Kapitel stellt Softwarelösungen ausgewählter Hersteller vor, prüft diese auf funktionale Abdeckung anhand der IS-Architektur und skizziert die möglichen Anwendungsschwerpunkte der verschiedenen Systeme.

Kapitel 6 (Projektszenarien) beschreibt einzelne Migrationsprojekte im Umfeld des Content-Management. Neben den idealtypischen Projektplänen werden in diesem Kapitel für jeden Projekttyp Nutzenpotenziale als Argumentationshilfe bereitgestellt. Die Beschreibung der Projekte enthält direkte Verweise auf die Verwendungsmöglichkeit einzelner Ergebnisse der Arbeit und illustriert konkrete Nutzungsprozesse der Architektur.

Den Abschluss bildet *Kapitel 7* mit einer Zusammenfassung und einem Ausblick.

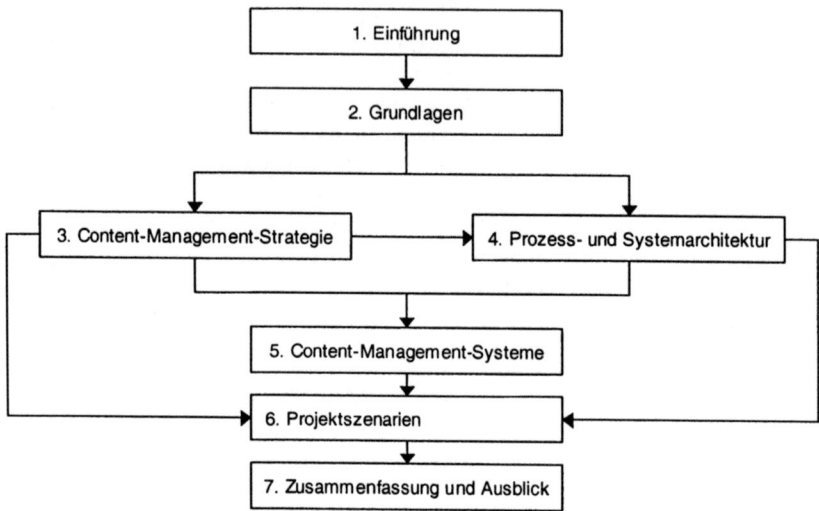

Abbildung 1–6: Gliederung der Arbeit

Zu Beginn jedes Hauptkapitels illustrieren Fallbeispiele die zu untersuchende Thematik. Die Fallbeispiele bilden neben Fachliteratur die Grundlage für die in den Kapiteln dargestellten Ergebnisse. Die Fallstudie des Telekommunikationsunternehmens E-Plus zieht sich konsequent durch die gesamteArbeit. Der Autor hat die komplette Studie in einzelne Module zerlegt, die zu Beginn jedes Kapitels der Arbeit die Sicht des Unternehmens auf den zu bearbeitenden Themenkomplex verdeutlichen.

2 Grundlagen

2.1 Begriffsabgrenzungen

Diese Arbeit betrachtet Content-Management als ein Instrument des Wissensmanagements. Während Wissensmanagement die Gesamtheit des für den Geschäftserfolg relevanten expliziten und impliziten Wissens zum Gegenstand erhebt, fokussiert Content-Management ausschliesslich auf explizites Wissen in Form von Daten und Dokumenten. Ein hauptsächliches Anwendungsgebiet des Content-Management sind www-basierte Portale, die kodifiziertes Wissen über standardisierte Protokolle und Schnittstellen nutzbar machen. Aus diesem Grund wird der Begriff Content-Management nach einer Darstellung und Begriffsabgrenzung von Portalen (Prozessportalen und Wissensportalen) und Wissensmanagement abgeleitet. Für eine vertiefte Betrachtung der verschiedenen Konzepte bieten sich folgende Arbeiten an:

Prozessportale	[Österle 2000b, 2000a; Schmid et al. 2000; Schmid 2001]
Wissensportale	[Bach 2000; Jansen 2000]
Wissensmanagement	[Bach et al. 1999; Bach et al. 2000; Thiesse 2001]

2.1.1 Portale

In der Vergangenheit haben sich verschiedene Formen von Portalen im elektronischen Geschäftsverkehr etabliert. Prinzipiell bildet ein Portal eine Einstiegsseite in das Internet, über die Anwender Inhalte und Services auf einer integrierten Oberfläche nutzen können.

[Schmid 2001] identifiziert zwei Charakteristika von Internetportalen, die Portallösungen von einfachen Webseiten abgrenzen:

- Internetportale integrieren Leistungen aus verschiedenen Quellen;
- Die Auswahl und Aufbereitung der Leistungen erfolgt ausgerichtet auf die Bedürfnisse der Zielgruppe des Internetportals.

Für die Integration der Leistungen bieten sich Portalbetreibern verschiedene Varianten an. Die Bandbreite der Integrationsmöglichkeiten reicht von kategorisierten Linksammlungen bis hin zur vollen Integration der angebotenen Leistungen über eine einheitliche Oberfläche.

Für die Arbeit bietet sich die differenzierte Betrachtung der beiden Portaltypen Prozessportale und Wissensportale an:

Prozessportale

In vielen Fällen muss der Kunde im Rahmen seines Kundenprozesses mit einer Vielzahl verschiedener Anbieter in Kontakt treten, Angebote evaluieren und die Koordination des Prozesses übernehmen. Ein Anbieter, der den Kundenprozess vollständig unterstützt, also alle benötigten Leistungen aus einer Hand anbietet und den Kunden in seinem Prozess führt, schafft für ihn einen erheblichen Zusatznutzen.

Viele Unternehmen erkannten in der Vergangenheit die Notwendigkeit, ihre geschäftlichen Aktivitäten am Bedürfnis des Kunden auszurichten. Einige Anbieter wie z.B. *Autobytel.com* oder *yourhome.ch* versuchen den gesamten Kundenprozess zu unterstützen. Sie bieten dem Kunden aus einer Hand jedes Produkt, jede Dienstleistung und jede Information, die er braucht und führen ihn in diesem Prozess. Sie werden zum Leistungsintegrator und Spezialisten für diesen Prozess. Die Leistungsintegratoren stellen dem Kunden die benötigten Leistungen über ein Prozessportal zur Verfügung. Das Prozessportal integriert alle Dienstleistungen und Informationen für einen bestimmten Kundenprozess. Dabei werden sowohl eigene Leistungen als auch Leistungen von Kooperationspartnern integriert und über das Portal offeriert.

Prozessportale stellen hohe organisatorische und technische Anforderungen an das portalbetreibende Unternehmen, da Inhalte und Services von Kooperationspartnern mit eigenen Inhalten kombiniert und bedarfsgerecht integriert werden müssen. Content-Management bietet Unterstützungsprozesse und Unterstützungsfunktionen für Aufbau, Betrieb und Pflege der Portale.

Wissensportale

Im Gegensatz zu Prozessportalen besteht der Zweck eines Wissensportals in der Bereitstellung von Wissen für verschiedene Nutzergruppen. Beispiele für Nutzer eines Wissensportals sind Mitarbeiter (Intranetportal), Kunden (Internetportal) oder Partner des Unternehmens (Extranetportal). Das Wissen wird in kodifizierter Form über personalisierbare Oberflächen bereitgestellt [vgl. Jansen et al. 2000].

Abbildung 2–1 illustriert die Komponenten eines Wissensportals. [Jansen 2000] verwendet für Wissensportale den allgemeineren Begriff Wissensplattformen. Einstiegspunkt für die Nutzer des Wissensportals ist eine webbasierte Oberfläche, die über Navigationsmenüs Zugriff auf Wissensobjekte ermöglicht. Layout, Navigationsstruktur und Inhalte sind i.d.R. personalisierbar, so dass Nutzer individuelle „Workspaces" einrichten können.

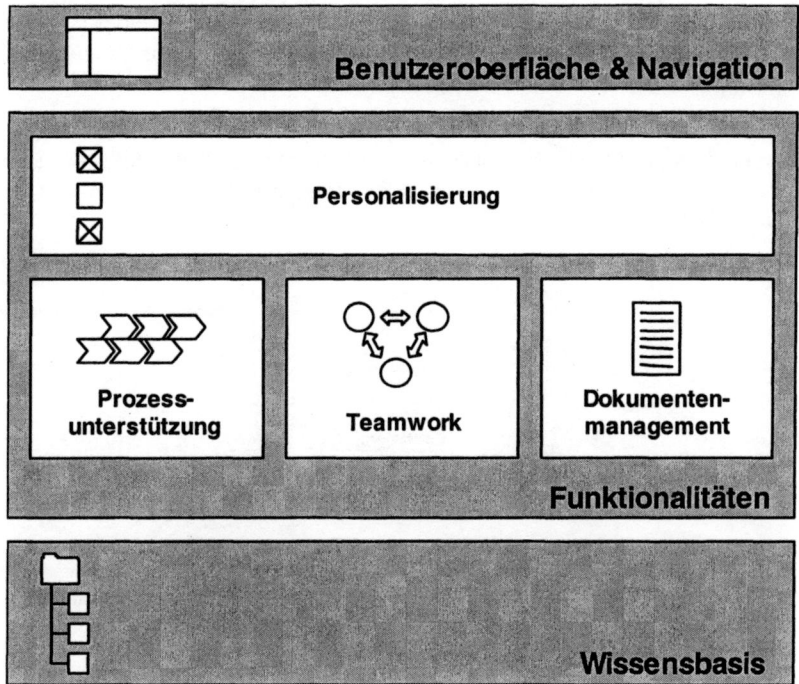

Abbildung 2–1: Ebenen einer Wissensplattform

Der Zugriff auf Wissensobjekte wird über die Komponenten Prozessunterstützung, Teamwork und Dokumentenmanagement erleichtert. Diese Komponenten verwalten die benötigten Inhalte, Profildaten, Prozessinformationen etc. in einer Wissensbasis.

Wissensportale dienen der Verteilung von Wissen. Die Wissensverteilung muss sich, wie bei Prozessportalen auch, an den Prozessen der Zielgruppen ausrichten. Mitarbeiter benötigen, ebenso wie Geschäftspartner des Unternehmens, Wissen zur Bearbeitung von Geschäftsprozessen. Kunden benötigen Wissen im Kundenprozess. Wissensportale integrieren Wissensobjekte aus unterschiedlichen Wissensquellen. Content-Management stellt die organisatorischen und technischen Strukturen für die effiziente Gestaltung eines Wissensportals bereit.

2.1.2 Wissensmanagement

In der Literatur haben sich in den letzten Jahren zahlreiche Publikationen mit dem Thema Wissensmanagement beschäftig [z.B. Nonaka/Takeuchi 1995; Bach et al. 1999; Liebowitz 1999; Probst et al. 1999; Sumner 1999]. Diese Arbeit versteht Wissensmanagement als ein am Prozess, d.h. Kunden- oder Geschäftsprozess, ausgerichtetes Konzept. Ziel des Wissensmanagement ist die effiziente und effektive Bereitstellung von Wissen in Prozessen. Wissen kann dabei explizit (d.h. kodifiziert in Form von Daten, Dokumenten, Memos etc.) aber auch implizit (in Form menschlicher Wissensträger) vorliegen. Objekte des Wissensmanagement sind beide Formen des Wissens. Zur strukturierten Analyse der verschiedenen Elemente des Wissensmanagements verwendet der Autor das *Business Knowledge Management Modell* von [Bach et al. 2000].

Das Modell trennt die Sichten *Wertschöpfung* und *Wissensorganisation* [vgl. Bach et al. 2000, S. 68-71]. Für das Content-Management ist besonders die Sicht Wissensorganisation relevant. Diese weist folgende Komponenten auf (s. Abbildung 2–2).

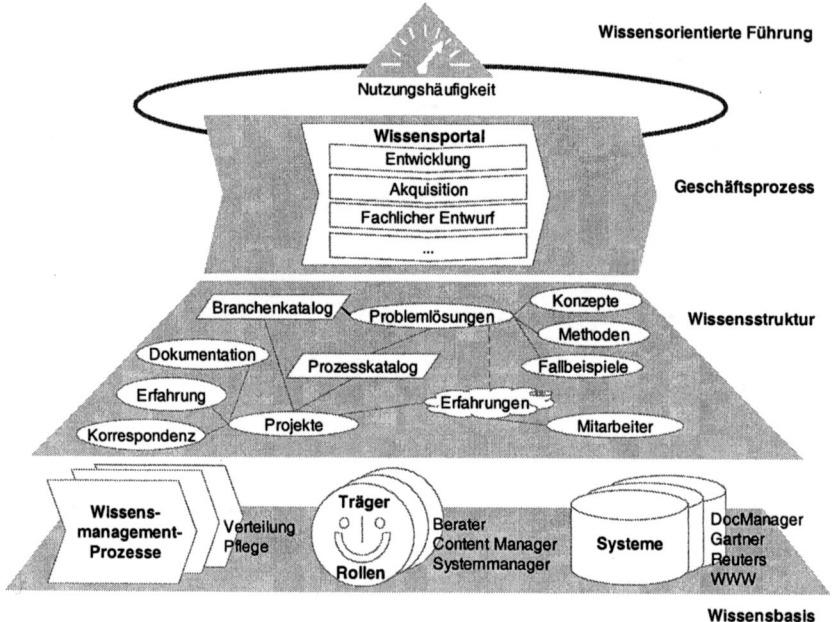

Abbildung 2–2: BKM-Sicht Wissensorg. für Business Engineering

Das *Wissensportal* unterstützt die Geschäftsprozesse, indem es die Bereitstellung und Nutzung von Wissen in die operativen Aufgaben von Kunden und Mitarbeitern integriert. Der Nutzer erhält im Wissensportal Transaktionen, Office-, Groupware- und Kommunikationsfunktionalität sowie den Zugang zu internen und externen Wissensquellen. Aufgabe der *wissensorientierten* Führung ist die Steuerung der Geschäfts- und Wissensmanagement-Prozesse. Die wissensorientierte Führung besteht aus Führungsinstrumenten (Mess- und Anreizsysteme) sowie einer Führungsorganisation (Prozesse, Rollen und Führungsbeziehungen). Die *Wissensstruktur* stellt die gemeinsame Sprache unterschiedlicher Wissensquellen dar. Sie besteht aus Wissensobjekten und Beziehungen zwischen diesen. Bei den Wissensobjekten handelt es sich sowohl um explizites (dokumentierbares) als auch implizites (nicht dokumentierbares) Wissen. Die Wissensstruktur stellt damit eine Zwischenschicht zwischen Wissensquellen und Geschäftsprozessen dar, indem sie die Wissensquellen auf einer logischen Ebene integriert. *Wissensmanagement-Prozesse* regeln die Abläufe für die Sammlung, Aufbereitung, Verteilung und Pflege von Wissen. Sie stellen somit Unterstützungsprozesse zu den eigentlichen Geschäftsprozessen dar. Mitarbeiter nehmen einerseits die Rolle von *Wissensträgern* ein, andererseits übernehmen sie *Wissensmanagement-Rollen* und damit Verantwortlichkeiten im Rahmen der Wissensmanagement-Prozesse. *Systeme* sind elektronisch verfügbare Wissensquellen. Beispiele sind Dokumentenmanagementsysteme, Transaktionssysteme oder Fileserver. Wissensmanagement-Prozesse, Mitarbeiter und System werden unter dem Begriff Wissensbasis zusammengefasst.

2.1.3 Content-Management

Der Begriff Content-Management wird in Literatur und Praxis allgemein in Verbindung mit der Verwaltung von Web-Sites verwendet. Typische Aufgaben, die Content-Management-Systeme unterstützen, sind die Erstellung, Kontrolle, Freigabe, Publizierung und Archivierung von Webseiten entlang des Content-Life-Cycle. Dabei kann es sich um externe Websites handeln, die vornehmlich von Kunden verwendet werden oder um Intranets, die Mitarbeitern als Informationsplattform dienen. Auch in dieser Arbeit wird der Begriff Content-Management in Verbindung mit externen und internen Portalen gesehen, für deren effizienten Betrieb Content-Management eine entscheidende Rolle spielt.

Ein wichtiger Aspekt des Content-Management ist die strukturierte Aufbereitung und Verwaltung sämtlicher Inhalte. Nach [Rothfuss/Ried 2001, S. 60] befasst sich das Content-Management mit *„der systematischen Sammlung, Erstellung, Speicherung und Veredelung von strukturierten Inhalten und Mediendaten aller Art in einem einzigen, fein granulierten (logischen) Bestand"*.

Content kommt dabei einerseits in Form von strukturierten Daten, welche innerhalb von Transaktionssystemen und Datenbanken verwaltet werden, vor. Andererseits umfasst Content auch unstrukturiertes Wissen, wie es i.d.R. in Dokumenten festgehalten ist. In dieser Arbeit findet eine Einschränkung des Content-Management auf die Verwaltung unstrukturierten Wissens in Form von Dokumenten statt. Das hier verwendete Verständnis von Content-Management orientiert sich an der Auffassung, dass Wissensmanagement im Hinblick auf die Nutzung des Wissens erfolgt. Damit steht die Verteilung von Wissen im Vordergrund des Content-Management [vgl. Bach 2000, S. 76]. Content-Management bildet damit ein Instrument des Wissensmanagement, das auf die Unterstützung der systemgestützten Verteilung dokumentierten Wissens an Mitarbeiter, Kunden und Geschäftspartner zielt. Weitere Instrumente des Wissensmanagement sind *Expertise Directory, Skill Planning, Community of Practice, Knowledge Desk und Knowledge Network* [vgl. Bach 2000, S. 71-83]. Content-Management umfasst auch die vorgelagerten Prozessstufen der Erfassung und Aufbereitung des Wissens.

In dieser Arbeit werden hauptsächlich diejenigen Dokumente als relevante Betrachtungselemente angesehen, die im Geschäfts- oder Kundenprozess genutzt werden, jedoch nicht spezifisch einer Prozessinstanz zuzuordnen sind. Vielmehr wird Content-Management als eine Sammlung von Unterstützungsfunktionalitäten angesehen, die Inhalte für verschiedene Nutzungsszenarien verwalten und über Portale bereitstellen.

Der Bezug zwischen Content-Management und Portalen wird in Abschnitt 3 im Rahmen eines allgemeinen Content-Management-Modells erläutert (Bausteine des Content-Management). Die Bausteine bilden den Bezugsrahmen für die Arbeit.

2.2 Business Architecture in the Information Age

Dieses Modell wurde am Institut für Wirtschaftsinformatik der Universität St. Gallen entwickelt und beschreibt mögliche wirtschaftliche Strukturen, die sich in Zukunft aufgrund aktueller Trends in Technik, Gesellschaft und Politik ergeben können. Ausgangspunkt der *Business Architecture in the Information Age* ist der Kunde und dessen Kundenprozess. „Der Kundenprozess bestimmt den Bedarf an Produkten und Dienstleistungen, die der Lieferant anbieten kann oder muss." [vgl. Österle/Simon 2001, S. 1]

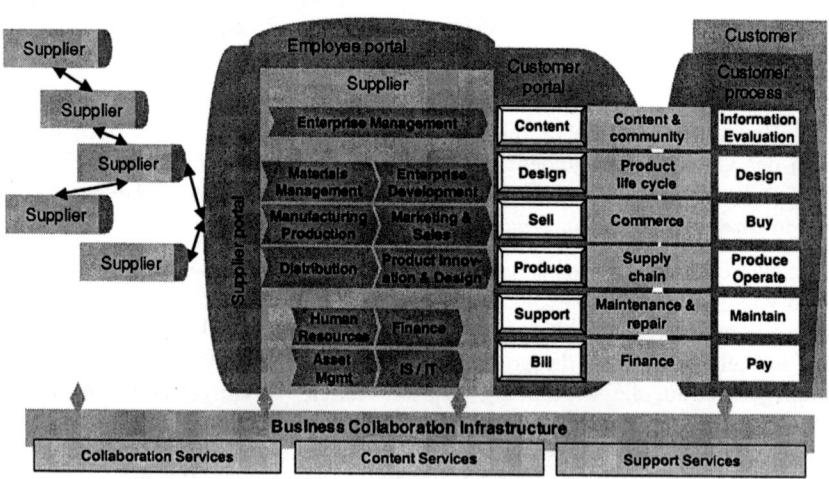

Abbildung 2–3: Business Architecture in the Information Age

Mitarbeiter, Kunden und Lieferanten nutzen Funktionen des Informationssystems (Transaktionen und Wissen) über das Unternehmensportal. Die verschiedenen Akteure nutzen das Unternehmensportal über rollenspezifische Sichten (Mitarbeiter, Lieferant, Kunde). Unternehmen werden in Zukunft ihre isolierten Portale zusammenführen und ein integriertes Unternehmensportal betreiben. Das *Kundenportal* bildet die Schnittstelle zum Kunden. Der Portalbetreiber bezieht die benötigten Produkte und Dienstleistungen von verschiedenen Lieferanten und Drittanbietern, mit denen er Kooperationen eingeht. Kooperationsprozesse (z.B. Supply Chain Management, Content und Community oder Wartung) ermöglichen die integrierte, organisationsübergreifende Wertschöpfung.

Die *Business Collaboration Infrastructure* integriert standardisierte *Web-Services*. Web-Services sind Dienstleistungen oder Teilprozesse, die die Zusammenarbeit zwischen Unternehmen unterstützen (z.B. Partnerverzeichnis, Produktkatalog, Lohnabrechnung). Viele Services, die Unternehmen zur vollständigen Abdeckung der Kundenprozesse benötigen, müssen zur Erreichung der kritischen Masse ausgelagert werden. Externe oder interne Partner bündeln die notwendigen Services zu Servicepaketen und bieten diese Unternehmen über die Business Collaboration Infrastructure an [vgl. Fleisch/Österle 2001, S. 23].

Content-Management stellt wesentliche Funktionen für die Integration, Strukturierung und Verteilung von Content-Objekten über das Portal bereit. Content in Form von unstrukturierten Informationen und Transaktionsdaten bildet den Grossteil der Inhalte, die Unternehmen über Portale austauschen. Der Austausch der Content-Objekte erfolgt, ergänzend zu Geschäftsprozessen, in dem Kooperationsprozess Content & Community. Teile des Content-Management wie Chatrooms oder Directory können als standardisierte Web-Services gekapselt und ausgelagert werden.

2.3 Potentiale einer Architektur für das Content-Management

2.3.1 Architekturbegriff

Architekturen dienen in der Wirtschaftsinformatik der formalen Beschreibung von Strukturen, wie z.B. technische Basiskomponenten, Softwarefunktionen oder Geschäftsprozesse. Beispiele für verschiedene Literaturansätze, die unterschiedliche Anwendungsbereiche von Architekturen fokussieren, sind [Zachman 1987; Hansen 1992; Heinrich 1992, S. 68 ff.; Schmalzl 1995; Cook 1996, S. 41 ff.; Magee 1997; Scheer 1998; The Open Group 1999]. [Sinz 1999] vergleicht ausgewählte Architekturkonzepte und analysiert theoretische Grundlagen des Architekturbegriffs.

Für diese Arbeit verwendet der Autor ein am Business Engineering angelehntes Architekturkonzept [vgl. Österle 1995]. Das Modell des Business Engineering unterteilt Unternehmen in die drei Gestaltungsbereiche Geschäftsstrategie, Prozess und Informationssystem. Die drei Ebenen lassen sich durch Architekturmodelle formal beschreiben. Das Metamodell des Business Engineering skizziert die gestaltbaren Elemente einer Architektur und deren funktionale Zusammenhänge (s. Abbildung 2–4).

Aus dem Business Engineering Modell ergeben sich folgende Architekturkomponenten:

- Die *Geschäftsarchitektur* stellt strategische Komponenten wie z.B. angebotene Marktleistungen, strategische Geschäftsfelder, Allianzen, Kooperationen etc. dar.

- Die *Prozessarchitektur* beschreibt die Ablauf- und Aufbauorganisation des unternehmerischen Gestaltungsbereichs. Komponenten der Ablauforganisation sind Prozess, Aufgabe, Leistung und Führungsgrösse des Prozesses. Die Ablauforganisation besteht aus den Elementen Rolle und Organisationseinheit.

- Die *IS-Architektur* beschreibt die logische Struktur von Informationssystemen und besteht aus den Komponenten Funktionen, Applikationen und Daten:
  - *Funktionen unterstützen einzelne Aufgaben der Geschäftsprozesse.*
  - *Applikationen bündeln Funktionen, die eine logische Verbindung aufweisen.*
  - *Bei der Ausführung von Funktionen greifen die Applikationen auf Daten(sammlungen) zu. Daten sind funktionsübergreifend, häufig auch applikationsübergreifend verfügbar.*

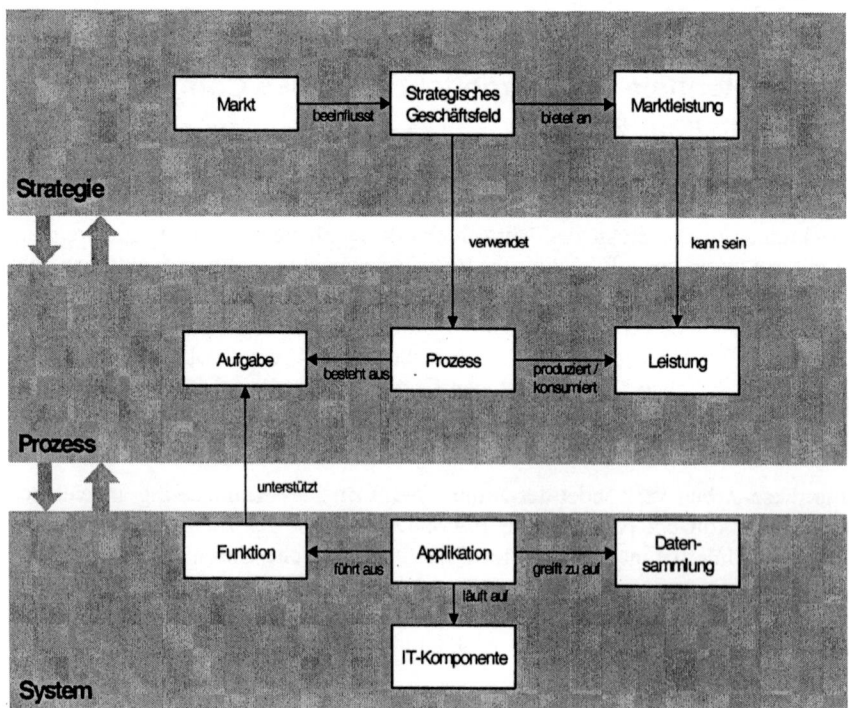

Abbildung 2–4: Metamodell des Business Engineering

2.3.2 Prozesse und Funktionen des Content-Management

Auf Prozessebene lassen sich die Prozesstypen Geschäftsprozess und Unterstützungsprozess unterscheiden. Geschäftsprozesse zeichnen sich dadurch aus, dass sie unmittelbare Leistungen an den Kunden liefern und somit direkt zum unternehmerischen Erfolg beitragen. Unterstützungsprozesse dagegen unterstützen

Geschäftsprozesse bei der Leistungserstellung und tragen nur indirekt zum Geschäftserfolg bei. „Konsumenten" der Leistungen von Unterstützungsprozessen sind Geschäftsprozesse oder wiederum Unterstützungsprozesse.

Auf der IS-Ebene lassen sich analog zu der Unterteilung der Prozesse Funktionen in Geschäfts- und Unterstützungsfunktionen aufteilen. Geschäftsfunktionen unterstützen die Aufgaben der Geschäftsprozesse. IS-Funktionen, die mit Aufgaben der Unterstützungsprozesse korrespondieren, heissen Unterstützungsfunktionen.

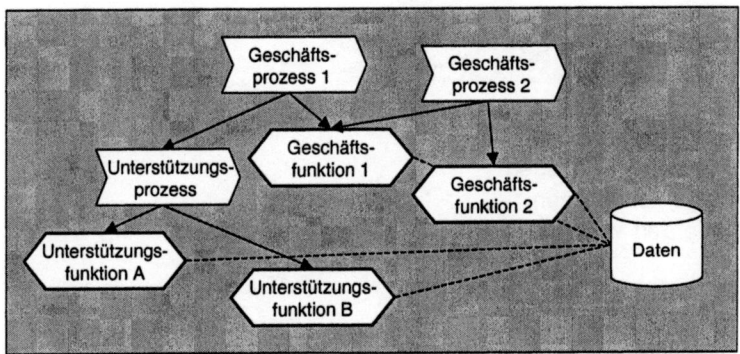

Abbildung 2–5: Geschäftsfunktionen und Unterstützungsfunktionen

Content-Management sorgt für die effiziente Bereitstellung der in Geschäfts- oder Unterstützungsprozessen benötigten Informationsobjekte. Die Prozesse und Funktionen des Content-Management erzeugen keine Leistungen, die den Geschäftserfolg direkt beeinflussen und bilden somit Unterstützungs-komponenten. Content-Management muss daher immer einen konkreten Bezug zu Nutzungsprozessen aufweisen.

Abbildung 2–6 verdeutlicht diesen Bezug am Beispiel des Wissensmanagements. Die Nutzung des Wissens erfolgt im Geschäftsprozess. Einzelne Aufgaben des Prozesses weisen einen spezifischen Wissensbedarf auf. Dieser lässt sich mit Hilfe verschiedener Unterstützungsprozesse des Wissensmanagements befriedigen.

Geschäftsprozess
➔ Nutzung von Wissen

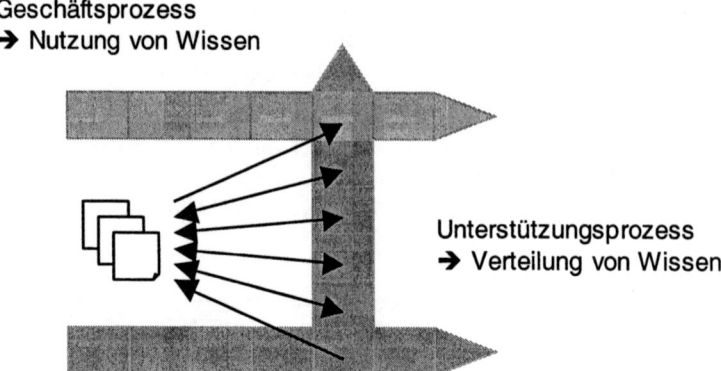

Unterstützungsprozess
➔ Verteilung von Wissen

Unterstützungsprozess
➔ Erstellen von Wissen
➔ Pflege von Wissen
➔ Entfernen von Wissen

Abbildung 2–6: Wissensmanagement als Unterstützungsprozess

Der Autor lehnt sich bei der Auswahl der Unterstützungsprozesse an die von [Thiesse 2001] vorgenommene Unterteilung an (s. Abbildung 2–6), erweitert diese aber um zusätzliche, für das Content-Management notwendige Prozesse (s. Kapitel 4). Der Unterstützungsprozess „Entfernen von Wissen" wird in den folgenden Ausführungen nicht mehr als separater Prozess betrachtet, sondern als Aufgabe in den Pflegeprozess integriert.

2.3.3 Einsatzgebiete der Architektur

Die Ergebnisse dieser Arbeit bestehen im wesentlichen aus Architekturelementen. Diese lassen sich in verschiedenen Projektszenarien wiederverwenden. Die nachfolgende Auflistung stellt exemplarisch Nutzungsprozesse der Architektur für das Content-Management dar und illustriert die Verwendungsmöglichkeiten der Ergebnisse

Konzeption von Intranet- oder Kundenportalen

Bei der Konzeption eines internen oder externen Portals muss das Projektteam sowohl die Prozesse des Portalbetreibers anpassen bzw. neu entwickeln als auch die Anforderungen an die unterstützenden Informationssysteme definieren. Die Prozessarchitektur (s. Kapitel 4) enthält Musterprozesse für das Content-Management, die den Ausgangspunkt für die Definition unternehmensspezifischer Unterstützungsprozesse für den Portalbetrieb bilden können. Des weiteren kann das Projektteam die im Rahmen der IS-Architektur (s. Kapitel 4) beschriebenen IS-Funktionen verwenden, um die eigenen Anforderungen an die IS-Unterstützung für das Content-Management der geplanten Portallösungen zu definieren.

Entwicklung einer Content-Management-Strategie

Die Content-Management-Strategie setzt die Vorgaben der Unternehmensstrategie in operationalisierbare Komponenten wie Content-Cluster, Zugangsdevices oder Basistechnologien für das Content-Management um. Dabei können Unternehmen die Ergebnisse aus Kapitel 3 wiederverwenden. Einerseits bieten die Strategiekomponenten dieser Arbeit wiederverwendbare Vorgehensschritte bei der Ableitung einer Content-Management-Strategie, andererseits lassen sich konkrete Ergebnisse aus Fallstudien als Argumentationshilfe gegenüber kritischen Interessensgruppen einsetzen. Das Vorgehensmodell zum Terminologiemanagement hilft, unternehmensweit oder in abgegrenzten Bereichen ein einheitliches Fachvokabular aufzubauen. Terminologiemanagement bildet die Grundlage für ein effizientes Content-Management und kann als integratives Element im gesamten Unternehmen nutzenstiftend eingesetzt werden (s. Kapitel 3.8).

Kommunikation bestehender und geplanter Lösungen

Content-Management-Projekte tangieren häufig unterschiedliche Bereiche im Unternehmen. In manchen Fällen müssen im Projekt unternehmensübergreifend Partner organisatorisch und systemtechnisch integriert werden (z.B. Content-Syndication, Katalogmanagement). Projektverantwortliche stossen häufig auf Widerstände, die sie durch klare Kommunikation der geplanten Aktivitäten und Ziele eindämmen müssen. Sämtliche Architekturkomponenten lassen sich als Kommunikationsinstrument verwenden, um bestehende bzw. geplante Content-Management-Lösungen verschiedenen Interessensgruppen zu verdeutlichen. Dies kann von externen Dienstleistern im Rahmen von Beratungsprojekten, bei der Akquise neuer Kunden oder der Projektdokumentation aber auch intern zur Verbesserung der Kommunikation zwischen verschiedenen Abteilungen und Anspruchsgruppen im Unternehmen eingesetzt werden.

Einführung von Content-Management-Systemen

Bei der Einführung von Content-Management-Systemen lassen sich in unterschiedlichen Projektphasen verschiedene Architekturergebnisse der Arbeit wiederverwenden (s. Kapitel 6). Im Rahmen der Organisationsentwicklung können Unternehmen die Ergebnisse der Prozessarchitektur (s. Kapitel 4) als Referenzprozesse verwenden, die in Form von Templates an die unternehmensspezifischen Anforderungen angepasst werden müssen. Die IS-Architektur dient zur Ableitung der relevanten Systemfunktionalitäten und kann bei Auswahl und Customizing der Software verwendet werden. Die Projektszenarien der verschiedenen Content-Management-Projekte (s. Kapitel 6) dienen als Templates für die Projektplanung und die Aufwandsschätzungen.

Entwicklung von Content-Management-Software

Hersteller von Content-Management-Systemen können die IS-Architektur (s. Kapitel 4) nutzen, um bestehende Lösungen zu überprüfen oder neue zukunftsgerechte Lösungen auf Basis der Anforderungen zu entwickeln. Die Ergebnisse der Prozessarchitektur können als Referenzprozesse in Einführungsprojekten verwendet und direkt in die Softwarelösungen implementiert werden (als vorkonfigurierte Workflows).

Evaluation von Softwaresystemen

Die IS-Architektur (s. Kapitel 4) kann bei der Evaluation von Systemlösungen für das Content-Management zu Rate gezogen werden. Die detailliert beschriebenen IS-Funktionen erlauben es, auf dem Markt erhältliche Softwarelösungen auf die Vollständigkeit der angebotenen Funktionen zu überprüfen und durch einen Abgleich mit den individuellen Anforderungen eine geeignete Lösung auszuwählen. Der Kriterienkatalog kann als Template für die Pflichtenhefterstellung bei der Anbieterevaluation verwendet werden.

Migrationprojekte

In den meisten Fällen haben Unternehmen aufgrund gewachsener Strukturen keine Möglichkeit eine komplette Content-Management-Infrastruktur neu zu entwickeln. In kleinen, nutzenstiftenden Projekten lassen sich schrittweise die gegebenen Strukturen an veränderte Rahmenbedingungen anpassen. Kapitel 6 betrachtet verschiedene Migrationprojekte, mit deren Hilfe bestehende Lösungen im Unternehmen schrittweise verbessert werden können. Dabei stellt dieses Kapitel für jeden Projekttyp die Nutzenpotenziale, den Projektplan und die Verwendungsmöglichkeiten der Architekturelemente dar.

2.4 Bausteine des Content-Management

Die Bausteine des Content-Management bilden den Bezugsrahmen für die Arbeit. Ausgehend von einer integrierten Sicht auf das Content-Management im Unternehmen, lassen sich Module isolieren, die Teilaspekte des Content-Management beinhalten. Die vorliegende Arbeit verwendet die Bausteine des Content-Management zur übersichtlicheren Darstellung der Prozesse und IS-Funktionen des Content-Management (s. Kapitel 4) sowie zur Strukturierung spezialisierter Softwareprodukte (s. Kapitel 5.4). Die Modularisierung erfolgt aus Gründen der Übersichtlichkeit und Komplexitätsreduktion. Kapitel 2.4.1 und 2.4.2 leiten das Content-Management-Modell aus zwei Praxisbeispielen (Intranet und Kundenprozessportal) ab. Die Beschreibung des allgemeinen Modells und dessen Module erfolgt in Kapitel 2.4.3. Kapitel 2.4.4 beschreibt die Implikationen, die sich für das Content-Management aus der integrierten Betrachtungsweise ergeben. Kapitel 2.4.5 leitet Anforderungen an eine Architektur für das Content-Management ab.

2.4.1 Intranet-Portal

Abbildung 2–7 zeigt einen Intranet-Prototypen für die Schadenbearbeitung in Versicherungsunternehmen. Der Prototyp wurde im Rahmen des Kompetenzzentrums „Cost and Care im Schadenmanagement" entwickelt. Im Rahmen des Kompetenzzentrums leiteten die Teilnehmer, die aus 16 verschiedenen deutschsprachigen Versicherungsunternehmen stammten, einen Sollprozess für das Schadenmanagement ab. Dieser Prozess wurde anschließend in modulare Teilprozesse zerlegt. Parallel zur Prozessentwicklung entstand ein integrierter Intranet-Arbeitsplatz, der sich an dem Prozess des Schadenmanagement ausrichtet. Wesentliche Elemente eines Intranets für das Schadenmanagement sind eine integrierte Kundendatenbank, Partnermanagement, durchgehende Prozessunterstützung, Mechanismen zur automatischen Betrugserkennung und eine integrierte Sicht auf sämtliche im Schadenmanagement benötigten Daten und Dokumente.

Zur Bearbeitung einer Schadenakte benötigt der zuständige Sachbearbeiter Informationen über den konkreten Schadenfall und die allgemeinen Rahmenbedingungen der Schadenbearbeitung. Mit Bezug auf den Content-Bedarf in der Schadenbearbeitung kann somit zwischen dem generellen Bedarf an Informationen über die juristischen, fachlichen und administrativen Rahmenbedingungen und dem fallspezifischen Bedarf an Content-Objekten zur Realisierung einzelner Schritte der Schadenbearbeitung unterschieden werden [vgl. Jara et al. 1999]. Die zielorientierte Erfassung, Aufbereitung und Verteilung fallspezifischer Informationen ist die Voraussetzung für die Funktionsfähigkeit der Schadenbearbeitung. Die aktive Bereitstellung genereller Informationen verhindert Mehrfacherfassungen, Zeitverluste durch Suche und daraus resultierende Prozessverzögerungen.

Die in Abbildung 2–7 aufgezeigte Intranetseite unterstützt Mitarbeiter in Versicherungsunternehmen bei der aktiven Schadenentgegennahme.

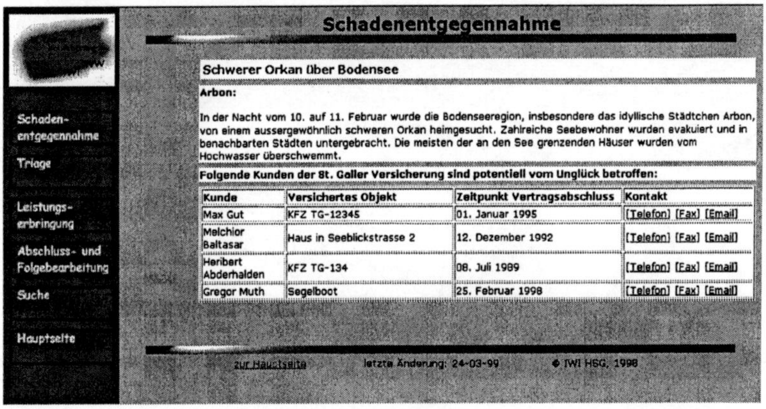

Abbildung 2–7: Ein Intranet-Prototyp für das Schadenmanagement in Versicherungsunternehmen

Ziel der aktiven Schadenentgegennahme ist die frühzeitige Eindämmung bzw. Behebung des Schadens, um die Schadenkosten zu reduzieren, Versicherungsbetrug zu verhindern und die Kundenzufriedenheit zu erhöhen. Dazu müssen potenzielle Schadenfälle der Versicherungskunden frühzeitig erkannt und deren Behebung geplant und koordiniert werden. Nachrichtendienste, Lawineninformationen etc. werden laufend analysiert und mit den Kundendaten aus den Versicherungssystemen verglichen. Nach einer Analyse der betroffenen Kunden und Versicherungsobjekte hat das Versicherungsunternehmen die

Versicherungsobjekte hat das Versicherungsunternehmen die Möglichkeit, über eine integrierte Partnerdatenbank Kontingente bei Leistungserbringern zu reservieren und die potenziell betroffenen Kunden zu kontaktieren [vgl. Jara et al. 1999].

Aus Sicht des Content-Management gestaltet sich die aktive Schadenentgegennahme wie in Abbildung 2–8 dargestellt. Externe Content-Cluster wie z.B. Nachrichten, Wetterinformationen und geographische Informationen werden von externen Providern bezogen und zusammen mit internem Content wie z.B. Kundendaten, Policeninformationen oder Checklisten in eine integrierte Content-Struktur überführt. Im Rahmen der Nutzung der einzelnen Content-Cluster greifen Sachbearbeiter über das Intranet innerhalb der Prozessschritte auf die Content-Objekte zu, die personalisiert an die Arbeitsplätze der Benutzer gespielt werden.

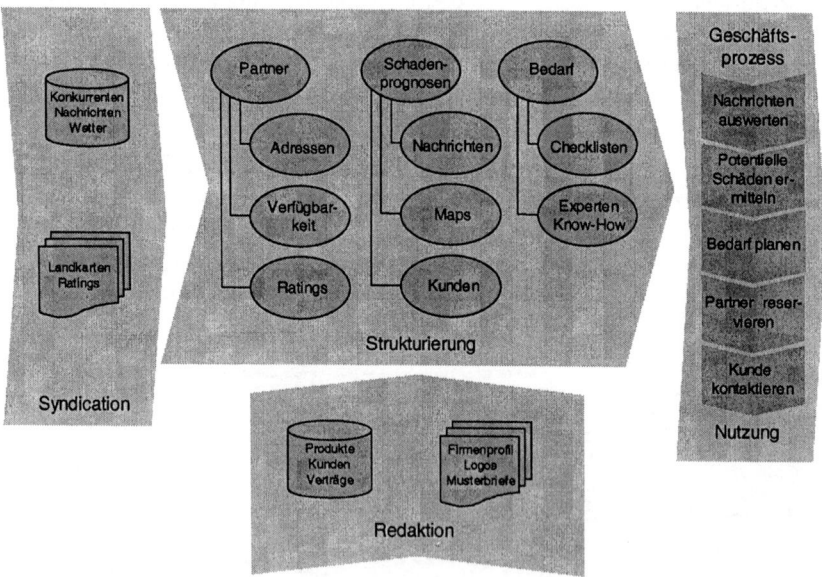

Abbildung 2–8: Content-Management-Modell für die aktive Schadenentgegennahme

2.4.2 Internet-Portal

Im vorangegangenen Beispiel stand das Content-Management für die Bereitstellung von Informationen für Mitarbeiter über ein Intranet im Vordergrund. Darüber hinaus besteht ein grosses Potenzial für das Content-Management in der externen Verwendung von Content in Kundenprozessportalen. Diese versuchen komplette Kundenprozesse wie z.B. Reise, Erbschaft, Heirat oder Autobesitz durch ein zielgerichtetes Angebot von Inhalten und Services abzudecken, die über das Portal zur Verfügung gestellt werden.

Abbildung 2–9: Homepage von Autobytel.com

Autobytel.com fasst in einem Prozessportal alle Leistungen rund um Autokauf und -besitz zusammen. Der Kunde kann nach neuen oder gebrauchten Autos suchen. Zu jedem Modell stehen technische Daten, Testberichte und Preisinformationen zur Verfügung, die einfache Vergleiche zwischen den Angeboten ermöglichen. Über das Netzwerk von 2865 Autohändlern kann der Kunde Angebote für Neuwagen anfordern oder einen passenden Gebrauchtwagen in der Nähe des Wohnortes lokalisieren. Mit Hilfe von Banken und Versicherungen als weitere Partner bietet *Autobytel.com* seinen Kunden Finanzierung, Autoversicherung und Gebrauchtwagengarantie an. Im Auktionsbereich können Autos ver- oder ersteigert werden. Über die Personalisierungsfunktionalität kann sich der Kunde über notwendige Wartungen oder Rückrufaktionen für sein Modell per Email informieren lassen.

Abbildung 2–10 stellt die Elemente des Content-Management für das Kundenprozessportal von Autobytel.com schematisch dar. Externe Inhalte und Funktionalitäten wie z.B. Versicherungsangebote, Finanzierungsmöglichkeiten und Testberichte werden über standardisierte Protokolle in das Prozessportal integriert und Kunden zur Verfügung gestellt. Informationen, die der Portalbetreiber selbst erstellt bzw. verfügbar hält werden zusätzlich über das Portal verteilt. Im Rahmen der Content-Strukturierung verwaltet das Unternehmen Content-Objekte aus internen und externen Quellen über eine einheitliche Struktur, ordnet Content-Objekten Metadaten zu und bündelt einzelne Dokumente zu Content-Clustern. Kunden greifen im Rahmen ihres Kundenprozesses zur Unterstützung einzelner Aufgaben gezielt auf die angebotenen Content-Objekte und Funktionalitäten des Prozessportals zu.

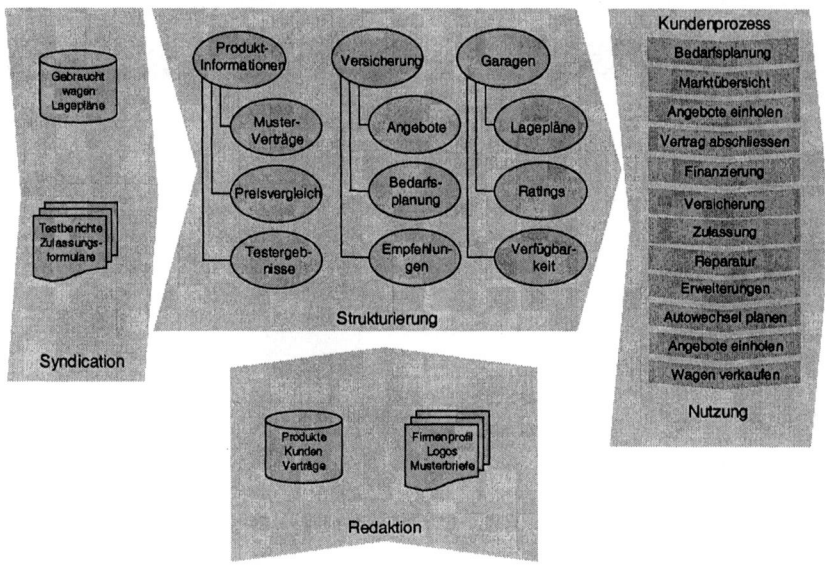

Abbildung 2–10: Content-Management-Modell für den Kundenprozess „Autobesitz"

2.4.3 Allgemeines Modell

Die einzelnen Ebenen des Content-Management und deren Zusammenhänge sind in Abbildung 2–11 dargestellt.

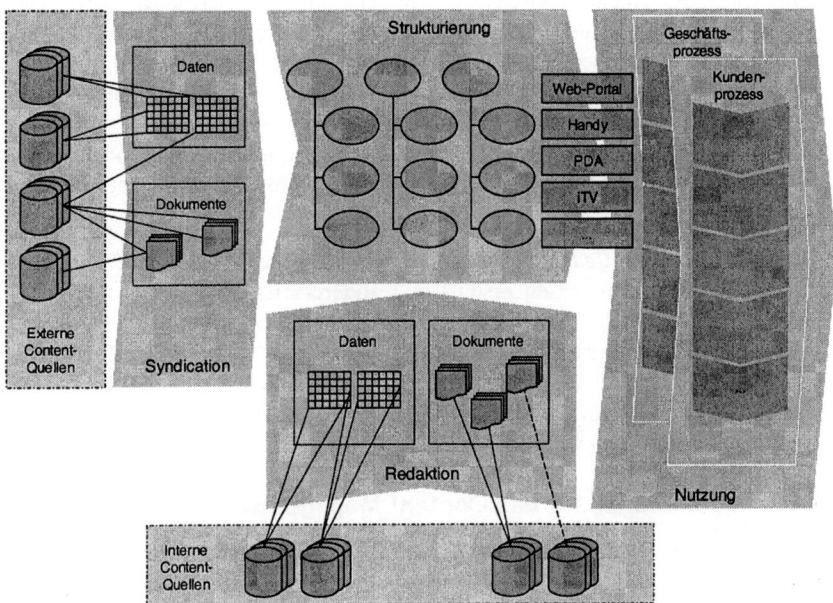

Abbildung 2–11: Allgemeines Modell für das Content-Management

Ausgangspunkt der Betrachtung ist die *Nutzung* des Content. Mitarbeiter benötigen Content-Objekte im Geschäftsprozess, um ihre Aufgaben effizient und effektiv erledigen zu können. Die Inhalte werden Mitarbeitern häufig über das Intranet zur Verfügung gestellt. Kunden greifen innerhalb ihres Kundenprozesses ebenfalls auf Informationen zu. Diese Informationen werden über externe Portale (Kundenportale) des Unternehmens verteilt.

Nutzer der Content-Objekte greifen über verschiedene *Zugangskanäle* (z.B. WWW, Handy, PDA oder interactive TV) auf die Content-Objekte zu. Entscheidet sich das Unternehmen für den Einsatz unterschiedlicher Kanäle, müssen Organisation, Content-Struktur und Informationssysteme an die Anforderungen eines Multi-Kanal-Portals angepasst werden. Im Rahmen der Nutzung stellt das Unternehmen kanalspezifische Inhalte und Layouttemplates zur Verfügung (Kanalmanagement).

In der Ebene *Content-Strukturierung* werden einzelne Content-Objekte aus verschiedenen externen und internen Quellen gebündelt und über einheitliche Strukturen verwaltet. Dabei kann es sich um eine logische oder eine physische Struktur handeln. Die logische Struktur verwaltet lediglich die Zugriffspfade einzelner Content-Objekte und organisiert deren Metainformationen. Die Objekte werden erst zum Nutzungszeitpunkt aus den entsprechenden Quellen ausgelesen, konvertiert und verteilt. Im Falle einer physischen Struktur werden die Informationsobjekte bereits zum Zeitpunkt der Strukturierung einheitlich abgelegt und über Metainformationen verwaltet.

Content-Syndication ermöglicht den Zugriff auf Informationen von externen Anbietern wie z.B. Nachrichtendienste, Brancheninformationsdienste oder Geschäftspartner. Über standardisierte Protokolle wie z.B. das Information and Content Exchange Protocol lassen sich Content-Objekte formatneutral zwischen Partnern austauschen und in Portalseiten integrieren. Die Content-Objekte werden auf der Partnerseite erstellt, verwaltet und zur Verteilung bereitgestellt. Umgekehrt verwenden Unternehmen Content-Syndication, um eigene oder syndizierte Inhalte an Geschäftspartner, Kunden oder weitere Portale im Unternehmen zu verteilen.

In der Ebene *Content-Redaktion* werden einerseits neue Informationen im Rahmen von Redaktionsprozessen erstellt und andererseits bestehende interne Informationen über Pflege- und Archivprozesse verwaltet. Datenbanken, Dokumenten- und Workflowmanagemensysteme bilden die technische Infrastruktur dieser Ebene. Mittels neuer Technologien wie z.B. XML-Datenbanken können Content-Objekte präsentationsneutral gespeichert und flexibel auf die Benutzer- und Kanalanforderungen abgebildet werden .

2.4.4 Implikationen für das Content-Management

Wie die Ausführungen in Kapitel 2.4.1 bis 2.4.3 zeigen, benötigen Portale für die effiziente Unterstützung von Geschäfts- und Kundenprozessen heterogene Informationen aus Content-Quellen innerhalb und ausserhalb des Unternehmens. Portale bieten diese Inhalte in personalisierter Form an. Die Darstellung von Layout und Navigation variiert abhängig von Nutzungsprozess, Rolle und Zugangskanal (Device). Die flexible Content-Bereitstellung lässt sich effizient realisieren, wenn das Content-Management die Trennung von Inhalt, Struktur und Layout berücksichtigt. Diese Trennung gilt allgemein als die Kerneigenschaft von Content-Management-Systemen. Benutzer fügen Inhalte in vordefinierte Templates ein und konzentrieren sich auf die Erstellung der Inhalte. Layout und Navigation passt sich, den Templates entsprechend, an [vgl. Kraemer 2000]. Bei der Eigenentwicklung oder Auswahl von Content-Management-Systemen sollten Unternehmen diese Trennung als Kernparadigma unbedingt berücksichtigen.

Werden Inhalte präsentationsneutral, getrennt von Layout- und Strukturinformationen in Content-Management-Systemen verwaltet, lassen sich die drei Komponenten flexibel zusammensetzen. Nutzenpotenziale dieser Trennung ergeben sich in folgenden Bereichen:

- *Kanalabhängige Content-Aufbereitung*: Inhalte lassen sich, wenn diese von Struktur und Layout getrennt sind, flexibel an die Anforderungen verschiedener Zugangskanäle adaptieren. Formatvorlagen (Stylesheets) ermöglichen die Definition der kanalabhängigen Parameter.

- *Personalisierung*: Nutzer stellen unterschiedliche Anforderungen an Darstellungsweise und Navigationsstruktur von Content-Clustern. Die Spezifikation der nutzer- bzw. kontextspezifischen Anforderungen kann für Dokumentenklassen in Templates hinterlegt werden und erlaubt die Widerverwendung einmal erstellter Vorlagen. Änderungen im Nutzerprofil haben bei einer strikten Trennung der Komponenten keinen Einfluss auf die Inhalte [vgl. Gruhn et al. 2000].

- *Mehrfachnutzung von Content-Objekten*: Werden Content-Objekte wie Texte, Logos, Bilder oder Tabellen unabhängig von ihrer Darstellung verwaltet, können diese in verschiedenen (zusammengesetzten) Dokumenten genutzt werden [vgl. Kraemer 2000].

- *Integration heterogener Inhalte*: Inhalte aus heterogenen Content-Quellen können einheitlich verwaltet und bei Bedarf an die unternehmensspezifischen Layout- und Strukturanforderungen angepasst werden. Ohne Trennung der Komponenten Inhalt, Layout und Struktur müssten die einzelnen Content-Objekte konvertiert und nachbearbeitet werden [vgl. Weinstein 2000].

Eine Möglichkeit, diese Dreiteilung in der Praxis umzusetzen, bietet die Metasprache XML (s. Kapitel 2.5.4). Das Kapitel beschreibt weitere Nutzenpotenziale, die sich durch den Einsatz von Dokumentenformaten ergeben, die die für das Content-Management erforderliche Trennung von Inhalt, Struktur und Layout unterstützen.

2.4.5 Implikationen für die Content-Management-Architektur

Ziel der in der Arbeit zu entwickelnden Referenzarchitektur ist die Ableitung einer integrierten Gesamtsicht über alle Ebenen des Content-Management. Die Architektur geht dabei von den beschriebenen Bausteinen des Content-Management aus und setzt die für die einzelnen Bausteine identifizierten Anforderungen in Prozess- und Funktionsmodelle um. Wichtige Anforderungen an die Architektur sind:

- *Modularisierbarkeit*: Die Architektur sollte flexibel genug gestaltet sein, um unterschiedliche Projekttypen bei der Entwicklung einer integrierten Content-Management-Lösung zu unterstützen. Unternehmen, die ihre bestehende Content-Management-Landschaft analysieren, werden unterschiedliche Stärken und Schwächen identifizieren. Die Architektur sollte in der Lage sein, auch für isolierte Teilausschnitte eine verwendbare Referenzlösung zu bieten. Die Modularisierung der Architektur erfolgt anhand der Bausteine des Content-Management. Kapitel 6.4 konkretisiert die Umsetzungsmöglichkeiten einzelner Module anhand idealtypischer Projektsszenarien.

- *Berücksichtigung der Schnittstellen zwischen den Ebenen*: Die zu entwickelnde Architektur sollte sämtliche Ebenen des Content-Management integriert betrachten. Insbesondere die technischen und organisatorischen Schnittstellen zwischen den Ebenen müssen klar spezifiziert werden, um den effizienten Betrieb der Content-Management-Lösung zu gewährleisten. Die integrierte Sicht auf die Content-Management-Architektur beschreibt diese Zusammenhänge.

- *Integrierte Betrachtung von Prozessen und IS-Funktionalitäten*: Die Referenzarchitektur sollte Prozesse und Systemfunktionalitäten integriert festlegen. Idealerweise sollten Content-Management-Prozesse durch die zugrundeliegenden IS-Systeme voll- oder halbautomatisch gesteuert werden (z.B. Redaktionsworkflows oder automatische Content-Verteilung). Die integrierte Sicht erfolgt durch die direkte Modellierung der IS-Funktionen entlang der spezifizierten Prozessmodelle.

2.5 Technologische Treiber des Content-Management

Technologien determinieren Grenzen und Möglichkeiten des Content-Management. Entwicklungen wie leistungsfähige Datenbanken, die Verbreitung internetbasierter Plattformen, und verbesserte Komprimierungsraten für Dokumente (z.B. jpg, mpeg, mp3) führten in der Vergangenheit zu effizienteren Formen der Content-Verwaltung. Technologische Treiber des Content-Management können Hardwaresysteme, Softwarelösungen, Dokumenten-standards oder Übertragungsprotokolle sein. Kapitel 2.5.1 – 2.5.4 beschreiben vier sich aktuell abzeichnende technologische Treiber des Content-Management, die Unternehmen Möglichkeiten der effizienteren Content-Verwaltung bieten.

2.5.1 Leistungsfähige Information-Retrieval-Systeme

Täglich werden Unternehmen mit Informationen aus den unterschiedlichsten Quellen konfrontiert, die analysiert, kategorisiert, aufbereitet und verteilt werden müssen. Oftmals verfügen Unternehmen über grosse unstrukturierte Informationsbestände (Archive), die ebenfalls über das Intranet oder die Website des Unternehmens bereit gestellt werden müssen. Die manuelle Kategorisierung jeder einzelnen Dokumentationseinheit ist mit erheblichem Aufwand verbunden und verlangsamt die Informationsverteilung. Die einzuordnenden Inhalte liegen i.d.R. in unterschiedlichen Formaten und Strukturierungsgraden vor und müssen aus heterogenen Quellen extrahiert und vereinheitlicht werden. Eingehende Emails, Beschwerden per Fax, Marktstudien oder Wettbewerberinformationen sind Beispiele für Inhalte, die täglich in Unternehmen eintreffen und effizient an die entscheidenden Stellen verteilt werden müssen. Ein weiteres Problem ergibt sich aus der Tatsache, dass Ordnungsschemata, die zur Klassifizierung von Informationen verwendet werden, schnell veralten. In der Vergangenheit sahen viele Unternehmen aufgrund des hohen Aufwands von der Reorganisation ihrer Ordnungssysteme ab. Idealerweise sollten neue Inhalte automatisch klassifiziert und anhand klar definierter Regeln über das Intranet, die Website oder Workflowsysteme in individualisierter Form Benutzern zur Verfügung gestellt werden. Moderne Softwaresysteme zum Information-Retrieval wie *Autonomy Server, SER Brainware, Semio Taxonomy oder Verity Intelligent Classifier* analysieren Content-Objekte und organisieren diese automatisch über Taxonomien (s. Kapitel 5.4.3).

Die automatischen Indizierungsverfahren werden in statistische, probabilistische und linguistische Methoden unterschieden [vgl. Kaiser 1993].

- Statistische Methoden. Die statischen Methoden ermitteln die Deskriptoren basierend auf der Häufigkeit ihres Auftretens in einem Dokument. Für die Indizierung eines bestimmten Textes sollten bei diesem Vorgehen Begriffe gewählt werden, die in diesem speziellen Text besonders häufig, in anderen Texten aber sehr selten vorkommen. Werden auch Begriffe für die Indizierung zugelassen, die in vielen anderen Dokumenten vorkommen, gelangt ein so agierender Algorithmus erfahrungsgemäss zu einem hohen Prozentsatz zu Begriffen, die wenig zum Inhalt des Textes beitragen (z.B. Artikel, Füllwörter etc.).

- Probabilistische Methoden. Die probabilistischen Methoden stützen sich auf die Wahrscheinlichkeitstheorie ab, um zu einer mathematischen Modellierung des Retrievalprozesses zu gelangen. Hierzu wird die statistische Verteilung der Terme eines Dokuments bewertet. Im Mittelpunkt der probabilistischen Methoden steht die Bestimmung der Relevanzwahrscheinlichkeit. Hierzu werden bei probabilistischen Methoden, meist auf Grundlage eines Vokabulars, nicht nur einzelne Terme indiziert, sondern Wahrscheinlichkeitsverteilungen für komplexere Termstrukturen errechnet.

- Linguistische Methoden. Linguistische Ansätze versuchen, den regelhaften Charakter der gesprochenen Sprache in Form von Algorithmen auf Computersysteme abzubilden. Es werden die im Dokumentenbestand enthaltenen Sätze syntaktisch analysiert, um ihnen als Ergebnis Satzstrukturen zuzuordnen.

2.5.2 Content-Syndication

Content-Syndication bietet Unternehmen ein effizientes Integrationsinstrument für unstrukturierte Informationen. Diese können zwischen verschiedenen Organisationseinheiten über standardisierte Protokolle ausgetauscht und in unterschiedliche Anwendungen integriert werden. Die einfachste Form der Content-Integration über das Internet stellt die Verknüpfung von Inhalten über HTML-Links dar. Dabei wird lediglich eine Kurzinformation über die Datei in die eigene Website eingebunden, die zugehörige Information wird jedoch erst bei einer entsprechenden Anfrage vom entfernten Server geladen. Die Erstellung und Pflege der Hyperlinks ist mit hohem Aufwand verbunden und bei steigender Informationsmenge und Aktualitätsanforderungen (z.B. Nachrichten, Finanzinformationen etc.) nicht mehr zu bewerkstelligen. Ein weiteres Problem ist die unterschiedliche Darstellungsweise der einzelnen Inhalte und der rasche Wechsel auf Websites anderer Anbieter. Unternehmen benötigen Inhalte, die sie leicht in ihre bestehenden I-NET Anwendungen integrieren können. Dazu sollten diese Inhalte in einer Form bereitgestellt werden, die die individuelle Anpassung der Informationen an die Vorgaben des Unternehmens (Corporate Design) ermöglicht. Das Austauschprotokoll Information and Content Exchange Protocol (ICE) (s. nachfolgende Beschreibung) erlaubt dies durch eine strikte Trennung von Layout, Struktur und Inhalt der einzelnen Informationspakete und hat sich zu einem Quasi-Standard für den Austausch schwach strukturierter Informationen über das Internet entwickelt.

Das Information and Content Exchange Protocol (ICE)

Das Information and Content Exchange Protocol stellt ein standardisiertes Protokoll für den Austausch schwach strukturierter Inhalte dar. Für den Austausch von Inhalten mittels ICE werden die Inhalte, die in verschiedenen Quellen abgelegt sein können, in ICE-Pakete umgewandelt. Das Protokoll legt die Regeln für den Datenaustausch fest und übermittelt die Daten über eine HTTP-Verbindung. Die wesentlichen Operationen des Protokolls sind [vgl. Fife 1998; Greening 1999; ICE Authoring Group 2000]:

Abonnements

Das ICE-Protokoll sieht für eine Austauschbeziehung die Rollen Verteiler (Syndicator) und Abonnent (Subscriber) vor. Bei der Einrichtung eines Abonnements werden die Eckdaten für einen regelmässigen Content-Austausch festgelegt, z.B. Anfangs- und Enddatum, Lieferfrequenzen und -methode (Push, Pull). Innerhalb der vereinbarten Parameter liefert der Content-Syndicator die abonnierten Inhalte an den Abonnenten.

Datenlieferung

Ähnlich wie EDI-Nachrichten lassen sich mit ICE standardisierte Nachrichten zwischen Geschäftspartnern austauschen. Die Informationen werden in Paketen übermittelt, wobei das Protokoll mit Hilfe integrierter Routinen die Korrektheit des Versandes überprüft.

Log-Aufzeichnung

Alle Aktivitäten des Datenaustauschs werden aufgezeichnet und in Logfiles archiviert.

2.5.3 Unified Messaging Systeme

Anwender wie Mitarbeiter, Kunden oder Lieferanten treten über verschiedene Kanäle mit Unternehmen in Kontakt. Produktanfragen über das WWW, die Kündigung einer Versicherungspolice per Brief, Anrufe beim Service-Center oder eine Email aufgrund einer Adressänderung des Kunden sind Beispiele für die vielfältigen Möglichkeiten der Content-Nutzung und -Generierung, die in heutigen Unternehmen bestehen. In vielen Unternehmen entstanden traditionell kanalspezifische Insellösungen für die Organisation der Content-Quellen. Durch die Integration unterschiedlicher Kanäle ergeben sich für die Unternehmen erhebliche Potenziale: Ein effizientes Management der Kundenkanäle sorgt für verbesserte Beratungsqualität, schnellere Lösung von Kundenproblemen und Kosteneinsparungen und ermöglicht die individuelle Ansprache der Kunden. Mitarbeiter können ortsunabhängig über verschiedene Kanäle wie WWW, WAP und Telefon auf die benötigten Content-Quellen zugreifen.

Die meisten Unternehmen verfügen über Email-, Fax- und Voice-Messaging-Systeme, die jedoch in den meisten Fällen nicht integriert sind. Die Benutzung der einzelnen Systeme erfolgt über unterschiedliche Soft- bzw. Hardwarelösungen. Eine Integration der verschiedenen Kanäle und die Bereitstellung des einheitlichen Zugriffs über eine Anwendungsoberfläche verhilft Unternehmen zu Kosteneinsparungen und verbesserter Servicequalität. Mitarbeiter können jederzeit auf Content-Objekte über den Kanal ihrer Wahl zugreifen und sind nicht auf bestimmte physische Standorte bzw. Medien angewiesen. Unified Messaging Systeme integrieren die verschiedenen Kanäle wie Telefon, Fax und Email in einer einheitlichen Oberfläche und ermöglichen eine Konvertierung der Nachrichten in unterschiedliche Formate [vgl. Acken 1998].

Die Software *Cycos-mrs* der *Cycos AG* bietet einen integrierten Zugriff auf Fax-, Voice-, Email- und SMS-Nachrichten. Dabei erfolgt der Zugriff auf den Unified Messaging Server mit jedem beliebigen Standard-Browser. Damit kann auf den vollständigen Inhalt der persönlichen Inbox mit Sprach-, Fax- und Email-Nachrichten von beliebigen Orten zugegriffen werden (siehe Abbildung 2–12). Cycos-mrs Benutzer haben die Möglichkeit, die Dienste Fax-, Voice- und E-Mail einheitlich zu nutzen. Neben dem mrs-Client können alle Nachrichten über das WWW oder per Telefon abgerufen werden. In der neuesten Version der Software steht auch ein WAP-Zugriff zur Verfügung. Unabhängig von der Art der Abfrage wird die Statusanzeige der Eingangsdokumente einheitlich in der Inbox des Benutzers geändert. Darüber hinaus kann der MRS-Server den Endanwender über den Empfang einer Nachricht per Message Waiting Indication (Briefkastenlampe) informieren. Die Signalisierung kann auch per SMS direkt an das Mobiltelefon des Users erfolgen, wenn dieser beispielsweise im Aussendienst tätig ist.

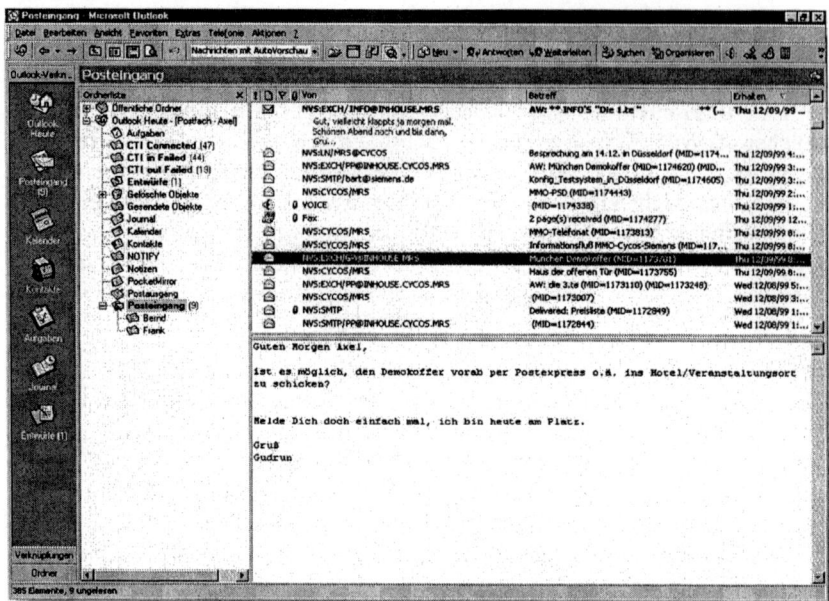

Abbildung 2–12: Cycos-mrs - Unified Messaging Lösung

2.5.4 Extensible Markup Language (XML)

Die Dokumentenbeschreibungssprache XML sowie Standards und Protokolle, die auf Basis dieser Metasprache basieren, bieten Möglichkeiten, Content-Objekte flexibel zu verwalten und zu verteilen. Das Sprachkonzept von XML setzt die für das Content-Management empfohlene Trennung von Inhalt, Struktur und Layout konsequent um [vgl. Behme/Mintert 1998; Lobin 1998; Harold 1999; Bullinger et al. 2000; Jung 2000]. Diese Kerneigenschaft der Sprache führte zu einer schnellen Verbreitung der Extensible Markup Language. Die meisten Hersteller von Content-Management-Systemen bieten mittlerweile Funktionen zur Verwaltung von XML-Dateien sowie zur Konvertierung unterschiedlicher Dokumentenformate in XML-Formate an. Der Sprachstandard wird in dieser Arbeit aufgrund der Nutzenpotenziale für das Content-Management und der weiten Verbreitung in Content-Management-Systemen als Basistechnologie betrachtet. Kapitel 2.5.4.1 beschreibt das Sprachkonzept der Extensible Markup Language, Kapitel 2.5.4.2 verdeutlicht Nutzenpotenziale, die sich bei einem Einsatz des Standards im Zusammenhang mit Content-Management ergeben. Kapitel 2.5.4.3 vergleicht Varianten der softwaretechnischen Verwaltung von XML-Objekten.

2.5.4.1 Sprachkonzept

Die Extensible Markup Language (XML) ist eine Metasprache zur Entwicklung anwendungsspezifischer Dokumententypen. Das Sprachkonzept von XML lehnt sich an die schon länger bestehende Standardized General Markup Language (SGML) an. Die Entwicklung von Dokumententypen sowie der Einsatz von SGML scheiterte in der betrieblichen Praxis oftmals an der hohen Komplexität des Sprachstandards. Bei der Konzeption von XML versuchten die Entwickler der Sprache, deren Ausgestaltung so einfach wie möglich zu halten und die Anzahl der Sprachelemente auf das notwendigste zu reduzieren. Eine entscheidende Eigenschaft von XML ist die klare Trennung von Inhalt, Struktur und Layout einzelner Informationsobjekte (s. Abbildung 2–13). Inhalte lassen sich in beliebig kleine Einheiten zerlegen und semantisch aufbereiten [vgl. Computerwoche 2000]. Das Sprachkonzept von XML ermöglicht diese Trennung durch die Aufteilung eines XML-Dokuments in die drei Komponenten Dokumententypdefinition (DTD), XML-Datei und Stylesheet.

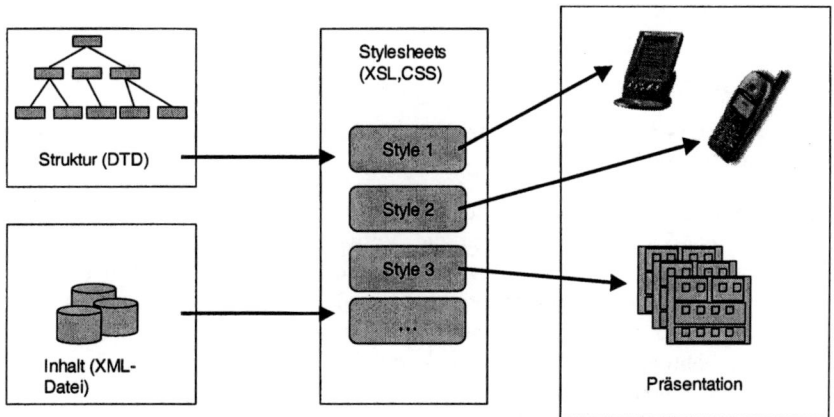

Abbildung 2–13: Trennung von Layout, Struktur und Inhalt in XML

- Vor der erstmaligen Verwendung von XML muss eine *Dokumententypdefinition (DTD)* bestimmt werden, die die möglichen Elemente und Attribute sowie deren hierarchische Struktur spezifiziert [vgl. Lobin 1998]. Es handelt sich dabei um „eine formale Grammatik, die einen spezifischen Dokumententyp definiert" [Computerwoche 2000]. Viele Branchen haben eigene DTD's entwickelt, die an die unternehmensspezifischen Anforderungen angepasst oder direkt weiterverwendet werden können. Für die interne Verwendung können eigene DTD's entwickelt und damit die Flexibilität des Sprachstandards voll ausgeschöpft werden. Beim Austausch von XML-Dateien zwischen verschiedenen Unternehmen bietet sich die Verwendung einer Standard-DTD an, auf deren Basis sämtliche XML-Dateien beschrieben werden.

- Die *XML-Datei* verwaltet lediglich den Inhalt, der durch klar definierte Elemente (Tags) strukturiert wird. Die verwendbaren Bezeichner ergeben sich aus der zugrundeliegenden DTD. Bei der Strukturierung von XML-Dateien sind nur Elemente und Attribute zu verwenden, die in der referenzierten DTD enthalten sind. XML-Daten können anhand der expliziten Strukturdefinitionen (DTD) validiert. Die Präsentation der Inhalte ist im Gegensatz zu HTML-Dateien unabhängig von den in der XML-Datei verwendeten Bezeichnern.

- Erst zum Zeitpunkt der Content-Nutzung werden die XML-Objekte mit Layoutanweisungen versehen, die in sogenannten *Stylesheets* abgelegt sind. Für unterschiedliche Zugriffskanäle und Nutzungsszenarien können individuelle *Stylesheets* erstellt werden, die die Formatanweisungen für den Kanal enthalten (s. Abbildung 2–13). Die *Stylesheets* können in verschiedenen Sprachen beschrieben werden. Die in der Praxis am häufigsten verwendeten Sprachen zur Definition von Stylesheets sind *Cascading Style Sheets (CSS)* und die *Extensible Syle-sheet Language (XSL)* [vgl. Computerwoche 2000].

2.5.4.2 Nutzenpotenziale

Für das Content-Management ergeben sich durch den Einsatz von XML eine Reihe von Nutzenpotenzialen:

- *Einfache Integration externer Content-Objekte in Unternehmensportale (Content-Syndication).* Durch die Verwendung von XML im Content-Syndication lassen sich Inhalte verschiedener Partner (Content-Provider, Lieferanten, Kunden) präsentationsneutral austauschen und an die spezifischen Layout- und Strukturanforderungen anpassen. Darüber hinaus haben Unternehmen die Möglichkeit, bestehende Inhalte an Partner oder Geschäftseinheiten präsentationsneutral weiter zu syndizieren. Das Telekommunikationsunternehmen E-Plus syndiziert Inhalte von verschiedenen Content-Providern in das Kundenportal. Die Inhalte werden in unterschiedlichen Dateitypen (txt, doc, html, xml) angeliefert und vollautomatisch auf die unternehmensspezifische DTD abgebildet.

- *Effizientes Kanalmanagement.* Content lässt sich, einmal erstellt, über verschiedene Zugangskanäle wie z.B. Webbrowser, WAP-Handy oder PDA verteilen. Für die verschiedenen Ausgabemedien spezifizieren Stylesheets die Darstellungsparameter [vgl. Bullinger et al. 2000, S. 14].

- *Personalisierung* von Inhalt, Navigation und Layout für Rollen, Nutzer und Kanäle. Aufgrund der klaren Trennung von Inhalt, Struktur und Layout in XML-Dokumenten lassen sich vereinfacht personalisierte Anwendungen entwickeln. Innerhalb der Stylesheets können Unternehmen für verschiedene Anwendungsszenarien die Präsentation und Navigationsstruktur einzelner Dokumentenklassen spezifizieren und Objekte von der Nutzung durch bestimmte Gruppen oder Zugangskanäle ausschliessen. Über verschiedene Stylesheets lassen sich spezifische Sichten auf einen

Datenbestand generieren [vgl. Behme/Mintert 1998; Bullinger et al. 2000, S.14].

- Gezieltes *Information-Retrieval* durch strukturierte Beschreibung der Dokumente. Im Gegensatz zu HTML-Dateien strukturieren die verwendeten Elemente einer XML-Datei deren Inhalt und ermöglichen eine gezielte Suche nach Dokumenten und Dokumentenbestandteilen. Mittels Suchanfragen lassen sich, analog zu Datenbankabfragen, Inhalte aus einzelnen Containern des Dokumentes extrahieren. Benutzer können gezielt nach bestimmten Elementen innerhalb der XML-Dokumente suchen, was die Relevanz des Suchergebnisses im Gegensatz zur Suche über HTML-Dateien erhöht. Metadaten eines Dokumentes lassen sich in vordefinierte Container integrieren und erleichtern die Strukturierung eines Dokumentenbestandes durch Gruppierung von Dokumenten gleichen Typs.

- *Flexible Content-Verwaltung* durch die Transformation unterschiedlicher Daten- und Dokumentenstrukturen. Im Umfeld des XML-Standards entstanden eine Reihe von weiteren Standards, die die Einsatzmöglichkeiten von XML erweitern. Mittels XSLT (Extensible Stylesheet Language Transformation) können Regeln für die Transformation unterschiedlicher Dokumententypen beschrieben werden. Dadurch lassen sich unterschiedlich strukturierte Typen von Dokumenten auf eine einheitliche Struktur abbilden [vgl. Software AG 1999].

2.5.4.3 Software für die Verwaltung von XML-Dateien

Softwarelösungen für die Verwaltung und Verteilung von XML-Objekten teilen sich in folgende Komponenten auf:

- Eine Datenbank für die Ablage der XML-Dateien;

- Editoren für die Gestaltung von DTD´s und Stylesheets.

Einige Hersteller entwickelten dezidierte Lösungen für die Verwaltung von XML-Objekten, während Anbieter von Content-Management-Systemen diese Komponenten in ihre Softwarepakete integrierten.

Content-Management-Systeme

XML hat sich im Umfeld des Content- und Dokumentenmanagement zu einem Quasistandard entwickelt, den der grösste Teil der Produktanbieter aus diesem Segment unterstützt. Das Internetportal *www.contentmanager.de* bietet die Möglichkeit, ausgewählte Produkte bezüglich funktionaler Abdeckungen zu vergleichen. Bei einem Vergleich der Produkte der Kategorie Content-Management auf XML-Fähigkeit gaben 39 von 41 ausgewählten Herstellern an, XML in ihren Produkten zu unterstützen. Dabei unterscheiden sich die einzelnen Produkte stark in Bezug auf die systemtechnische Verwaltung der XML-Dokumente. Prinzipiell lassen sich folgende Varianten identifizieren:

- *Speicherung der Dokumente unter Beibehaltung der XML-Struktur (als XML-Objekte)*. Diese Vorgehensweise ermöglicht die volle Ausschöpfung der Potenziale des Sprachstandards, da die Struktur der Dokumente vollständig erhalten bleibt.

- *Abbildung der XML-Dateien auf ein relationales Datenbankschema*. Prinzipiell lassen sich XML-Dokumente auf relationale Datenbankschemata abbilden. Die Struktur der komplexen Datenobjekte muss über verschiedene Tabellen abgebildet werden, was bei komplexen Dokumententypen die Performance des Systems beeinträchtigen kann [vgl. Software AG 1999, S.10; Rothfuss/Ried 2001, S. 248].

- *Transformation der XML-Dateien in proprietäre Dokumentenformate*. Einige Hersteller bieten eigene Formate an, um komplexe Strukturen abzubilden. Vorteile, die sich aus der weiten Verbreitung des Standards ergeben, gehen verloren. Die Qualität des proprietären Formates muss im Einzelfall überprüft werden. Die semantische Flexibilität der Sprache kann bei diesem Verfahren jedoch nicht gewährleistet werden [vgl. Computerwoche 2000].

Auf der Ausgabeseite wandeln die meisten Produkte die Inhalte bei einem Benutzeraufruf über das WWW in HTML um, da die heutige Browsergeneration XML und XSL nicht ausreichend unterstützt [vgl. Computerwoche 2000; Büchner et al. 2001, S. 185]. Bei der Auswahl von Content-Management-Systemen sollten Unternehmen, wenn sie XML als Dokumentenformat einsetzen wollen, nur solche Systeme berücksichtigen, die die direkte Ausgabe von XML-Dateien in Verbindung mit Stylesheets unterstützen.

Tamino (Software AG)

Das Softwaresystem *Tamino* (Transaktions-Architektur zum Management von Internet-Objekten) der *Software AG* ist ein webfähiges Datenbankmanagementsystem, das speziell für die Verwaltung von XML-Daten konzipiert wurde. XML-Dateien werden in der bestehenden Struktur (als XML-Objekte) im System gespeichert und können direkt über HTTP-Verbindungen angesprochen werden. Das System stellt Funktionen für den Zugriff auf nicht-XML-Dateien bereit und macht diese als XML-Objekte verfügbar. Abbildung 2–14 beschreibt die Komponenten der Software und deren wesentliche Funktionalitäten.

Komponente	Beschreibung
X-Machine	Funktionseinheit für den Zugriff auf einen XML-Datenspeicher. Daten können direkt in XML-Containern abgelegt und abgerufen werden. Die X-Machine enthält einen XML-Parser zur Validierung der XML-Datei, einen Query-Interpreter zur Ausführung der XQL-Abfragen und einen Object Composer für den Zugriff auf interne und externe Informationsobjekte und deren Transformation in XML.
X-Node	Ermöglicht den Zugriff auf Daten heterogener Systeme. Geschäftsdaten können über X-Node aus Datenbanken, Dateisystemen oder Messagingsystemen an andere Anwendungen weitergeleitet werden. Tamino stellt für X-Node ein einheitliches XML-Datenmodell bereit.
X-Port	Webserver-Interface für die Verknüpfung von Standardbrowser und Tamino. Über HTTP-Verbindungen können Benutzer direkt auf die Objekte des Taminosystems zugreifen.
SQL-Engine	Zur Verwaltung strukturierter Informationen in relationalen Datenbanken stellt Tamino eine SQL-Engine mit eigenem SQL-Speicher zur Verfügung.
Server Extensions	Über die Server-Erweiterungen von Tamino lassen sich anwendungsspezifische Operationen in das Taminosystem einbetten. Anwendungsbeispiele für Erweiterungen sind die Abbildung von XML-Strukturen auf SQL-Tabellen oder Zugriff auf nicht-XML-Objekte des Unternehmens.
Data Map	Enthält Systemdaten wie DTD's, relationale Schemata etc. und beschreibt das Mapping von XML-Elementen auf den XML-Speicher, den SQL-Speicher oder X-Node.

Abbildung 2–14: Komponenten des Tamino Servers

Die Einsatzmöglichkeiten von Tamino beschränken sich nicht nur auf das Management von XML-Daten. Die Software bietet über die X-Node-Komponente eine Integrationsmöglichkeit für heterogene Informationen, die in verschiedenen Formaten vorliegen können. Durch die Abbildung auf einheitliche Dokumententypen ergeben sich für die heterogenen Informationen flexible Verwendungsmöglichkeiten. Benutzer erhalten über den Tamino Manager eine webbasierte Administrationsoberfläche, Zugriff auf das gesamte Tamino-System, einschliesslich der über X-Node verwalteten Daten.

2.6 Fallbeispiel E-Plus

Die Fallstudie des Düsseldorfer Telekommunikationsunternehmens E-Plus beschreibt das Content-Management eines multikanalfähigen Kundenportals. Die unterschiedlichen Facetten des Content-Management (Strategie, Organisation, Informationssysteme, Projektmanagement) werden in den entsprechenden Kapiteln der Arbeit zur Ableitung und Illustration der Ergebnisse verwendet. Die Fallstudie wird dazu in themenspezifische Module zerlegt, die in verschiedenen Kapiteln der Arbeit beschrieben werden. Die nachfolgenden Kapitel 2.6.1 bis 2.6.7 stellen das Unternehmen E-Plus vor und beschreiben Aufbau und Basiskomponenten des Portals.

2.6.1 Das Unternehmen

Die *E-Plus Mobilfunk GmbH & Co. KG* gehört zur Spitzengruppe der deutschen Telekommunikationsanbieter. Das Unternehmen wurde 1993 mit Hauptsitz in Düsseldorf gegründet. Hauptgesellschafter des Unternehmens ist seit Februar 2000 das niederländische Telekommunikationsunternehmen *KPN Mobile*, das 77,5% der Anteile an E-Plus hält. Im Jahr 2000 hat *E-Plus* die Kundenzahl von 3,8 Millionen auf 6.6 Millionen erhöht, was einer Steigerung von 66,6% entspricht. Der Umsatz betrug für das Jahr 2000 4,6 Milliarden DM, 1999 3 Milliarden Mark. Einen wesentlichen Beitrag zu Umsatzsteigerung leisteten die Non-Voice-Dienste. Dazu zählen das Versenden und der Empfang von Kurznachrichten über das Mobiltelefon (SMS) sowie die mobile Internetnutzung über WAP. In diesem Bereich hat sich der Umsatz gegenüber dem Vorjahr verfünffacht.

Das Hauptgeschäftsfeld von *E-Plus* wird auch in Zukunft die mobile Telekommunikation sein, die durch Services und Informationen über verschiedene Kanäle, wie WAP, SMS und WWW abgerundet wird. Dienstleistungen wie z.B. Informationen aus den Bereichen Nachrichten, Entertainment und Sport, elektronische Kalender, Email oder Musik und Videos können von Kunden über Web oder Handy (Voice, SMS, WAP) in Anspruch genommen werden. Im Januar 2001 gab das Unternehmen den Aufbau eines Gemeinschaftsunternehmens mit dem japanischen Telekommunikationsdienstleister *NTT DoCoMo* bekannt, der mit dem Dienst *iMode* über ein sehr erfolgreiches Produkt in Japan verfügt. IMode ermöglicht, ähnlich wie WAP, die mobile Internetnutzung via Handy. Zum Jahresende 2000 nutzten bereits über 16 Millionen japanische Kunden die iMode-Dienste von NTT DoCoMo. Neue Produkte und Dienstleistungen, die im Rahmen des Joint Ventures entwickelt werden, fliessen in Zukunft in das E-Plus Leistungspaket ein.

2.6.2 Struktur des Portals

E-Plus begann Mitte 1999 mit dem Aufbau eines Portals, das Kunden über verschiedene Zugangskanäle mit Services und Informationen versorgt. Basiselemente des Portalkonzeptes sind:

Content-Syndication: E-Plus bezieht von verschiedenen Content-Providern Fremdcontent und fügt diesen in das Portal ein. Die Fremdinhalte werden thematisch untergliedert (z.B. News, Entertainment, Sport, Wirtschaft) und an die Struktur- und Layoutanforderungen des Unternehmens adaptiert. Im Rahmen von sogenannten „Specials" wird intensiv Content aus einem Themenbereich (z.B. Popkonzerte, Start eines Kinofilms, TV) von dezidierten Anbietern syndiziert. Die nachfolgende Tabelle zeigt Beispiele für syndizierte Inhalte und Services, die E-Plus seinen Kunden über das Portal zur Verfügung stellt.

Provider	Inhalte
Handelsblatt	Wirtschaftsmeldungen
Interactive Media	Sportnachrichten
GNN	Telekommunikationsnachrichten
MAX	Stadtinformationen
Meteofax	Wetterberichte
Travelchannel	Reiseinformationen
Deutsche Bahn	Fahrplanauskunft
Onvista	Börseninformationen
Fireball	Suchmaschine

Abbildung 2–15: Content-Partner von E-Plus (Auszug)

Mehrkanalfähigkeit - Extern und intern erstellte Inhalte bietet das Unternehmen Kunden über verschiedene Kanäle innerhalb definierter Nutzungsszenarien (Storyboard-Konzept) an. Content und Services lassen sich über WWW, WAP, SMS und Voice abrufen. Das Unternehmen passt Inhalt, Layout und Struktur der Content-Cluster an die Erfordernisse der verschiedenen Kanäle an. Bspw. werden im Rahmen des „Big Brother"-Angebots Kurznachrichten über Veränderungen im Container per SMS verschickt. Genauere Informationen können Kunden über Voice oder das WWW erhalten. Bei dem E-Plus-Service WAP-Mail kann der Kunde Informationen unter einer einzigen E-Mail Adresse empfangen, senden und bearbeiten - per WAP-Handy und per PC.

Personalisierung - Die Inhalte und Services des Portals lassen sich personalisiert abrufen. Neben einer personalisierten Startseite können Informationskanäle über WAP und SMS abonniert werden. Email-Funktionalität oder Online-Kalender sind Beispiele für personalisierte Services.

Trennung von Inhalt, Funktion und Layout - Mehrkanalfähigkeit und Personalisierung stellen hohe Anforderungen an die Strukturierung der Inhalte. Diese müssen unabhängig von der späterem Verwendungsweise (Präsentationsebene) abgespeichert werden, um flexibel über verschiedene Kanäle an unterschiedliche Nutzergruppen verteilt werden zu können. Aus diesem Grund entschied sich das Unternehmen von Anfang an für eine klare Trennung von Inhalt, Funktion und Layout im Multi-Access-Portal.

XML-Unterstützung - Die Trennung von Inhalt und Layout ermöglicht die konsequente Beschreibung der Informationen mittels der Extensible Markup Language (XML). E-Plus hat eine eigene Document Type Definition (DTD) entwickelt, die verwendbare Elemente und Attribute spezifiziert. Syndizierte Inhalte werden systemunterstützt in die E-Plus DTD transformiert.

Abbildung 2–16 stellt die Startseite des Multi-Access-Portals dar. Neben unternehmens-spezifischen Inhalten und Services erscheinen wichtige Headlines der syndizierten Content-Pakete. Diese können in weiteren Ansichten themenspezifisch untergliedert werden. Die verschiedenen Themengebiete (Entertainment, Nachrichten, Wirtschaft, Sport etc.) werden in einzelnen Kanälen verwaltet, die von Content-Managern bewirtschaftet werden. Die Personalisierung der Homepage ermöglicht die Auswahl benutzerspezifischer Kanäle sowie die Konfiguration des Angebotes über die Zugangskanäle WAP und SMS.

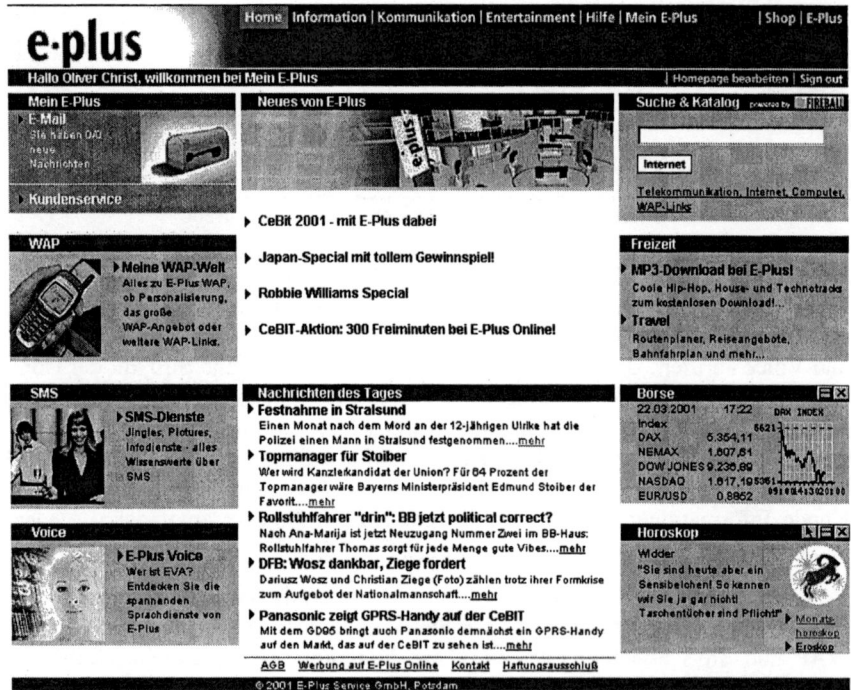

Abbildung 2–16: Startseite des E-Plus-Portals

Die nachfolgenden vier Kapitel konkretisieren die beschriebenen Basiselemente des Multi-Access-Portales.

2.6.3 Content-Syndication

Das Unternehmen abonniert Inhalte von verschiedenen Content-Providern und stellt diese personalisiert Kunden zur Verfügung. Mit jedem Content-Provider wird ein spezifischer Vertrag gestaltet, der Urheberrechtsfragen, Lieferbedingungen, Umfang, Zusatzleistungen und Preis festlegt. E-Plus bezieht die bereitgestellten Inhalte vom Server des Content-Providers und bildet diese auf eine einheitliche Dokumentenstruktur ab (s. Abbildung 2-17). Kunden greifen im Rahmen ihrer Nutzungsprozesse über verschiedene Kanäle auf die strukturierten Content-Cluster zu. Content-Syndication bietet die Möglichkeit, bestehende Portale mit Fremdcontent aufzuwerten und Kunden bzw. Mitarbeitern bedarfsgerechte Inhalte anzubieten.

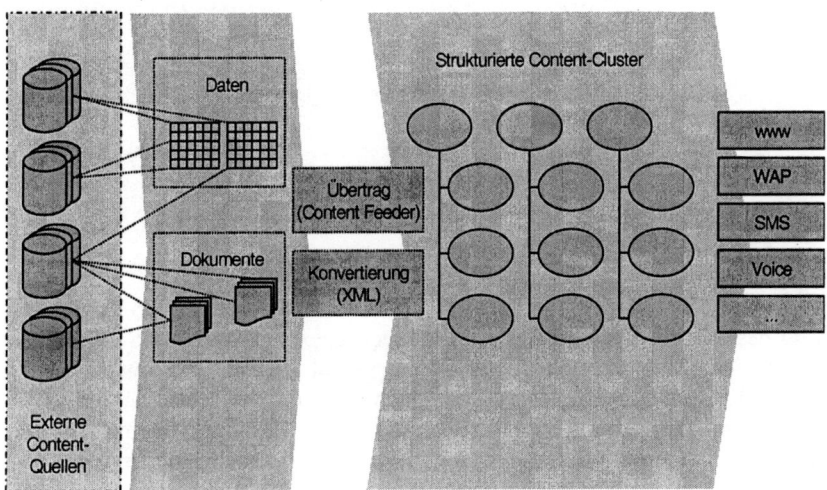

Abbildung 2-17: Konzept des Content-Syndication

Die Inhalte werden über das Multi-Access-Portal gebündelt und in einzelnen Fällen um redaktionell erstellte Inhalte ergänzt. Die Integration der syndizierten Inhalte in das Portal erfolgt automatisch. Dazu werden die Inhalte von den Anbietern bereitgestellt und dort durch Java Applikationen abgeholt und an die unternehmensspezifischen Dokumentenformate (XML-DTD) angepasst.

Abbildung 2-18 illustriert den Service „City-Guide" auf dem E-Plus-Portal, den das Unternehmen vom Content-Provider MAX bezieht. Für verschiedene deutsche Grossstädte bietet dieser Service Stadtinformationen wie z.B. Hotellisten, Stadtpläne oder Restauranttipps an. E-Plus syndiziert diese Inhalte als Komplettpaket von einem Provider und bietet die Informationen über WWW und WAP an.

44 Grundlagen

Abbildung 2–18: Syndizierte Inhalte auf dem E-Plus-Portal (MAX)

2.6.4 Mehrkanalstrategie

Kern des Multi-Access-Portals ist das Angebot von Inhalten und Services über verschiedene Zugangskanäle. Als Zugangskanal werden momentan WWW, WAP, SMS und Voice angeboten. In Zukunft sollen diese Kanäle über einen Unified Messaging Dienst weiter integriert werden. Kunden erhalten dann die Möglichkeit, Emails per Voice-Kanal abzufragen oder eingehende Faxe über WAP-Handy zu lesen bzw. zu versenden.

📱	Alles zu SMS	Lassen Sie sich aktuelle VIP-News als SMS schicken! Einfach „SMS verfassen" auswählen, „VIP" eingeben und an die Nummer 1001 senden.
@	Alles zu WAP	Rufen Sie den neuesten Klatsch und Tratsch aus der Promiwelt mit Ihrem WAP-Handy ab! Einfach wap.eplus.de eingeben, dann „Information" und „Aus aller Welt" auswählen.
🔊	Alles zu Voice	Mit E-Plus Sprachinfo sind Sie immer gut informiert über aktuelle News aus der Promiwelt! Einfach die Rufnummer 1 20 61 oder E.V.A. „Vip-News" wählen.

Abbildung 2–19: Mehrkanalangebot auf dem E-Plus-Portal

Direkte Umsätze erzielt das Unternehmen momentan nur über die Kanäle Voice, SMS und WAP. Ziel der Multikanalstrategie ist die Nutzungsverstärkung der umsatzgenerierenden Kanäle durch das Webportal. Über dieses können Kunden die Personalisierungen der anderen Kanäle vornehmen und Basisdienste wie z.B. Email oder Kalender nutzen. Diese können nach der Konfiguration auch über das Handy benutzt werden. E-Plus bezieht Content von externen Anbietern und verteilt diesen nach festgelegten Mustern auf die verschiedenen Kanäle. Über SMS werden bspw. in kurzer Form die Headlines relevanter Informationen verteilt, die über WAP oder Voice gebührenpflichtig abgefragt werden können. In sogenannten Storyboards beschreiben die verantwortlichen Content-Manager, welche Teile eines Content-Clusters in welcher Strukturierung über welchen Kanal angeboten werden (s. Kapitel 3.5).

2.6.5 Personalisierung

Die Personalisierung der Inhalte und Services des Portals erfolgt in den Dimensionen Nutzer und Kanal. E-Plus-Kunden haben die Möglichkeit, über das Portal ihre persönliche Startseite zu konfigurieren und Content über Kanäle ihrer Wahl zu abonnieren. Darüber hinaus stellt die Personalisierung die Basis für Dienste wie Email, Kalender und Unified Messaging dar. Die Konfiguration und Pflege der Profilinformationen erfolgt über das WWW, da dies die benutzerfreundlichste Variante darstellt.

2.6.6 Trennung von Inhalt, Funktion und Layout

Abbildung 2–20 illustriert das Grobkonzept des Multi-Access-Portals von E-Plus. Durch die strikte Trennung von Inhalt, Funktion und Layout können verschiedene Kanäle und Nutzergruppen flexibel mit Content und Services versorgt werden. Die Inhalte werden in einheitlicher Struktur (entsprechend der DTD-Vorgaben) verwaltet und zum Zeitpunkt der Nutzung mit Layoutanweisungen (Templates) versehen.

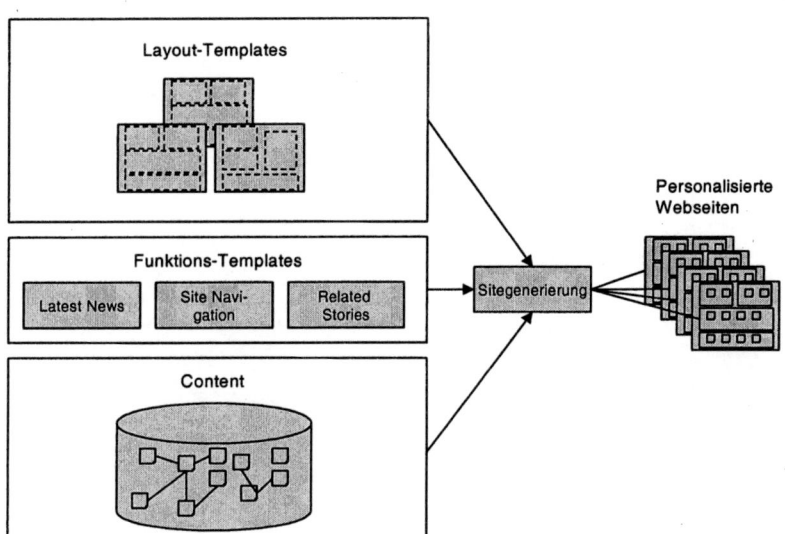

Abbildung 2–20: Trennung von Inhalt, Funktion & Layout im E-Plus-Portal

Generische Funktionen wie z.B. „Latest News" oder „Site Map" können flexibel in das Portal integriert und mit personalisiertem Content verknüpft werden. Die

Bereitstellung generischer Funktionen ermöglicht eine einfache und flexible Mehrfachverwendung bestehender Funktionen und erleichtert deren Anpassung.

2.6.7 Strukturierte Inhalte mittels XML

Für die Beschreibung der Inhalte entwickelte das Unternehmen eine eigene DTD. Diese spezifiziert die zulässigen Elemente, verwendbare Attribute sowie die hierarchische Darstellung der Elemente (Container). Abbildung 2–21 enthält einen Auszug aus der Elementliste der E-Plus-DTD. Jedes Content-Objekt erhält Angaben zur Informationsquelle, Erstellungsdatum, Gültigkeit, Kategorie etc. und wird so mit den für Personalisierung, Kanalmanagement und Content-Verteilung notwendigen Metadaten versehen. Jedes einzelne Objekt erhält durch die klare Dokumentenbeschreibung hinreichende Strukturierungsinformationen. Der gesamte Dokumentenbestand lässt sich über die Metadaten „Category" themenspezifisch clustern. Zum Zeitpunkt des Zugriffs auf die Inhalte werden diese mit Layoutinformationen versehen, die in Cascading Style Sheets (CSS) beschrieben sind.

Element	Erläuterung
Source	Container für Informationen über den Provider
Source.Name	Name des Content-Providers
Source.Image	Grafik, die bei allen Publikationen des Providers verwendet wird
Item	Container für den aktuellen Content
Date	Erstellungsdatum
Category	Zuordnung eines Content-Objekts zu einzelnem Kanal
Headline	Überschrift
Summary	Zusammenfassung des Artikels
ValidFrom	Zeitpunkt ab dem Content-Objekt Live erscheint
ValidTo	Verfallsdatum
Associated Links	Container für verwandte Items
Image	Spezifiziert die Details eines gelieferten Bildes
Image.Caption	Bildunterschrift
Link.dest	Ziel des Links (URL)
Link.text	Textangabe für den Link
Copyright	Hinweise zu Urheberrecht

Abbildung 2–21: Auszug aus der Elementliste der XML-DTD

Momentan liefern die Content-Provider Inhalte in unterschiedlichen Formaten. Varianten sind die Formate XML (unterschiedliche DTD´s), HTML, TXT. Die Inhalte werden durch das System automatisch auf die unternehmensspezifische DTD abgebildet. Aufgrund der weiten Verbreitung und des wachsenden Einsatzes von XML werden in Zukunft vermehrt Anbieter ihre Inhalte XML-basiert anbieten bzw., als Zusatzleistung, Content in kundenspezifischen XML-DTD´s verteilen.

3 Content-Management-Strategie

3.1 Strategische Komponenten des Content-Management

Im Rahmen der Strategieentwicklung entstehen in Unternehmen üblicherweise verschiedene Einzelstrategien, die in einer hierarchischen Beziehung zueinander stehen und inhaltlich miteinander abgestimmt sein sollten [vgl. Karst 1998, S. 11]. Zur Steigerung der Wirksamkeit, besseren Nutzung von Synergiepotenzialen und leichteren Umsetzung der Strategie sollten diese Substrategien (z.B. Geschäftsbereichs-, Funktionsstrategie) aus der Gesamtstrategie des Unternehmens abgeleitet werden.

Objekte des Content-Management sind Informationen, die im betrieblichen Leistungserstellungsprozess als Produktionsfaktoren eingesetzt bzw. von Kunden im Rahmen von Kundenprozessen zur Durchführung von Aufgaben benötigt werden. Mitarbeiter und Management, Geschäftspartner und Kunden benötigen im Rahmen ihrer Prozesse Inhalte, die idealerweise über Portale verfügbar gemacht werden. Das Content-Management stellt damit, wie auch das Informationsmanagement, eine Querdimension im Unternehmen dar, das unterschiedliche Funktionsbereiche tangiert [vgl. Hübner 1996, S. 90-93]. Die Content-Management-Strategie sollte somit nicht isoliert entwickelt und umgesetzt werden, sondern bedarf einer Koordination mit angrenzenden Strategien (z.B. Informatik-, Wissensmanagement-, CRM-Strategie). Im Rahmen einer koordinierten Strategieentwicklung können Unternehmen Synergiepotenziale ausschöpfen (Parallelisierung von Aufgaben, Mehrfachnutzung von Ergebnissen, einheitliche Kommunikation) [vgl. Kolks 1990, S. 30 ff.; Dörler/Daniel 1994, S. 32-36; Hübner 1996, S. 12-14].

Die strategischen Elemente des Content-Management können aus dem theoretischen Konzept des Geschäftskreises [vgl. Bleicher 1999, S. 266- 267] abgeleitet werden. Dieses Konzept dient als Ausgangspunkt für die Bildung strategischer Basissysteme. Die folgende Aufzählung beschreibt die Elemente des Geschäftskreises und dessen Bezug zur Content-Management-Strategie.

- Wer sind die *Kundengruppen*? Für das Content-Management bedeutet dies die Ableitung potenzieller Informationsnachfrager innerhalb und ausserhalb des Unternehmens. Das Kapitel *Vorüberlegungen* enthält Ansätze zur Ermittlung der Kundengruppen und Positionierung des Content-Management. Für eine vertiefte Betrachtung sei auf Techniken der Potenzialanalyse im Rahmen des Wissensmanagement hingewiesen [vgl. Thiesse 2001, S. 107 ff.].

- Was sind deren *Kundenprobleme*? Die Analyse der Kundenprozesse bzw. Geschäftsprozesse führt zu klaren Aussagen bezüglich des Informationsbedarfs der verschiedenen Kundengruppen. Kapitel 3.2.2 beschreibt Techniken zur Analyse des Informationsbedarfs verschiedener Zielgruppen.

- Welche *Produkte* bietet das Unternehmen seinen Kunden an? Content kann sowohl als Produkt angeboten (z.b. Musik, Marktstudien) oder Nutzern als Ergänzung zu Produkten oder Dienstleistungen des Unternehmens offeriert werden (z.b. Börsenkurse, Produktbeschreibungen). Mitarbeiter benötigen Informationen zur Durchführung von Aufgaben im Geschäftsprozess. Die Content-Management-Strategie beantwortet die Frage nach den anzubietenden Produkten mittels einer Analyse der Kunden- und Geschäftsprozesse (s. Kapitel 3.2.2). Ergebnisse sind Content-Cluster, die Inhalte verschiedener Content-Quellen bündeln [vgl. Kaiser 2000]. Content, den das Unternehmen nicht anbieten kann, im Kunden- oder Geschäftsprozess aber benötigt, muss es von externen Partnern beziehen. Kapitel 3.4 beschreibt das Vorgehen bei der Auswahl von Content-Partnern.

- Über welche *Absatzwege* sollen die Kunden erreicht werden? Die Absatzwege digitaler Güter (Content) sind technische Kanäle wie z.b. WWW, WAP-Handy, PDA oder Telefon. Kapitel 3.5 analysiert das Vorgehen bei der Auswahl technischer Zugangskanäle und der Verteilung einzelner Content-Cluster auf verfügbare Kanäle (Kanalmix).

- Welche *Lösungstechnologien* benötigt das Unternehmen zur Lösung der Kundenprobleme? Im Rahmen der Strategieentwicklung sollten Unternehmen bereits frühzeitig die technische Rahmenbedingungen und Umsetzungsmöglichkeiten analysieren und gegebenenfalls ergänzende Informatikprojekte ableiten. Auswahlhilfen zur Ermittlung der Lösungstechnologien bieten die im Rahmen der Architektur abgeleiteten IS-Funktionen sowie die Vorstellung ausgewählter Content-Management-Systeme in Kapitel 5.

Zusätzlich zu den genannten Elementen enthält dieser Abschnitt ein Kapitel zu *Wirtschaftlichkeitsanalysen* für das Content-Management. Diese beeinflussen verschiedene Elemente der Strategie und dienen als Argumentarium gegenüber Stakeholdern des Unternehmens (Business Case). Im Rahmen der Wirtschaftlichkeitsanalyse entwickeln Unternehmen Business Cases für geplante Content-Management-Projekte und bewerten Lösungsalternativen einzelner Content-Management-Elemente.

Abbildung 3–1 skizziert die Elemente der Content-Management-Strategie und verdeut-licht deren Beziehungen. Innerhalb der Vorgehensmodelle zur Ableitung der Kernelemente werden diese Beziehungen vertieft betrachtet.

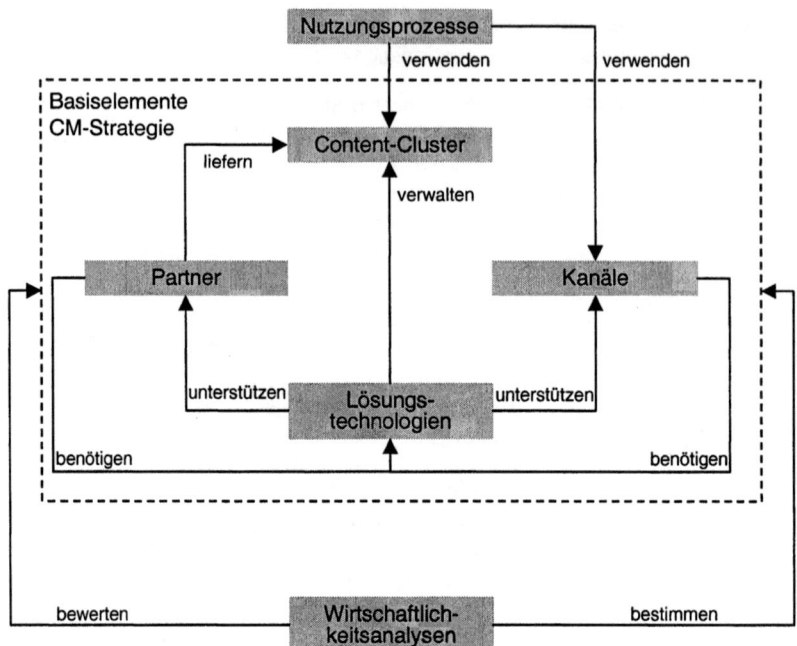

Abbildung 3–1: Elemente der Content-Management-Strategie und deren Beziehungen

Im Rahmen der Content-Management-Strategie behandelt diese Arbeit Fragestellungen des Terminologiemanagement. Da die Begriffe der natürlichen Sprache uneindeutig und personengebunden (d.h. vom subjektiven Verständnis des Benutzers geprägt) sind, stellt die Sprache eine häufige Fehlerquelle bei der Dokumentation und Recherche dar. Um die potenziellen Fehlerquellen zu minimieren, müssen Unternehmen die Terminologie standardisieren und die zu verwendende „Fachsprache" sowie die Beziehungen zwischen den Begriffen allen Benutzern des Vokabulars transparent machen. Terminologiemanagement unterstützt die Auswahl und Strukturierung des verwendbaren Vokabulars, entwickelt terminologische Hilfen für die Benutzer und kontrolliert die Verwendung und Güte des Vokabulars und dessen Begriffsstruktur. Terminologiemanagement bedarf für eine nachhaltige Nutzengenerierung einer unternehmensweiten Koordination, die frühzeitig im Rahmen strategischer Fragestellungen sichergestellt werden muss. Darüber hinaus ist eine Planung, Ableitung und Kontrolle der Fachtermini entscheidender Erfolgsfaktor für das Content-Management im Unternehmen (zu den Nutzenpotenzialen s. Kapitel 3.8.1).

3.2 Potenzialanalyse

3.2.1 Fallbeispiel E-Plus

Vor der Entscheidung, das Projekt „Multi-Access-Portal" durchzuführen, analysierte das Unternehmen die Möglichkeit, neben den klassischen Telekommunikationsdienstleistungen als Content-Anbieter auf dem Markt zu agieren. Das Unternehmen führte im Rahmen der Strategieentwicklung eine SWOT-Analyse durch, deren Ergebnisse in Abbildung 3–2 dargestellt sind. Die SWOT-Analyse ist ein Instrument zur Ermittlung strategischer Wettbewerbsvorteile des Unternehmens oder einzelner Geschäftseinheiten. Aus Sicht des Marktes ermittelt das Unternehmen Stärken, Schwächen, Chancen und Risiken [vgl. Karst 1998, S. 60-61]. Da E-Plus bereits verschiedene Zugangskanäle anbietet und über die notwendige, komplexe Infrastruktur verfügt, gestaltete sich die Entwicklung eines multikanalfähigen Kundenportals verhältnismässig einfach. Zusätzlich verfügt das Unternehmen durch das Geschäftsfeld „Mobilfunk" über die Möglichkeit, Content ortsabhängig zur Verfügung zu stellen (Restaurantführer, Stadtführer, Hinweise zu nächsten Geldautomaten etc.). Diese Dienste können in Zukunft, durch schnelle Übertragungstechnologien wie UMTS oder GPRS, einen starken Nachfrageboom erleben. Durch Kombination mit neuen Zahlungsverfahren (Internet oder mobil) werden neue Geschäftsmodelle erwartet.

Neben den Chancen, die die Erweiterung der Geschäftsfelder auf Content-Dienste mit sich bringen kann, sah das Unternehmen Risiken insbesondere in der Verwässerung des traditionellen Geschäfts des Unternehmens. E-Plus trat bisher nicht als etablierter Content-Provider in Erscheinung. Dies könnte aus Kundensicht eine unklare Positionierung des Unternehmens zur Folge haben. Weiterhin verfügt das Unternehmen nicht über marktfähigen Eigencontent, so dass Inhalte kostenintensiv von externen Anbietern erworben werden müssen. Zu dem frühen Zeitpunkt verfügte das Unternehmen noch über keine validen Aussagen über den Erfolg der verschiedenen Erlösmodelle.

Die ausgeführten Betrachtungen sind in Abbildung 3-2 stichpunktartig zusammengefasst.

Stärken	Schwächen
Medienintegration: E-Plus verfügt über alle Portalkanäle	E-Plus ist kein etablierter Content-Anbieter
Local-Base Informationen aus Mobilfunk: E-Plus verfügt über Ortsdaten der Mobilfunkkunden	E-Plus verfügt nicht über Eigencontent. Kostenintensiver Zukauf notwendig
Chancen	**Risiken**
Nutzung der Ortsinformationen und Aufbau intelligenter Local-based-Services in Kombination mit Content (Regionalisierung)	Überschätzung der künftigen Attraktivität von Portalen und neuen Technologien
Neue Internet-Zahlungsverfahren ermöglichen neue Geschäftsmodelle	Keine tragfähigen Geschäftsmodelle für Content-Verwertung
Höhere Übertragungsraten im Internet und Mobilfunk schaffen neue und bessere Möglichkeiten für die Darstellung von Content	Verwässerung des Kerngeschäfts Mobilfunk
	Abstrahleffekt zwischen Portal und Kerngeschäft
Aufbau eines UMTS-Portals	

Abbildung 3-2: SWOT-Analyse

Das Unternehmen entschied sich für eine Erweiterung der klassischen Geschäftsfelder um Content-Dienstleistungen. E-Plus verfolgt mit der Ausweitung seiner Geschäftsfelder auf Content-Dienstleistungen im wesentlichen folgende Ziele:

- Verstärkung der Kundenbindung durch integriertes Kanalmanagement. Neben der Erlösmaximierung pro Content-Cluster setzt das Unternehmen auf Gewöhnungseffekte der Nutzer;

- Stärkung der Marke E-Plus durch Unterstützung publikumswirksamer Themenspecials (z.B. Musikveranstaltungen, Kinostarts);

- Verstärkte Nutzung der Kanäle WAP, SMS und Voice durch verbesserte Service- und Content-Angebote auf den einzelnen Kanälen.

3.2.2 Allgemeines Vorgehen

Unternehmen betreiben Content-Management, ebenso wie Wissensmanagement, nicht zum Selbstzweck. Die Erstellung, Pflege und Verteilung von Content trägt nur zum Geschäftserfolg bei, wenn die entsprechenden Content-Objekte einen klar definierten Informationsbedarf decken. Content-Management geht von einem konkreten Unterstützungsbedarf einzelner Geschäfts- oder Kundenprozesse des Unternehmens aus. Einzelne Content-Management-Module, bestehend aus Prozessen, Rollen und Systemfunktionen zur Unterstützung des Content-Management, können unterschiedliche Prozesse im Unternehmen unterstützen. Bei der Ausarbeitung der Content-Management-Strategie sollten Unternehmen potenzielle Einsatzbereiche für Content-Management identifizieren und diese priorisieren. Die Business Architecture of the Information Age (s. Kapitel 2.2), kann als Vorgehensmodell für die Analyse und Priorisierung von Content-Management-Bedarf im Unternehmen verwendet werden. Die Business Architecture wird innerhalb der Content-Management-Strategie als Framework verwendet, um

- Prozesse zu ermitteln, für die Unterstützungsbedarf durch Content Management besteht;
- Content-Bedarf einzelner Prozesse und Aufgaben abzuleiten (s. Kapitel 3.3).

Vor der Ableitung der Basiselemente der Content-Management-Strategie ermittelt das Unternehmen Kunden- und Geschäftsprozesse, die durch Content-Management unterstützt werden sollen. Ziel ist die Aufnahme geschäftlicher Potenziale und Defizite [vgl. Thiesse 2001, S. 108]. Das Unternehmen untersucht alle Prozesse eines Geschäftsfeldes auf Content-Management-Bedarf und wählt diejenigen aus, die am meisten von Content-Management profitieren können.

[Thiesse 2001] entwickelt eine an der Geschäftstätigkeit orientierte Technik zur Ableitung des Wissensmanagementpotenzials einzelner Geschäftsbereiche und Prozesse. Diese Technik kann für dir Ermittlung des Content-Management-Potenzials ebenfalls verwendet werden. Bestehen bereits konkrete Projektvorschläge, müssen Unternehmen diese auf Wirtschaftlichkeit überprüfen und gegebenenfalls weitere Potenziale identifizieren.

3.3 Auswahl der Content-Cluster

3.3.1 Fallbeispiel E-Plus

Zu Beginn der Analyse leitet das Unternehmen, basierend auf der Unternehmensstrategie, die Kundensegmente ab, die mit den Inhalten und Services des Portals angesprochen werden sollen. E-Plus fokussierte die Angebote von Anfang an auf Bestandskunden, so dass die Kundenstruktur in dieser Phase bereits fest stand. Die Leistungen des Portals sollen in der ersten Phase ausschliesslich Privatkunden angeboten werden. Im folgenden Schritt analysiert das Unternehmen den Bedarf an Content und Services für die ermittelten Kundensegmente. Wesentlichen Input für diesen Schritt liefern die Ergebnisse von Marktforschungsinstituten, die das Interessensportfolio für bestimmte Kundensegmente ermitteln und verdichtet dokumentieren. Basierend auf diesen Auswertungen entscheidet sich E-Plus für ein Set an Themengruppen und Services, die über das Portal angeboten werden sollen. Diese Kandidaten werden in den nachfolgenden Stufen weiter konkretisiert. Die Analyse der Wettbewerbsstruktur liefert Hinweise über Content-Angebote der Konkurrenten (s. Abbildung 3-3). Basierend auf diesen Ergebnissen nimmt E-Plus eine Überprüfung und gegebenenfalls Korrektur der favorisierten Angebote vor.

Inhalte	E-Plus	T-Online	Viag Loop	D1	D2	Web.de
Politik	X	X				X
Wirtschaft	X	X	X	X		X
Sport	X	X	X	X		X
Nachrichten	X	X				X
Börseninformationen	X	X			X	X
Wetter	X	X				X
Routenplaner	X	X				X
Reisebuchung	X	X				
Reiseführer	X	X				
Cityguide	X	X				
Horoskop	X				X	X
Kino	X	X	X			X
MP3	X				X	X
WAP Spiele	X				X	

Abbildung 3–3: Analyse der Content-Angebote im Vergleich zu Wettbewerbern

Ergebnis dieses Schrittes ist eine verfeinerte und korrigierte Liste an favorisierten Content-Angeboten. Im nachfolgenden Schritt werden die thematisch untergliederten Inhalte einer vertieften Analyse unterzogen. Wie bei der allgemeinen Auswahl auch, liefern in diesem Schritt Auswertungen von Marktforschungsinstituten bzw. der internen Marktforschung des Unternehmens Hinweise auf die Interessen der untersuchten Kundengruppen innerhalb einzelner Themengebiete. Diese Untersuchungen führen zu konkreten Vorschlägen für die Content-Angebote der Themenkanäle. Diese Vorschläge werden anschliessend unter Berücksichtigung der Wirtschaftlichkeitsbetrachtungen (s. Kapitel 3.7) bewertet und gegebenenfalls angepasst.

Die Ableitung der über das Portal angebotenen Inhalte führt E-Plus in regelmässigen Abständen durch. Die meisten Inhalte bezieht das Unternehmen von externen Providern. Viele Inhalte werden nur über eine bestimmte Zeitperiode geschaltet. Anhand der Nutzungszahlen einzelner Inhalte über verschiedene Kanäle lässt sich die Akzeptanz der geschalteten Content-Cluster ex post ermitteln. Daraus ergeben sich erste Hinweise über zukünftige Themenschwerpunkte für das Multi-Access-Portal.

3.3.2 Allgemeines Vorgehen

Das allgemeine Vorgehen zur Auswahl der Content-Cluster lässt sich in folgenden Schritten zusammenfassen (s. Abbildung 3–4):

- *Nutzergruppen ableiten.* Dieser Schritt identifiziert die Nutzergruppen, die mit Content-Management-Leistungen unterstützt werden sollen. Denkbar sind verschiedene Geschäftsprozesse, Kundenprozesse oder Kundensegmente (wie im Fallbeispiel E-Plus). Die Auswahl der Nutzergruppen ist abhängig vom geplanten Projektrahmen. Vielfach beginnt Content-Management in einem abgegrenzten Bereich (z.B. Projektintranet oder Kundendienst). Um Synergien zu nutzen und Schnittstellenprobleme zu vermeiden, sollten frühzeitig weitere Prozesse oder Funktionsbereiche des Unternehmens auf Unterstützungsbedarf durch Content-Management überprüft werden. Ergebnis dieses Schritts ist eine priorisierte Liste von Nutzergruppen, die durch Content-Management unterstützt werden sollen.

- *Nutzungsprozesse analysieren.* Für jede Nutzergruppe (Funktionsbereich, Kundensegment) spezifiziert das Projektteam in diesem Schritt deren Nutzungsprozesse. Techniken zur Ableitung der Nutzungsprozesse sind die Geschäftsprozessanalyse [vgl. Österle 1995] oder die Kundenprozessanalyse [vgl. Schulze 2000, S.133]. Ergebnis dieses Schrittes sind Aufgabenkettendiagramme der verschiedenen Nutzungsprozesse.

- *Content-Bedarf pro Aufgabe bestimmen.* In diesem Schritt untersucht das Projektteam jede Aufgabe des Nutzungsprozesses auf Content-Bedarf. Die Leistungen, die die einzelnen Aufgaben des Prozesses benötigen, bestehen nicht nur aus Informationen, sondern können auch materielle Produkte oder Dienstleistungen umfassen. Zur besseren Übersicht sollten Unternehmen sämtliche Leistungen aufnehmen und anschliessend die spezifischen Content-Bedarfe isolieren. Digitale Services, die über Portale angeboten und direkt als Leistung eingebunden werden können (Kalender, Email, Börsenticker, Fahrplanauskunft etc.), stellen eine Mischform zwischen Content und Portalfunktionalität dar und werden in dieser Arbeit unter dem Begriff Content subsumiert.

- *Make-or-Buy-Entscheid.* Im Sinne der durchgängigen Prozessunterstützung von Prozessportalen [vgl. Österle 2000b; Österle 2000a; Schmid et al. 2000] sollte jede Aufgabe der analysierten Nutzungsprozesse mit den benötigten Content-Clustern und Services versorgt werden. Unternehmen sind nur selten in der Lage, komplette Prozesse selbständig zu unterstützen. Die Konzentration auf Kernkompetenzen erfordert eine zielgerichtete Informationserstellung der Unternehmen und ein Outsourcing kompetenzfremder Leistungen. In diesem Schritt führt das Unternehmen für jedes Content-Cluster einen Make-or-Buy-Entscheid durch und trennt die von Partnern zu beziehenden von den selbst zu erstellenden Inhalten. Die Fremdinhalte bilden die Grundlage für die Auswahl der Content-Partner (s. Kapitel 3.4). Dieser Schritt entfällt, wenn das Unternehmen lediglich interne Inhalte oder bereits bestehende Content-Objekte von Geschäftspartnern über das Intranet bereit stellen möchte. In diesen Fällen müssen Unternehmen die vorhandenen Content-Objekte lediglich neu strukturieren und über standardisierte Protokolle verfügbar machen.

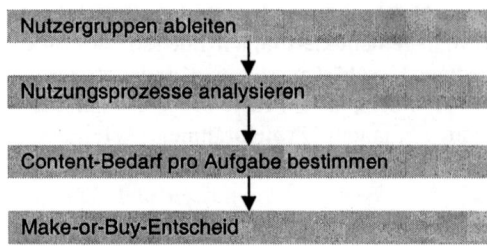

Abbildung 3–4: Vorgehen bei der Ableitung der Content-Cluster

Die Vorgehensschritte können stark vereinfacht werden, wenn im Unternehmen bereits Prozessbeschreibungen, Informationsbedarfsanalysen oder Kundensegmente aus angrenzenden Projekten bestehen. Zu Beginn sollten Unternehmen versuchen, diese Informationen beim Vorgehen zu berücksichtigen.

3.4 Auswahl der Content-Partner

Die Analyse der Nutzerprozesse ergibt einen klar definierten Content-Bedarf für verschiedene Nutzergruppen. Unternehmen, die Mitarbeiter über ein Intranetportal oder Kunden über ein Kundenprozessportal mit Content und Services beliefern, können i.d.R. nicht alle im Prozess benötigten Inhalte selbst erstellen. Marktstudien, Nachrichten, Börsenkurse oder Produktvergleiche sind Beispiele für Inhalte, die Unternehmen nicht selbst erstellen, sondern über Dienstleister wie *Reuters, Bloomberg oder iSyndicate* integrieren.

3.4.1 Kooperationsformen und Vertragskomponenten

Unter Kooperationen lassen sich „mittel- bis langfristig ausgerichtete, vertraglich geregelte Zusammenarbeiten zwischen rechtlich selbständigen Unternehmen zur gemeinschaftlichen Erfüllung von Aufgaben" [Picot et al. 1998, S. 279] zusammenfassen. Die Gründe für die Wahl der Form ökonomischer Zusammenarbeit sind vielfältig. [Picot et al. 1998, S. 279] nennen z.B. Zeitvorteile, Kostenvorteile, Kompetenzgewinn und Verringerung der Risiken.

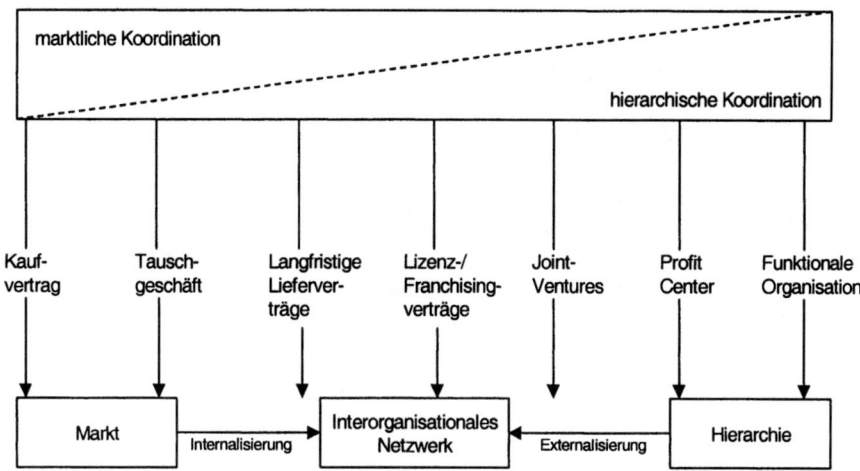

Abbildung 3–5: Organisationsformen ökonomischer Aktivitäten [Sydow 1993, S. 104]

Für die ökonomische Ausgestaltung der partnerschaftlichen Beziehung zwischen Content-Abnehmer und Content-Lieferant sind prinzipiell sämtliche Varianten auf dem Kontinuum Markt-Hierarchie denkbar (s. Abbildung 3–5). Content-Provider wie Reuters oder Bloomberg bieten i.d.R. ihre Inhalte als standardisierte Güter auf dem Content-Markt an. Eine Vielzahl von Abnehmern nutzt gleiche Inhalte dieser Anbieter. Dagegen offerieren bspw. Medienunternehmen wie *Endemol* speziell auf den Abnehmer zugeschnittene Content-Cluster (vgl. Fallbeispiel E-Plus, Kapitel 2.6). Die Kunden verteilen lizensierte Inhalte kostenpflichtig an Endkonsumenten.

Bei der Bestimmung der Content-Partner wählen Unternehmen im Rahmen des dargestellten Vorgehens die Koordinationsvariante aus dem Markt-Hierarchie-Spektrum aus und bestimmen potenzielle Partnertypen für die gewählte Beziehung.

Vertragsvarianten beziehen sich auf die konkrete Ausgestaltung der Verträge zwischen Content-Abnehmer und Content-Lieferant. Gestaltungsparameter eines Vertrages zwischen Content-Partnern sind bspw.:

- Art der Inhalte
- Lieferhäufigkeit
- Preismodell
- Aktualisierungsfrequenz
- Urheberrechtsregelungen
- Vertraulichkeit

Das nachfolgende Beispiel des Content-Brokers iSyndicate stellt verschiedene vom Unternehmen angebotene Lizensierungsvarianten dar.

Fallbeispiel iSyndicate

Die Firma iSyndicate, 1996 in San Francisco gegründet, bündelt Informationen von ungefähr 250 verschiedenen Content-Providern wie Reuters, Red Herring und CNET zu Informationspaketen, die Unternehmen und Privatkunden abonnieren und in ihre Webseiten integrieren können. Das Unternehmen übernimmt für seine Kunden die Filterung, Kombination und Strukturierung der Inhalte der verschiedenen Provider. Der Informationsaustausch erfolgt über das Information and Content Exchange Protocol (ICE). Bei der Einrichtung eines Abonnements geben die Kunden online die für den zukünftigen Content gewünschten Filterkriterien ein und bestimmen die Publikationsparameter (Publikationsfrequenz, Sortierkriterien). ISyndicate bietet drei verschiedene Lizensierungsvarianten für Online-Content an:

Network

Für eine monatliche Gebühr von 1.000 - 10.000 $ bietet iSyndicate für Unternehmen wie Citibank, Netscape oder Nortel hochindividualisierte Inhalte an.

Essentials

Für 200 - 1.300 $ pro Monat erhalten Abonnenten dieser Variante standardisierte Informationspakete aus vordefinierten Sparten (Nachrichten, Sport etc.), die sich komplett in die Website integrieren lassen.

Express

Diese Variante liefert nur die Überschriften der Inhalte und verlinkt den eigentlichen Content mit der Seite des Content-Providers (Reuters, Motley Fool etc.). Kunden zahlen nur den tatsächlich angeforderten Inhalt.

Das Unternehmen kooperiert mit verschiedenen Softwareanbietern, die ihren Kunden die Integration der von iSyndicate angebotenen Inhalte ermöglichen. So können Unternehmen bspw. zusammen mit der Software zum Aufbau ihres Firmenportals die externen Inhalte ohne grossen Administrationsaufwand über iSyndicate beziehen.

3.4.2 Fallbeispiel E-Plus

Zu Beginn der Evaluation entwickelt das Unternehmen einen Anforderungskatalog, der die inhaltlichen, strategischen, rechtlichen, organisatorischen und technischen Kriterien für zukünftige Content-Partner des Unternehmens festlegt. Beeinflusst werden diese Kriterien von der Unternehmensstrategie, der technischen Infrastruktur des Unternehmens sowie rechtlichen Rahmenbedingungen. Zusätzliche Kriterien ergeben sich aus den ausgewählten Content-Clustern und den Zugangskanälen, über die diese verteilt werden sollen. Im nächsten Schritt nimmt das Unternehmen eine Evaluation der verschiedenen Content-Provider vor, die die vom Unternehmen gewünschten Inhalte anbieten. Dazu sendet E-Plus an die verschiedenen Provider „Requests for Information" (RFI), die alle Auswahlkriterien in Form eines Fragenkatalogs spezifizieren (s. Abbildung 3–6). Diese Ausschreibungen werden von den Content-Providern in einer festgelegten Frist beantwortet und an E-Plus zurück gesandt. E-Plus nimmt auf Grundlage der Antworten ein Scoring der verschiedenen Partner vor.

Kriterium	Quelle
Interesse an Zusammenarbeit	Marketing
Bestehende Content-Kooperationen	Marketing
Lizensierungsvariante (Hosting, Linking etc.)	Marketing
Über welche Plattformen werden Inhalte angeboten	Marketing
Businessmodell (Fix, Share of Traffic, Freecontent)	Marketing
Sicherheitskonzept	Technik
Verwendete Programmiersprachen	Technik
Qualitätssicherungsmethoden	Technik
Notarielle Codehinterlegungen (Escrow-Service)	Technik
Verfügbarkeit/ Garantierte Reaktionszeiten bei Fehlermeldungen	Technik
Art des technischen Supports	Technik
Referenzen	Allgemein
Service Levels	Allgemein
Unternehmensstruktur	Allgemein

Abbildung 3–6: Fragen an Content-Provider (Auszug aus RFI)

Nach der Priorisierung der Partner tritt das Unternehmen mit den Kandidaten in die Vertragsabstimmungen. Mit den meisten Providern schliesst E-Plus einen Standardvertrag ab, den das Unternehmen zu Beginn des Projektes ausgearbeitet und im Laufe der Zeit weiter verfeinert hat. Abbildung 3–7 zeigt die verschiedenen Bestandteile des Standardvertrages. In diesem werden, neben den zu liefernden Inhalten, Lieferhäufigkeiten, Aktualisierungsfrequenzen und Preismodell auch urheberrechtliche Fragen und Vertraulichkeitsvereinbarungen bei Zustandekommen des Vertrages spezifiziert. Im Anhang definiert das Unternehmen die kanalabhängigen Anforderungen an die gewünschten Inhalte in Form von „Storyboards".

Vertragselement	Erläuterung
Pflichten der Partner- - Zu liefernde Inhalte - Lieferhäufigkeit/-dauer - Aktualisierungsfrequenz - Garantie technischer Verfügbarkeit	
Pflichten des Unternehmens (E-Plus)	Nur bei Kooperationen enthalten (z.B. Unterstützung im Marketing, Werbebanner etc.).
Vergütung/Konditionen	i.d.R. Fixbetrag, vereinzelt Kombination aus fix und variabel (z.B. ab einer definierten Zugriffszahl).
Vertraulichkeit	
Urheberschutz/Patentschutz	Der Content-Provider garantiert, dass keine Verletzung der Patent- und Urheberrechte vorliegen. Unterschiedliche Rechtslage für verschiedene Zugriffskanäle beachten.
Anhang (Storyboard)	Content-Manager definieren Storyboards (s. Abbildung 3–9).

Abbildung 3–7: Elemente des Standardvertrages mit Content-Providern

Bei der Vertragsabstimmung und Auswahl der Content-Provider spielen Wirtschaftlichkeitsbetrachtungen eine entscheidende Rolle. Die Preise für einzelne Inhalte unterscheiden sich, abhängig von dem gewählten Provider, oftmals um ein Vielfaches. Weiterhin bieten einige Anbieter Zusatzleistungen wie z.B. die Konvertierung der Inhalte, die Verschlagwortung oder das Reporting über die Content-Nutzung an, was die Vergleichbarkeit der Angebote erschwert.

3.4.3 Allgemeines Vorgehen

Eine Generalisierung der Vorgehens zur Auswahl der Content-Partner ist in Abbildung 3–8 dargestellt.

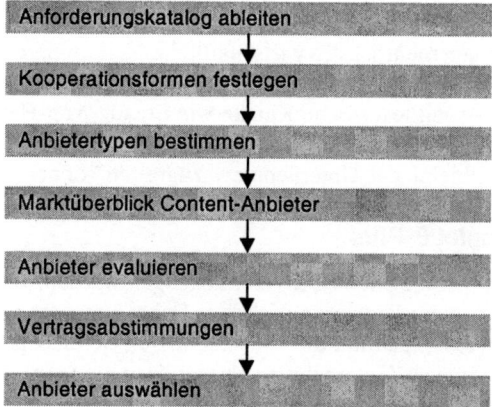

Abbildung 3–8: Vorgehen bei der Auswahl der Content-Partner

Das Vorgehen enthält, ergänzend zu den im Fallbeispiel E-Plus durchgeführten und erläuterten Schritten, die beiden folgenden Vorgehensschritte

- *Kooperationsformen festlegen.* Aus dem möglichen Spektrum an partnerschaftlichen Gestaltungsformen (s. Kapitel 3.4.1) wählen Unternehmen, unter Berücksichtigung der Unternehmensstrategie und strategischer Relevanz der Inhalte, Kooperationsformen für Content-Partner aus. Standardisierte Content-Cluster, wie z.B. Börsenticker, Nachrichten, Stadtpläne, werden i.d.R. direkt über den Markt im Rahmen von Kaufverträgen bezogen. Strategisch relevante Inhalte, die einen Wettbewerbsvorteil des Unternehmens induzieren, sollten im Rahmen langfristiger Partnerschaften bezogen werden, um Risiken, die durch die starke Flüchtigkeit marktlicher Beziehungen bedingt sind, zu reduzieren (z.B. Ausfall eines Marktpartners, Aufkauf durch Konkurrenten etc.).

- *Anbietertypen bestimmen.* In diesem Schritt nimmt das Unternehmen eine Kategorisierung verschiedener Anbieter vor und wählt präferierte Anbietertypen aus (z.B. Content-Broker, Medienunternehmen, Marktforschungsinstitute), um die Menge möglicher Partner frühzeitig zu reduzieren. Basierend auf den gewünschten Typologien lässt sich ein fokussierter Marktüberblick durchführen.

Unternehmen, die Content ausschliesslich im Geschäftsnetzwerk oder im Unternehmen syndizieren, können das Vorgehen stark vereinfachen. Dieses beschränkt sich dann auf die Festlegung der Kooperationsformen und Anbieterauswahl. Die Schritte entfallen, wenn das Unternehmen bereits über den benötigten Content verfügt, d.h. Partner und Verträge in anderen Projekten bestimmt wurden. Bei Standardinhalten wie Nachrichten, Börsenkursen oder Wetterinformationen greifen Unternehmen i.d.R. auf bewährte Provider zurück und verzichten auf Kooperationsverhandlungen, Marktscreening und komplexe Evaluation der Partner.

3.5 Kanalmanagement

Ziel des Kanalmanagement ist die wirtschaftliche Verteilung der extern bezogenen Content-Cluster auf die verschiedenen Zugangskanäle. Unter Zugangskanälen versteht diese Arbeit technische Kanäle wie Email, Wap-Handy oder WWW, über die potenzielle Nutzer (Kunden, Mitarbeiter, Geschäftspartner) auf die Content-Cluster und -Objekte des Unternehmens zugreifen können.

3.5.1 Fallbeispiel E-Plus

Externe Inhalte, die von Content-Providern bezogen werden, verteilt E-Plus über unterschiedliche Zugangskanäle an Kunden. Dabei versucht das Unternehmen, über einen effizienten Kanalmix die Umsätze in den Bereichen Voice, WAP und SMS zu maximieren. Das Unternehmen zerlegt dazu die verfügbaren Inhalte und bietet diese in unterschiedlichen Versionen und Nutzungsvarianten über die vier Zugangskanäle WWW, WAP, SMS und Voice an. Anhand von Vergangenheitswerten und Markteinschätzungen versucht das Unternehmen, die Pakete auf diese Weise optimal zu verwerten. Kapitel 3.7 beschreibt das Vorgehen von E-Plus bei der Wirtschaftlichkeitsanalyse am Beispiel eines Content-Clusters. Das Webportal fungiert in diesem Zusammenhang als kostenfreier Zusatzkanal. Über diesen lassen sich Informationen und Services für die verschiedenen Kanäle abonnieren. Kunden erhalten über das WWW Hinweise zum E-Plus Leistungsangebot und „Teaser" für die verschiedenen Themenkanäle.

Das Kanalmanagement beginnt mit der Bestimmung der potenziellen Kanäle, die das Unternehmen Kunden zur Verfügung stellt. Die potenziellen Kanäle stehen in der Regel fest und müssen nicht für jedes Content-Cluster überprüft werden. Wichtig ist aber in diesem Schritt eine grobe Einschätzung der technischen Möglichkeiten vorzunehmen. So eignen sich einige Content-Arten nicht für die Verteilung über bestimmte Kanäle (z.B. Videos über WAP oder Animationen über SMS). Im nächsten Schritt leitet das Unternehmen Erlösmodelle für die verschiedenen Content-Cluster ab. Diese Erlösmodelle konkretisieren die erwarteten Einnahmen pro Kanal und stellen diese den potenziellen Ausgaben gegenüber. Dabei versuchen die Beteiligten die Erlösmodelle so zu gestalten, dass die erwarteten Erlöse pro Content-Cluster maximiert werden. Aus den Erlösmodellen leitet E-Plus Nutzungsszenarien für Content-Cluster ab, die in den Storyboards beschrieben werden. Dies erfolgt parallel zur Auswahl der Content-Partner (s. Kapitel 3.4). Anhand der Nutzungsszenarien überprüfen Mitarbeiter der Technikabteilung des Unternehmens die Realisierbarkeit der geplanten Content-Verwendung. Oftmals werden durch technische Rahmenbedingungen die Möglichkeiten der Verwendung beschränkt. Ist die Realisierbarkeit der Nutzungsszenarien gegeben, erfolgt eine kanalabhängige Modularisierung der Content-

Cluster. Die Anforderungen werden im Feinkonzept des Storyboards beschrieben und den Content-Providern mitgeteilt.

Für jedes Content-Cluster, das kostenpflichtig von externen Providern bezogen wird, erstellt E-Plus ein sogenanntes Storyboard. Dieses enthält für jeden Kanal Informationen über die möglichen Nutzungspfade, die angebotenen Inhalte und Headlines sowie die Verknüpfung zu passenden Inhalten auf weiteren Kanälen. Abbildung 3–9 zeigt den Auszug aus einem Storyboard für ein Content-Paket, das über WAP angeboten wird.

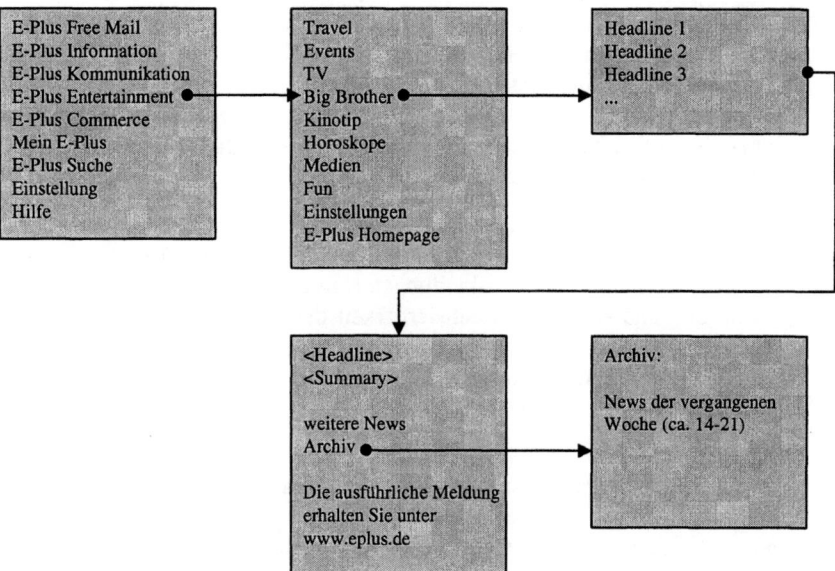

Abbildung 3–9: Storyboard für ein externes Content-Cluster

Content-Manager entwickeln die Storyboards und teilen diese den Content-Providern mit. Diese passen daraufhin die Inhalte an die im Storyboard spezifizierten Anforderungen an.

3.5.2 Allgemeines Vorgehen

Die am Beispiel E-Plus beschriebenen Vorgehensschritte des Kanalmanagement sind in Abbildung 3–10 dargestellt.

- *Potenzielle Kanäle festlegen.* Die möglichen Zugangskanäle sind in vielen Fällen durch die Unternehmens- oder Vertriebsstrategie vorgegeben. Die Anbindung neuer Kanäle wie SMS oder interactive TV ist für Unternehmen mit hohem Investitionsaufwand verbunden und sollte nicht in isolierten Projekten aufgebaut werden. Das Projektteam nimmt die vorgegebenen Kanäle auf und überprüft die Vorgaben auf Erweiterungsbedarf. Ergibt die Überprüfung Bedarf nach neuen Zugangskanälen, muss das Projektteam den erwarteten Nutzen aus den neuen Kanälen in einem Business Case aufzeigen. Erlösmodelle und Nutzungsszenarien, die innerhalb des Vorgehens für alle Kanäle abgeleitet werden, bilden die Basis für kanalspezifische Business Cases.

- *Prozessanalyse.* Die Prozessanalyse liefert die Vorgaben für den nachfolgenden Schritt (Ableitung Nutzungsszenarien). Für jede Nutzergruppe (Funktionsbereich, Kundensegment) spezifiziert das Projektteam in diesem Schritt deren Nutzungsprozesse. Die Prozessanalyse bildet einen Vorgehensschritt bei der Auswahl der Content-Cluster (s. Kapitel 3.3), auf deren Ergebnisse in diesem Schritt zurückgegriffen werden kann.

- *Nutzungsszenarien entwickeln.* In diesem Schritt entwickelt das Projektteam Nutzungsszenarien für den Zugriff auf Content-Cluster über die unterschiedlichen Zugangskanäle. Nutzungsszenarien lassen sich z.B. in Form von Storyboards (s. Kapitel 3.5.1) oder als tabellarische Schrittfolge darstellen. Die Nutzungsszenarien deuten den Zugriff auf Content-Cluster entlang der Nutzungsprozesse an.

- *Realisierbarkeit überprüfen.* Die ausgewählten Nutzungsszenarien müssen auf Umsetzbarkeit im Unternehmen überprüft werden. Das Projektteam leitet die Szenarien an Fachabteilungen (Informatik, Recht) weiter, die die technische und rechtliche Realisierbarkeit der Szenarien überprüfen. Auf Basis der Umsetzbarkeitsprüfung passt das Projektteam Nutzungsszenarien an. Der Schritt kann parallel zu der Ableitung der Szenarien im iterativen Verfahren durchgeführt werden.

- *Wirtschaftlichkeitsanalyse.* Im Rahmen der Wirtschaftlichkeitsanalyse leitet das Projektteam Erlösmodelle für den Kanalmix ab und berechnet die Wirtschaftlichkeit der geplanten Nutzungsszenarien. Dabei ist es nicht notwendig, für jeden Kanal ein positives Ergebnis zu erzielen (s. Fallbeispiel E-Plus), sondern die Wirtschaftlichkeit des geplanten Kanalmix nachzuweisen.

- *Content kanalabhängig modularisieren.* Entsprechend der kanalspezifischen Anforderungen und Vorgaben aus den Nutzungsszenarien, leitet das Projektteam ein Konzept für die Modularisierung der Content-Cluster ab. Auf Basis dieses Konzepts erstellen Template-Designer kanalspezifische Dokumentenvorlagen und Navigationsstrukturen für die Content-Objekte.

- *Feinkonzept Nutzungsszenarien entwickeln.* Konkretisierung der Nutzungsszenarien anhand spezifischer Navigationspfade (s. Kapitel 3.5.1).

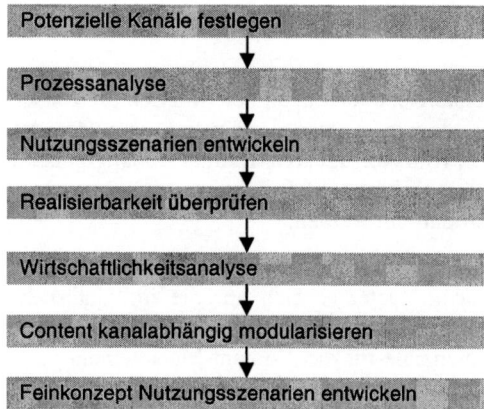

Abbildung 3–10: Vorgehen bei der Auswahl von Zugangskanälen

3.6 Lösungstechnologien

Lösungstechnologien beschreiben im Rahmen der Content-Management-Strategie die technische Infrastruktur, Softwarekomponenten, Standards und Protokolle, die zur Realisierung des Content-Management vom Unternehmen eingesetzt werden sollen. Konkrete Aussagen über spezifische Funktionalitäten und Softwaresysteme können im Rahmen der Strategieentwicklung noch nicht getroffen werden. Unternehmen berücksichtigen diese Fragestellungen im Rahmen der Softwareauswahl und Architekturgestaltung (s. Kapitel 4 und 5).

Die Elemente der Content-Management-Strategie sind bestimmende Einflussfaktoren auf die Basistechnologien zur Realisierung des Content-Management. Umgekehrt kann das Vorliegen einer bestimmten Infrastruktur bzw. der Entscheid für anzuwendende Technologien einen limitierenden Faktor für die übrigen Strategieelemente darstellen. Die Beziehungen zwischen Lösungstechnologien und Elementen der Content-Management-Strategie sind:

- Die im Rahmen der Prozessanalyse ausgewählten Content-Cluster und Services stellen technische Anforderungen an die einzusetzenden Lösungstechnologien (z.B. Personalisierung von Inhalten, Kalenderfunktionalität, Dokumentenformate). Umgekehrt kann die ausgewählte Lösungstechnologie die Möglichkeiten der Content-Angebote begrenzen.

- Content-Partner stellen technische Anforderungen an das Unternehmen. Beispiele sind Standards für Content-Syndication (z.B. ICE, RSS), bestimmte Übertragungsprotokolle oder Softwarekomponenten. Auch in diesem Fall kann eine bestehende oder geplante Technologie limitierender Faktor bei der Partnerwahl sein (z.B. bei bereits bestehenden Softwarekomponenten zum Content-Syndication).

- Die Entscheidung für verschiedene Zugangskanäle kann hohe Anforderungen an die technische Infrastruktur stellen. Das Kanalmanagement muss daher in enger Abstimmung mit der Technologieauswahl durchgeführt werden.

- Wirtschaftlichkeitsbetrachtungen beeinflussen die Entscheidung für Basistechnologien, da die Anschaffung neuer bzw. der Ausbau bestehender Technologien vom verfügbaren Budget abhängig ist. Der Nutzen einer neuen Technologie muss Stakeholdern im Rahmen von Business Cases frühzeitig verdeutlicht werden.

Vor der konkreten Entscheidung, bestimmte Infrastrukturkomponenten im Unternehmen aufzubauen, bietet es sich an, die im Unternehmen vorhandenen Komponenten zu überprüfen sowie neue am Markt verfügbare Lösungen auf mögliche Nutzenpotenziale für das Content-Management zu analysieren. Bestehen Limitationen oder Präferenzen, z.B. aufgrund der Informatikstrategie oder Herstellerkooperationen, sollten diese in einem ersten Schritt auf Kompatibilität mit der Content-Management-Strategie überprüft werden. Für die Bewertung verfügbarer Technologien bietet sich das Konzept der Technologielandkarte an [vgl. Thiesse 2001, S. 116]. Die Technologielandkarte sammelt aktuelle Entwicklungstrends im Content-Management und positioniert diese auf einer Zeitachse, abhängig von ihrem Entwicklungsstand (s. Abbildung 3–11). Die Entscheidung für eine Technologie hängt von verschiedenen Faktoren ab:

- *Verbreitung*: Bei grosser Verbreitung der Technologien ist davon auszugehen, dass die Technologie mit geringem Risiko im Unternehmen eingesetzt werden kann.

- *Reifegrad*: Technologien mit geringem Reifegrad ermöglichen einerseits die Gewinnung eines strategischen Vorsprungs gegenüber Konkurrenten (Vorreiterrolle), sind andererseits aber mit einem erhöhten Risiko mangelnder funktionaler Abdeckung oder Ausfall einzelner Komponenten verbunden.

- *Stabilität*: Entwickelt sich die Technologie schnell weiter, so besteht die Gefahr, dass getätigte Investitionen sich schnell als überholt herausstellen.

- *Komplexität*: Wie komplex ist die Anwendung der Technologie (hoch, mittel, gering)? Erfordert die Realisierung spezifisches Know-how, das nur schwer aufgebaut werden kann? Ist der Einsatz der Technologie mit hoher Komplexität verbunden, so ist die Realisierung von Lösungen u.U. sehr riskant.

- *Know-how*: Wie gross ist das im Unternehmen vorhandene Know-how in der Anwendung der Technologie (gross, mittel, gering)? Ist das benötigte Know-how im Unternehmen noch nicht vorhanden, so entstehen u.U. grosse Kosten beim Aufbau dieses Know-hows.

Das Ergebnis der Analyse ist eine grobe Auswahl einzusetzender Komponenten aufgrund der genannten Kriterien. Die Technologielandkarte sollte dabei in einem inkrementellen Prozess, zusammen mit den Anforderungen der anderen strategischen Elemente an die Content-Management-Technologien, durchgeführt werden. Die IS-Architektur und die vorgestellten Softwaresysteme liefern konkrete Anforderungen an die zu verwendenden Technologien.

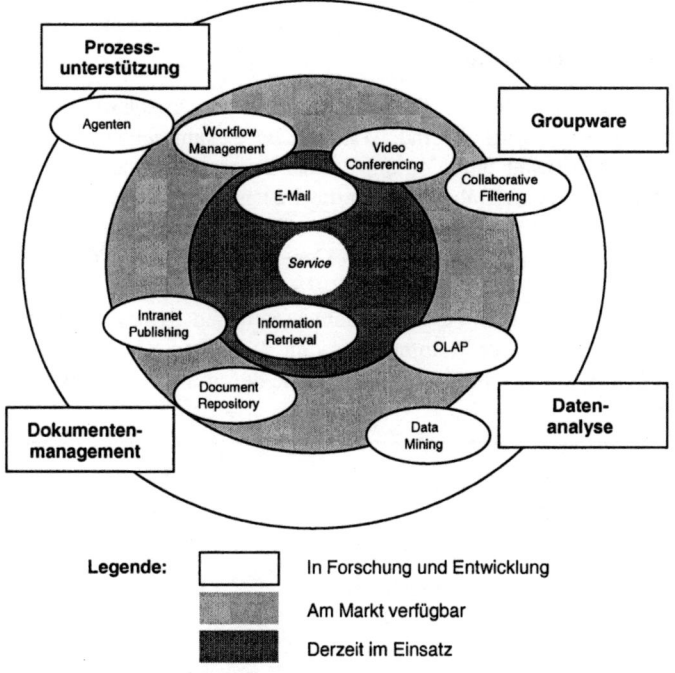

Abbildung 3–11: Technologielandkarte (Beispiel) [Thiesse 2001, S. 116]

3.7 Wirtschaftlichkeitsuntersuchungen

Im Rahmen der Strategieentwicklung leitet das Projektteam systematisch Massnahmen und Projekte ab, die einzelne Strategien umsetzen helfen sollen. Diese Umsetzungsprojekte müssen i.d.R. der Geschäftsleitung zur Genehmigung vorgelegt werden. Business Cases helfen, in strukturierter Form Kosten und Nutzen eines Projektes oder einer Investition darzustellen und Stakeholder von der Notwendigkeit der Umsetzung zu überzeugen. Hersteller von Softwarelösungen versuchen schon lange, den Nutzen ihrer Produkte zu quantifizieren. Viele veröffentlichen in der Vergangenheit Fallstudien, die einen Return on Investment von mehreren 1000 Prozent angaben, kalkulierten in die Berechnung jedoch meist nicht die Folgekosten der Softwareeinführung (Bewirtschaftung, Administration, Wartung, Training) [vgl. McCrath/Schneider 1997]. Softwarekosten in Form von Lizenzen, Implementation, Wartung und Schulung sind nur ein Teilaspekt der meisten Content-Management-Projekte. Glaubwürdige Berechnungen müssen Transparenz über die verwendeten Berechnungsgrundlagen schaffen.

Kapitel 3.7.1 stellt einen Business Case für einen Content-Cluster vor, den E-Plus bei der Auswahl von Content-Clustern für das Multi-Access-Portal aufstellte. Kapitel 3.7.3 und 3.7.4 beschreiben allgemeine Kosten- und Nutzenfaktoren des Content-Management. Kapitel 3.7.5 skizziert die Kernelemente eines Business Case.

3.7.1 Fallbeispiel E-Plus

Content-Manager, die für die themenspezifische Bewirtschaftung des Multi-Access-Portals verantwortlich sind, erstellen im Zusammenhang mit der Auswahl der Content-Cluster und Content-Partner separate Business Cases für interessante Content-Cluster. Dabei werden die Beschaffungskosten der Inhalte den erwarteten Erlösen aus den angebotenen Kanäle gegenübergestellt. Das Beispiel in Abbildung 3–12 zeigt einen Business Case für ein externes Content-Cluster, der über die Kanäle SMS, WAP und WWW angeboten werden soll. Die Berechnung erfolgt auf Basis von Vergangenheitswerten und Schätzungen der Marktforschung. Die Haupterlöse stammen aus den Bereichen SMS und WAP. Über den Kanal WWW werden nur marginale Erlöse durch die Schaltung von Werbebannern erzielt.

SMS		
Anzahl verschickter Nachrichten	103	
Gebühren Subscriber pro SMS	0.39 DM	
Erlös E-Plus pro SMS	0.165 DM	
Anzahl Subscriber	1600	
Anzahl verschickter Nachrichten insgesamt	165.000	27.000 DM
WAP		
Nutzungsgebühren pro Minute	0.39 DM	
Durchschnittlicher Abruf pro Tag	1.000	
Durchschnittliche Verweildauer auf Angebot	45 sec	
Anzahl WAP Minuten	75.000	29.000 DM
Web		
Durchschnittlicher Abruf der Seiten pro Woche	10.000	
Erlös pro 1000 Seiten Abruf	12 DM	1.400 DM
Erlös für alle drei Kanäle		57.400 DM
Kosten für alle drei Kanäle		17.500 DM
Ergebnis		__39.900 DM__

Abbildung 3–12: Auszug aus einem Business Case für Content-Cluster

Das Beispiel zeigt, dass aufgrund der Hebelwirkung des Kanalmixes mit extern beschafften Content-Paketen ein positives Ergebnis erwirtschaftet wird.

3.7.2 Anwendungsgebiete

Content-Management-Projekte können mit erheblichem Kosten- und Ressourcenaufwand verbunden sein. Nach einer Studie der Gartner Group [Drakos/Votsch 2001] ergeben sich für eine durchschnittliche Softwarelösung im Bereich Content-Management Initialkosten in Form von Softwarelizenzen in Höhe von 350.000 US$. Darüber hinaus haben Unternehmen nach der Implementierung mit weiteren Kosten im Umfang von 500.000 – 1.000.000 US$ zu rechnen. Vor der Einführung eines Content-Management-Systems müssen Unternehmen diese Kosten dem erwarteten Nutzen in Form eines detaillierten Business Case gegenüberstellen. Quantitative Nutzenangaben lassen sich nur nach Analyse des Umfeldes ermitteln. Die Einführung eines Content-Management-Systems ist nur ein Teilaspekt grosser Content-Management-Projekte. Aufgrund des funktions- und organisationsübergreifenden Charakters des Content-Management, ergeben sich im Rahmen von Projekten, ähnlich wie bei Wissensmanagementprojekten, massive organisatorische und technische Veränderungen.

Kapitel 3.7.3 und 3.7.4 enthalten ausgewählte Kosten- und Nutzenkategorien, die bei der Wirtschaftlichkeitsanalyse von Content-Management-Projekten im Rahmen von Business Cases für unterschiedliche Teilaspekte der Content-Management-Strategie zu verwenden sind. Kapitel 3.7.5 stellt Elemente eines Business Case für das Content-Management dar. Dabei leitet der Autor eine idealtypische Dokumentenstruktur für den Aufbau einer Kosten/Nutzen-Argumentation ab.

3.7.3 Kostenelemente

Die direkten Kosten, die durch Einführung von Content-Management im Unternehmen entstehen, lassen sich auf Basis von Marktpreisen und Schätzungen von Marktforschungsinstituten relativ einfach ermitteln. Indirekte Kosten, die durch kurzfristige Produktivitätsabfälle aufgrund neuer Informationssysteme oder durch organisatorische Umgestaltungen entstehen, sind schwer zu quantifizieren und sollten deshalb innerhalb des Business Case nicht explizit erwähnt werden. Abbildung 3–13 gibt für die Einführung eines Content-Management-Systems mittleren Umfangs (ca. 50.000 Content-Objekte) die Basiskosten in drei Kategorien (Software, Professional Services und Terminologiemanagement) an. Die Kosten basieren auf einer Untersuchung von [Dalton 2001]. Dabei ergaben sich bei der Analyse von 53 Unternehmen durchschnittliche Kosten von 1.8 Millionen US$.

Kostenkategorie	Beschreibung	Kosten
Content-Management-Software	Lizenz	250.000 US$
Professional Services	Implementation Training	180.000 US$ 3.000 US$
Terminologiemanagement	Vokabular und Taxonomie	200.000 US$

Abbildung 3–13: Basiskosten des Content-Management

[Walker et al. 1999] schätzten die durchschnittliche Kosten für den phasenweisen Aufbau eines Enterprise Information Portal ab. Einige Kostenkategorien aus dieser Studie enthält Abbildung 3–14.

Kostenkategorie	Beschreibung	Kosten
Content-Organisation	Bildung einer unternehmensweiten Taxonomie.	500.000 US$
Information-Retrieval	Einführung einer multilingualen Suchmaschine (Softwarekosten und Einführung).	380.000 US$
Single Login	Einheitlicher Zugang zu allen Unternehmensinhalten (inkl. LDAP-Server, Berechtigungskonzept, Sicherheitskonzept).	170.000 US$
Publishing-Standards	Ableitung von Dokumenten-Templates, die wiederverwendbare Navigations-, Layout- und Funktionskomponenten integrieren.	150.000 US$
Personalisierung	Bildung von Benutzerprofilen für Rollen- und Nutzerspezifische Personalisierung. Anpassung der Directory-Informationen an das Personalisierungskonzept.	190.000 US$

Abbildung 3–14: Kostenkategorien in Content-Management-Projekten

3.7.4 Nutzenelemente

Im Gegensatz zu den Kosten für die Einführung von Content-Management, lässt sich dessen Nutzen erheblich schwerer quantifizieren. Content-Management bietet i.d.R. keinen direkten Nutzen, der sich in finanziellen Grössen beschreiben lässt. Da der Nutzen einer geplanten Investition immer ausgehend von der bestehenden Situation gesehen werden muss und keine absolute Grösse darstellt, bietet es sich an, den Nutzen einer Investition als Kosten zu betrachten, die im Unternehmen bei Abwesenheit der geplanten Lösung anfallen (Unterlassungskosten) bzw. nachträglich durch einen Vergleich beider Varianten ermittelt werden können [vgl. Nohr 2000, S. 6]. Folgendes Beispiel soll dieses Vorgehen für das Content-Management konkretisieren:

Fallbeispiel SUN Microsystems:

Bis 1997 verfügte die Firma Sun Microsystems über keine einheitliche Informationsarchitektur. Verschiedene Organisationseinheiten verwendeten unterschiedliche Layout- und Navigationsstrukturen. Die Folge waren mangelnde Transparenz über verfügbare Informationen, langwierige Suchanfragen aufgrund inkonsistenter Verschlagwortung und Navigation und mangelnde Zufriedenheit der Benutzer über das Ergebnis ihrer Suchabfrage.

Der verantwortliche Projektleiter rechtfertigte die geplante Investition in eine einheitliche Architektur des Corporate Intranets durch eine Schätzung der Kosten der oben beschriebenen Inkonsistenz:

Anzahl der Mitarbeiter des Unternehmens

* *durchschnittliches Gehalt aller SUN-Mitarbeiter*

* *durchschnittliche tägliche Seitenaufrufe pro Person*

* *Verzögerung (in Sekunden) aufgrund wechselnder Navigationsstrukturen*

= *Kosten der Nichtumsetzung einer konsistenten Navigationsstruktur*

Das Unternehmen errechnete auf Basis dieses Vorgehens Kosten aufgrund inkonsistenter Site-Navigation des Intranet in Höhe von 10 Millionen US$ [vgl. Morville 1997].

Ähnliche Nutzenfaktoren wie im Beispiel SUN Microsystems lassen sich für verschiedene Einsatzbereiche des Content-Management identifizieren. Weitere Nutzenfaktoren, die sich aus verschiedenen Einsatzbereichen des Content-Management ergeben, verdeutlichen die Kapitel „Nutzenpotenziale" der verschiedenen Projektszenarien in Kapitel 6.5. Abbildung 3–15 illustriert einige allgemeine Nutzenfaktoren, die bei der Aufstellung eines Business Case berücksichtigt werden können. Konkrete Nutzenangaben können bezüglich des zu unterstützenden Anwendungsbereichs gemacht werden.

Nutzenkategorie	Beschreibung
Niedrigere Suchkosten	Kumulative Kosten der Informationssuche (Siehe Fallbeispiel SUN).
Effiziente Informationsversorgung	Eliminierung von Medienbrüchen und Umwegen der Content-Verteilung. Verlustfreie Informationsversorgung durch koordinierte Bereitstellung des Content [vgl. McCrath/Schneider 1997].
Hohe Aktualität der Informationen	Beschleunigung der Redaktionsprozesse durch integrierte Content-Redaktion und -Verteilung (kürzere Time-to-Web) [vgl. Büchner et al. 2001, S. 91].
Verstärkte Berücksichtigung der Mitarbeiterkompetenzen	Mitarbeiter können ihren Kernkompetenzen entsprechend in die Redaktionsprozesse eingebunden werden. Trennung von Inhalt und Layout entlastet Fachabteilungen [vgl. Büchner et al. 2001, S. 91].
Vermeidung von Engpässen bei der Content-Redaktion	Content-Management-Systeme vereinfachen die Erstellung von Dokumenten und Verlagern diese an die Autoren der Fachabteilungen. Dokumente müssen nicht mehr durch Webmaster konvertiert und nachbearbeitet werden, sondern können direkt aus den Anwendungen der Autoren in das System eingecheckt werden.
Verbesserte Informationsqualität	Redaktionsworkflows, Metadatenmanagement und Linkmanagement verbessern die Qualität der bereitgestellten Informationen und ermöglichen die Einrichtung einer mehrstufigen Qualitätssicherung.
Verminderter Pflegeaufwand	Automatisches Linkmanagement, zentrale Dokumentenablage und einheitliche Formate (z.B. XML) reduzieren den Pflegeaufwand von Websites [vgl. Büchner et al. 2001, S. 93].

Abbildung 3–15: Nutzenelemente von Content-Management

Der Nutzen und damit die Wirtschaftlichkeit von Content-Management-Investitionen, sollte ausgehend von den Prozessen ermittelt werden, die zukünftig mit der geplanten Lösung unterstützt werden sollen. Dabei können die Ergebnisse aus der Prozessanalyse verwendet werden, die einen konkreten Content-Management-Bedarf offenlegen. Ausgehend von den kritischen Erfolgsfaktoren der zu unterstützenden Geschäfts- oder Kundenprozesse leitet das Projektteam positive Einflussfaktoren ab, die sich aus der geplanten Lösung in bezug auf die kritischen Erfolgsfaktoren ergeben. Die Struktur des Business Case für das Content-Management in Kapitel 3.7.5 berücksichtigt dieses Vorgehen.

3.7.5 Bausteine eines Business Case für das Content-Management

Element	Beschreibung
Executive Summary	Kurze Zusammenfassung der Kernaussagen. Ziel: Interesse der Leser wecken, Relevanz der Themas und Nutzenpotenziale verdeutlichen. Neutrale, sachbezogene Darstellung.
Unterstützungsbereich	Kunden- und Geschäftsprozesse, die mit der geplanten Lösung unterstützt werden sollen. Hinweise auf Prozesse, die Content-Management-Bedarf aufweisen, aber in weiteren Ausbaustufen unterstützt werden sollen.
Kritische Erfolgsfaktoren	Kritische Erfolgsfaktoren der Prozesse des Unterstützungsbereichs.
Nutzen qualitativ	Nicht-monetärer Nutzen in Form von qualitativen Aussagen. Bezug zu kritischen Erfolgsfaktoren aufzeigen.
Nutzen quantitativ	Monetärer Nutzen basierend auf Marktforschungsergebnissen, Vergangenheitswerten, Unterlassungskosten (s. Kapitel 3.7.4). Berechnungsgrundlagen und Schwachstellen der Berechnung transparent machen.
Budgetbedarf	Aufdeckung der Kosten, die sich bei Realisierung des Projekts ergeben. Budgetbedarf nach Haupt-Kostenfaktoren aufschlüsseln (s. Kapitel 3.7.3).
Ressourcenbedarf	Insbesondere Personalressourcen (neue Mitarbeiter, Skills) sowie Vorschlag für Projektstaffing.
Meilensteine	Wesentliche Meilensteine des Projekts aufzeigen. Zeithorizont und Kennzahlen für Erfolgsmessung offenlegen.

Abbildung 3–16: Bausteine eines Business Case für das Content-Management

[Donovan 2001] berechnete, basierend auf Projekterfahrungen und Interviews mit Entscheidern aus dem Content-Management, einen Business Case für das Content-Management. Dabei stellt der Autor die Kosten, die sich in verschiedenen Kategorien ohne Unterstützung durch ein Content-Management-System ergeben, den Kosten bei Vorhandensein einer Softwarelösung gegenüber (s. Abbildung 3–17).

Kostenbereich	Ohne CM	Mit CM
Zahl der jährlich neu veröffentlichten und bearbeiteten Websites	5000	5000
Zahl der Manntage, die zum Veröffentlichen und Bearbeiten dieser Websites benötigt werden	400	100
Kosten für Neuveröffentlichung und Bearbeitung (Standardsatz von DM 2.560 pro Personentag)	€ 500.000	€ 128.000
Anzahl der Re-Brandings der Website pro Jahr	1	1
Zahl Personentage, die zum Re-Branding der Website erforderlich sind	50	5
Kosten des Re-Brandings einer Website (DM 2.560/Personentag)	€ 64.000	€ 6.400
Jährliche Zahl Neustrukturierungen in Manntagen	1	1
Anzahl Personentage, die für Neustrukturierung der Website erforderlich sind	100	5
Kosten der Neustrukturierung	€ 128.000	€ 6.400
Kosten der Mitarbeiterschulung (bei angenommenen 7 Tagen pro Person zu DM 1.600/Tag)	€ 45.000	€ 22.500
Kosten der Beschäftigung eines Projektmanagers für Leitung und Koordination der Arbeit an der Website	€ 96.000	-
Gesamtkosten	**€ 833.000**	**€ 163.300**

Abbildung 3–17: Quantifizierter Nutzen von Content-Management

3.8 Terminologiemanagement

Nach [Hellmuth 1997] umfasst das Terminologiemanagement „die Planung, Steuerung und Organisation der in einer spezifischen Bedeutung kontrolliert verwendeten Wörter und Fachausdrücke eines Fachgebietes". Die Hauptaufgabe des Terminologiemanagements besteht in der Entwicklung eines Fachvokabulars. Darüber hinaus ist es notwendig, mittels informationstechnischer und organisatorischer Strukturen Rahmenbedingungen für die Dokumentation, Pflege und Kommunikation des Vokabulars abzuleiten [vgl. Hellmuth 1997].

3.8.1 Anwendungsgebiete und Nutzenpotenziale

Terminologiemanagement stellt eine Querschnittsfunktion im Unternehmen dar, die im Extremfall sämtliche Bereiche der Organisation tangiert. Dadurch sind Einsatzbereiche und auch Nutzenpotenziale der Terminologiearbeit sehr heterogen. Die folgenden Ausführungen konzentrieren sich auf Einsatzmöglichkeiten, die direkten Bezug zum Content-Management aufweisen:

- *Information Retrieval*: Die Verbesserung des Information Retrieval durch das Terminologiemanagement bildet die Grundlage für die meisten der nachfolgend beschriebenen Nutzenpotenziale. Die Fachterminologie, die Mitarbeitern in Form eines Thesaurus, Glossars oder Lexikons vorliegt, hilft, bereits auf Erstellerseite Dokumente eindeutig zu beschreiben und mit standardisierten Stichwörtern (Metadaten) zu versehen. Dadurch sinkt die Quote der falsch bzw. uneindeutig abgelegten Dokumente. Im Rahmen der Informationssuche hilft ein Fachwörterbuch Anwendern, die richtigen Suchbegriffe bei der Erstellung der Suchanfrage auszuwählen und leitet die Benutzer über Synonymhinweise, verwandte Begriffe etc. durch den Suchprozess. Des weiteren kann die Taxonomie genutzt werden, um Nutzern Navigationsstrukturen durch den Dokumentenbestand anzubieten.

- *Dokumentenerstellung*: Im Rahmen der Dokumentenerstellung kann eine einheitliche Terminologie zu Effizienzsteigerungen der Redaktionsprozesse führen. Dokumente lassen sich nach einheitlichen und allgemein anerkannten Metadaten strukturieren und ablegen. Bei der arbeitsteiligen Erstellung der Dokumente haben alle Mitarbeiter ein gemeinsames Verständnis für das verwendete Fachvokabular, im Rahmen von Übersetzungen bildet die Fachterminologie die Basis für Übersetzungswörterbücher.

- *Customer Relationship Management*: Terminologiemanagement verbessert die Auskunftsfähigkeit gegenüber Kunden, senkt die Bearbeitungszeit in Verkauf und Service und ermöglicht eine klare Kommunikation der Unternehmensleistungen im Marketingprozess. Anfragen im Call Center lassen sich mit terminologischer Unterstützung effizienter bearbeiten, in Verkaufsgesprächen können Mitarbeiter Kunden in gleichmässiger Qualität beraten, Kunden finden mit terminologischer Unterstützung schneller Informationen auf der Webseite des Unternehmens oder in Support-Datenbanken.

- *Unternehmenskommunikation*: Eine einheitliche, unternehmensweite Terminologie ist die Basis für eine effektive Unternehmenskommunikation nach innen und aussen. Die Unternehmenssprache ist ein wesentliches Element der Corporate Identity. Stakeholder nehmen das Unternehmen gleichmässig wahr, wenn verschiedene Abteilungen und Mitarbeiter eine gemeinsame Fachsprache (z.B. Geschäftsbericht, Call Center, Vertrieb) verwenden. Auf der anderen Seite hat eine klar definierte Unternehmenssprache eine integrative Wirkung für verschiedene Anspruchsgruppen im Unternehmen (z.B. bei der Einarbeitung neuer Mitarbeiter oder Kommunikation der Unternehmensstrategie).

- *Systementwicklung*: Im Rahmen der Systementwicklung erleichtert eine einheitliche Terminologie die Wiederverwendung von Softwarekomponenten. Durch eine klare Beschreibung können einzelne Komponenten besser aufgefunden und in neue Anwendungen integriert werden. Auf Anwenderseite muss der Anteil der Anwendungen, die dem Nutzer zugänglich sind, die Terminologie des Unternehmens bzw. der Fachabteilung wiederspiegeln, um die Akzeptanz der Systeme und deren effiziente Nutzung zu gewährleisten. Über eine einheitliche Terminologiedatenbank haben Entwickler Zugriff auf die im Unternehmen und in Fachabteilungen verwendeten Fachtermini und können auf dieser verwendeten Fachtermini und können auf dieser Basis die Oberflächenelemente benennen.

Allgemein gesehen führt Terminologiemanagement zu einer Senkung unternehmensinterner und -externer Transaktionskosten. Nach [Koller 1994] beträgt das Gesamtvolumen der Transaktionskosten im Unternehmen 50 – 60% aller anfallenden Kosten. Terminologiemanagement reduziert die variablen Kosten in allen Einsatzbereichen der Terminologie, führt jedoch zu Beginn der Terminologiearbeit zu teilweise hohen Fixkosten (hauptsächlich Personalaufwendungen). Abbildung 3–18 zeigt den Kosten-Nutzen-Verlauf eines beliebigen Anwendungsszenarios mit und ohne Terminologiemanagement auf. Der Parameter „Häufigkeit" gibt an, wie oft Transaktionen basierend auf einer terminologischen Basis, durchgeführt werden. Die Häufigkeit der Transaktionen kann als Nutzenmultiplikator gesehen werden. Zu Beginn der Terminologiearbeit sollte daher versucht werden, den zukünftigen Einsatzbereich der zu entwickelnden Terminologie breit genug zu halten [vgl. Hellmuth 1997].

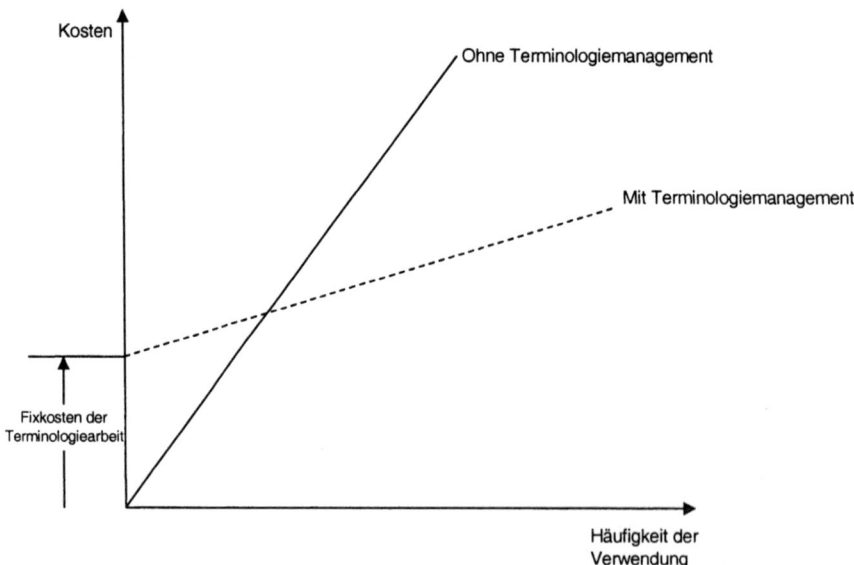

Abbildung 3–18: Kosten-Nutzen-Verlauf des Terminologiemanagements [vgl. Hellmuth 1997]

3.8.2 Grundlagen

Ziel des Terminologiemanagements ist die Entwicklung, Pflege und Nutzung einer gemeinsamen Fachsprache in einem spezifischen Kontext. In erster Linie handelt es sich dabei um einen Standardisierungsprozess. Dabei lassen sich zwei Sprachebenen differenzieren, auf denen eine terminologische Standardisierung stattfinden kann: Ebene der Sprachelemente und Ebene der Anwendungselemente. Auf Ebene der Sprachelemente (Termini) entwickeln Unternehmen ein einheitliches „Begriffs- und Benennungssystem für ein Fachgebiet (Fachterminologie). Ergebnis der Standardisierung auf dieser Ebene ist ein Wortschatz inkl. Bedeutungen, der über ein Lexikon oder eine Terminologiedatenbank verwaltet wird. Auf der Anwendungsebene werden die Termini der Sprachebene eingesetzt, um konkrete Anwendungselemente wie Datenelemente, Objekttypen oder Metadaten zu standardisieren. Im Gegensatz zum Terminologiemanagement auf der Sprachelementebene erfolgt auf der Anwendungselementebene die Umsetzung der Terminologie in Informationssysteme. Auf dieser Ebene muss neben der Semantik, die auf der Sprachelementebene betrachtet wird, auch die Syntax berücksichtigt werden [vgl. Hellmuth 1997].

Sprachebene	Elemente
Sprachelemente (Termini)	- Fachbegriffe - Business Objects - Unternehmenstermini - Branchenbegriffe
Anwendungsebene (Concept-Element)	- Datenelemente - Objekttypen - Attribute - Datentypen

Abbildung 3–19: Sprachebenen des Terminologiemanagement

Zur Vorbereitung auf die nachfolgenden Ausführungen bietet sich die Unterteilung der Begriffe der natürlichen Sprache in die drei Dimensionen Extension, Intension und Benennung an. Die Aufteilung in diese drei Dimensionen erfolgt in Anlehnung an das Konzept des methodenneutralen Fachentwurfs nach [Ortner 1997].

Die *Benennung* ist das Wort, mit dem der Begriff im Gebrauch bezeichnet wird (Begriffswort). Die Intension, d.h. der Begriffsinhalt, gibt im Sinne einer Definition die Kriterien des Begriffes an. Die *Extension*, d.h. der Begriffsumfang, beschreibt die Menge der Objekte, die unter diesen Begriff fallen. Das nachfolgende Beispiel illustriert die Aufteilung eines Begriffes in die drei genannten Dimensionen:

Aufgabe	Erklärung
Benennung	Bezeichnung eines Begriffs Beispiel: Internet
Intension	Festlegen der Kriterien, unter denen geprüft werden kann, ob ein Gegenstand unter einen Begriff fällt oder nicht. Beispiel: Das Internet ist ein Netzwerk weltweit verbundener Computer auf der Basis von TCP/IP
Extension	Die Menge derjenigen Objekte, die unter dem Begriffswort zusammengefasst werden. Beispiel: Alle Computer, die an das Internet angeschlossen sind

Abbildung 3–20: Dimensionen eines Begriffes

3.8.3 Begriffsdefekte und deren Auflösung

Die nachfolgenden Begriffsdefekte der natürlichen Sprache lassen sich mit Hilfe der Dimensionen Intension, Extension und Benennung analysieren.

Bei Synonymen handelt es sich um unterschiedliche Benennungen für denselben Begriff, d.h. die Wörter haben sowohl dieselbe Intension als auch Extension und können gegeneinander ausgetauscht werden. Beispiele für Synonyme sind: Gehweg - Trottoir, Grafik - Graphik oder PC - Computer. Synonyme entstehen aufgrund der Vielseitigkeit der Sprache, von Fachausdrücken, Fremdworten, Abkürzungen etc. und sind in der Umgangssprache häufig anzutreffen. Bei der Informationsrecherche stellen Synonyme oftmals Probleme dar, da dem Benutzer nicht ersichtlich ist, unter welchem Begriff Informationen abgelegt wurden bzw. welche Synonyme für das Suchwort existieren. Beim Vorliegen von Synonymen können relevante Informationen verloren gehen, da sie unter einem anderen Begriff abgelegt wurden. Die Anzahl relevanter Treffer sinkt.

Homonyme hingegen bezeichnen gleiche Benennungen mit unterschiedlicher Bedeutung (Intension und Extension). Beispiele für Homonyme sind Ton (Musik, Farblehre), Pass (Reisepass, Gebirgspass) oder Geschichte (Erzählung, Historie). Homonyme führen bei der Suche nach Informationen zu einer Zunahme an irrelevanten Informationen. Die Anzahl der Treffer einer Suchanfrage erhöht sich, da die Suche sämtliche zum Suchbegriff (in allen „homonymen" Bedeutungen) passenden Informationen liefert.

Äquipollenzen bezeichnen dieselben Objekte (Extension), werden jedoch in unter-schiedlichem Blickwinkel betrachtet (verschiedene Intension). Beispiele für Äquipollenzen sind die Begriffe Lagerbestand als mengenmässige und Warenkonto als wertmässige Rechung über den Artikelbestand einer Unternehmung.

Vagheiten entstehen durch eine mangelnde inhaltliche Abgrenzung des Begriffsinhaltes, was oftmals eine mangelnde Abgrenzung des Begriffsumfanges und damit der Trefferquote bei der Informationssuche zur Folge hat. Falsche Bezeichner sind Abweichungen der tatsächlichen von der zunächst suggerierten Begriffsbedeutung. Ein Beispiel für einen falschen Bezeichner ist die Verwendung des Begriffs Strategieredaktion für eine Abteilung, die lediglich externe Informationen zusammenstellt.

Abbildung 3–21 skizziert die unterschiedlichen Begriffsdefekte und beschreibt das Vorgehen bei der Auflösung der Defekte.

Begriffsdefekt	Erklärung	Vorgehen
Synonym	Begriffswörter, welche dieselbe Bedeutung (Begriffsinhalt und Begriffsumfang) haben, und gegeneinander ausgetauscht werden können. Beispiel: ANBIETER und PROVIDER werden im Rahmen von IT-Dienstleistungen häufig synonym verwendet.	Kontrolle der synonymen Begriffswörter: Definition eines „primären" Begriffswortes Verweis synonymer Begriffswörter auf das „primäre" Begriffswort
Homonym	Begriffswörter, die gleich geschrieben und gesprochen werden, aber eine deutlich andere Bedeutung (Begriffsinhalt und Begriffsumfang) aufweisen. Beispiel: STEUER als Lenkvorrichtung im Gegensatz zu STEUER als staatliche Abgabe.	Beseitigung der homonymen Begriffswörter: Festlegen der Bedeutung eines Begriffsworts durch die Definition eines Begriffsinhalts und eines Begriffsumfangs
Äquipollenz	Identische Objekte (Begriffsumfang) werden unter verschiedenen Blickwinkeln betrachtet und unterschiedlich bezeichnet. Beispiel: LAGERBESTAND als mengenmässige und WARENKONTO als wertmässige Rechung über den Artikelbestand einer Unternehmung.	Aufdecken der äquipollenten Begriffswörter: Kennzeichnung der Begriffswörter mit identischem Begriffsumfang Beibehaltung von zwei unabhängigen Definitionen
Vagheit	Mangelnde inhaltliche Abgrenzung (Bedeutungsinhalt) erzeugt Unsicherheit bei der Abgrenzung des Begriffsumfangs. Beispiel: Verwendung des Begriffs PORTAL in unterschiedlichem Kontext.	Beseitigung von Vagheiten: Festlegung eines eindeutigen Begriffinhaltes Ableiten des resultierenden Begriffumfanges
Falsche Bezeichner	Abweichung der tatsächlichen von der zunächst suggerierten Begriffsbedeutung. Beispiel: Verwendung des Begriffs STRATEGIEREDAKTION für eine Abteilung, die lediglich externe Informationen zusammenstellt.	Beseitigung von falschen Bezeichnern: Ersetzen des falschen Bezeichners durch einen unbesetzten Begriff mit höherer semantischer Übereinstimmung.

Abbildung 3–21: Begriffsdefekte und deren Auflösung

3.8.4 Allgemeines Vorgehen

Die folgenden Schritte beschreiben ein allgemeines Vorgehen für das Terminologiemanagement:

- *Kundenanforderungen analysieren.* Im Rahmen von Bedarfsanalysen ermittelt das Projektteam die relevanten Begriffe für die zu unterstützenden Einsatzgebiete und Zielgruppen des Terminologiemanagements. Die verschiedenen Stakeholder des Terminologiemanagements unterscheiden sich bezüglich ihrer Anforderungen an das zu entwickelnde Fachvokabular. Ziel dieses Schrittes ist die Konkretisierung der Anforderungen.

- *Begriffe sammeln*: In dieser Phase werden alle Fachbegriffe aus dem jeweiligen Themengebiet gesammelt, die innerhalb des Ordnungssystems als Deskriptoren dienen sollen. Mögliche Quellen sind Wörterbücher, Experten-/ Nutzerbefragung, vorhandene Ordnungssysteme, Sachwortverzeichnisse von Lehrbüchern und Fachpublikationen etc. Unternehmen sollten aus Zeit- und Kostengründen in dieser Phase versuchen, auf bestehende Glossare, Thesauri etc. zurückzugreifen und diese gegebenenfalls zu modifizieren. Bei Bedarf können vorkonfigurierte Begriffshierarchien für einzelne Branchen oder Themenbereiche von dritten Anbietern übernommen und unter Einbezug der Anwender einer Revision unterzogen werden.

- *Taxonomiegerüst entwickeln.* Das Taxonomiegerüst bildet die verschiedenen Kundenanforderungen anhand spezifischer Navigationspfade ab. Es beschreibt die unterschiedlichen Einstiegspunkte und Nutzungspfade des Fachvokabulars für verschiedene Stakeholder.

- *Begriffsräume ableiten.* Begriffsräume bilden einen inhaltlich zusammenhängenden Teil eines Glossars. Die Begriffsräume dienen bspw. der Zuordnung von Verantwortlichkeiten im Rahmen von Pflegeprozessen oder der Auswahl nötiger Attribute zur Beschreibung eines Begriffs. Die Begriffsräume generalisieren einzelne Begriffe.

- *Definitionsrahmen und Pflegeprozesse bestimmen.* Definitionsrahmen skizzieren ein allgemeines Raster für die Attribute zur Beschreibung der zugeordneten Begriffe. Verschiedene Begriffsräume stellen unterschiedliche Anforderungen an die Qualität der beschreibenden Attribute. Dies lässt sich über unterschiedliche Definitionsrahmen realisieren. In diesem Schritt sollten für die verschiedenen Begriffsräume Pflegeprozesse abgeleitet werden.

- *Primärbegriffe definieren*: Viele Begriffe innerhalb des Ordnungssystems treten als Synonyme auf. Die Gesamtheit der Synonyme mit einer einheitlichen Bedeutung kann zu Äquivalenzklassen zusammen gefasst werden. Bei der Bildung von Äquivalenzklassen werden nicht nur Synonyme im engeren Sinne sondern auch ähnliche Begriffe, die typischerweise bei der Suche nach Dokumenten des durch den Begriff beschriebenen Sachverhaltes verwendet werden, in eine (Äquivalenz-) Klasse zusammengefasst. Pro

Äquivalenzklasse wird in diesem Schritt ein Primärbegriff bestimmt, der als Vertreter der einzelnen Begriffe der Klasse fungiert.

- *Begriffsdefekte auflösen*: In diesem Schritt sollten die einzelnen Kernbegriffe auf Defekte untersucht und diese eliminiert werden. Wie in Abschnitt 3.8.3 beschrieben, können typische Begriffsdefekte der natürlichen Sprache wie Synonyme, Homonyme oder Äquipollenzen die Übersichtlichkeit eines Dokumentenbestandes erheblich verschlechtern. Die Qualität der Suchergebnisse wird reduziert, was die Informationsbereitstellung und -verteilung verlangsamt. Abbildung 3–21 stellt die einzelnen Begriffsdefekte sowie Massnahmen zu deren Auflösung dar.

- *Ordnungssystem aufbauen und füllen*: Zur Steigerung der Übersichtlichkeit sollten die einzelnen Begriffe des Sachgebietes systematisch angeordnet werden. In den meisten Fällen wird die hierarchische Darstellungsweise bevorzugt, da diese einen schnellen Überblick über das gesamte Ordnungssystem erlaubt. Meist ist es von Vorteil, wenn die Hierarchie durch eine Baumdarstellung oder mittels Einrückungen optisch leicht erkennbar ist. Bei der Neuentwicklung eines Begriffkataloges müssen die einzelnen Deskriptoren selbständig geordnet werden. Werden bestehende Taxonomien verwendet, die bereits über eine systematische Struktur verfügen, sollten diese auf Anwendbarkeit überprüft und gegebenenfalls angepasst werden.

- *Begriffe veröffentlichen und nutzen*: Das Projektteam veröffentlicht die Begriffe in den primären Anwendungen der potenziellen Anwender, um die Nutzer des Vokabulars über Begriffe und deren Zusammenhang zu informieren.

- *Taxonomie und Glossar kontrollieren und überarbeiten*: In den wenigsten Fällen wird das entwickelte Ordnungssystem allen Ansprüchen sofort gerecht werden. Neue Begriffe werden im laufenden Betrieb integriert, Suchanfragen von Nutzern führen zu mangelhaften Ergebnissen etc. In solchen Fällen muss das Ordnungssystem einer Schwachstellenanalyse unterzogen und an die geänderten bzw. gewünschten Anforderungen angepasst werden.

- *Nicht mehr benutzte Begriffe archivieren*. Veraltete Begriffe müssen archiviert werden. Dabei ist entscheidend, dass alte Begriffe, die Nutzer in Suchanfragen verwenden, über Synonymverweise auf die aktuellen Begriffe zeigen.

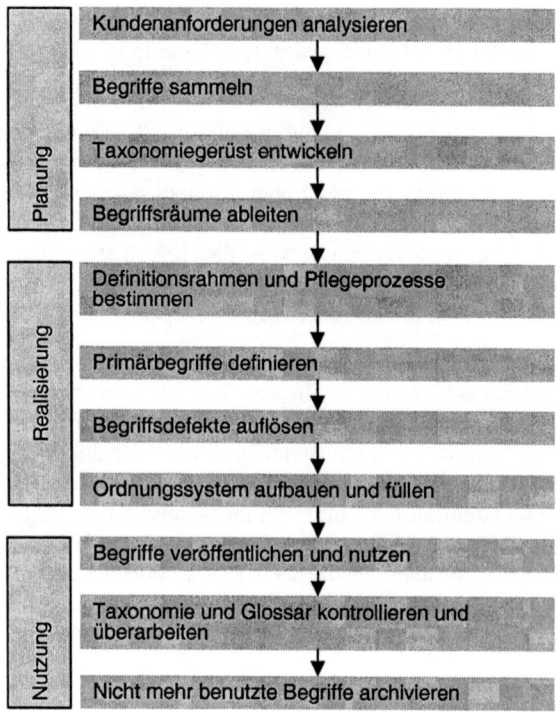

Abbildung 3–22: Vorgehensmodell Terminologiemanagement

Terminologiemanagement ist für Unternehmen, insbesondere bei der Neuentwicklung, mit erheblichem Kosten- und Ressourcenaufwand verbunden. Kapitel 3.8.1 identifizierte verschiedene Anwendungsgebiete und Nutzenpotenziale für das Terminologiemanagement. Die hohen Fixkosten, die für Unternehmen in den Anfangsphasen der Terminologiearbeit entstehen, können sich nur amortisieren, wenn im Unternehmen ausreichend Potenziale für das Fachvokabular bestehen.

4 Prozess- und Systemarchitektur für das Content-Management

4.1 Fallbeispiele zur Prozessarchitektur

4.1.1 Fallbeispiel E-Plus

Die nachfolgenden zwei Kapitel beschreiben das Content-Management für das Multi-Access-Portal von E-Plus aus organisatorischer Sicht. Gegenstand des ersten Kapitels ist die Aufbauorganisation des Content-Management. Ablauforganisatorische Aspekte, d.h. Content-Management-Prozesse wie Erstellung, Pflege oder Beschaffung von Content werden im zweiten Kapitel betrachtet.

Aufbauorganisation

Die für das Content-Management des Multi-Access-Portals notwendige Aufbauorganisation besteht im wesentlichen aus den folgenden Rollen:

- *Content-Manager* sind für die komplette Bewirtschaftung einzelner, themenspezifischer Kanäle (z.B. Sport, Entertainment, Nachrichten) des Portals verantwortlich. Die Aufgaben reichen von der Auswahl der Content-Partner und Vertragsgestaltung über die Wirtschaftlichkeitsanalysen bis hin zur Vermarktung des Content und dessen Platzierung im Portal.

- *Redakteure* sind für die Erstellung und Pflege des Eigencontent zuständig, der, ergänzend zu den externen Inhalten, redaktionell erstellt wird. Beispiele sind Specials zum Thema UMTS, Konzertberichte oder Erläuterungen zu Funktionalitäten des Portals. Unternehmensspezifischer Content (Firmeninformationen, Produkte, Pressemappen etc.) wird direkt von Mitarbeitern des Marketings bzw. der Unternehmenskommunikation erstellt und über vorab definierte „Container" innerhalb des Portals verteilt.

- *Qualitätsmanager* übernehmen die Qualitätskontrolle einzelner Content-Cluster bzw. Portalseiten. Weitere Aufgaben sind die Entgegennahme und Verteilung des Nutzerfeedbacks und die Auswertung von Marktanalysen für Verbesserungen des Portals.

- *Internet-Analysten* werten Nutzerdaten (Logfiles) aus, erstellen daraus Reports für verschiedene Interessensgruppen im Unternehmen und verwalten die Budgetplanung des Portals.

- *Portal-Manager* sind für die technische Weiterentwicklung des WWW-Portals zuständig und stellen Container bereit, über die themenspezifische Kanäle verteilt werden können. Portal-Manager stimmen sich in regelmässigen Meetings mit den Content-Managern über die Gestaltung der Oberfläche des Portals und die Platzierung von Inhalten und Containern im Portal ab.

Die beschriebenen Rollen und deren wesentliche Aufgaben sind in Abbildung 4–1 tabellarisch zusammengefasst.

Rolle	Anzahl	Aufgaben
Content-Manager	5	- Erstellung Eigencontent - Auswahl und Akquisition Fremdcontent für verschiedene Portale (WWW, WAP, SMS, Voice) - Erstellung Content-Strategie - Marktscreening - Erstellung, Gestaltung und Umsetzung von Geschäftsmodellen - Wirtschaftlichkeitsanalyse - Vermarktung Content-Cluster - Partnermanagement
Redakteur	2	- Erstellung Eigencontent - Pflege Eigencontent
Qualitätsmanager	3	- Qualitätskontrolle - Marktanalysen - Feedback entgegennehmen und verteilen - Interner Internet-Newsletter
Internet-Analyst	1	- Reporting - Budgetplanung - Analysen - Portalvermarktung
Portal-Manager	2	- Aufbau und Pflege des Portals - Bereitstellung und Zuordnung von Containern für Kanäle - Technische Weiterentwicklung des Portals

Abbildung 4–1: Aufbauorganisation des Content-Management bei E-Plus

Ablauforganisation

Die Content-Management-Prozesse zur Bewirtschaftung des Multi-Access-Portals sind *Erstellung Eigencontent, Integration Fremdcontent und Content-Pflege.*

Erstellung Eigencontent

Dieser Prozess spezifiziert die Aufgaben bei der Entwicklung eigener Inhalte für das Multi-Access-Portal. Dabei handelt es sich i.d.R. um ergänzende Inhalte zu den extern beschafften Content-Clustern. Diese Inhalte werden von E-Plus redaktionell erstellt und Kunden zusätzlich zu den Fremdinhalten über verschiedene Zugangskanäle offeriert. Content-Manager legen für ihre Themenbereiche gewünschte Inhalte fest, bestimmen deren Umfang (Zeilen, Platz auf Portal, Aktualisierungsfrequenzen) und definieren Kanäle, über die die Inhalte verteilt werden sollen. Daraufhin erhält der zuständige Redakteur des Themenbereichs den erstellten Anforderungskatalog. Nach einer Recherche im Internet und Brancheninformationsdiensten erstellt dieser den gewünschten Content. Falls eine Freigabe durch die Fachabteilung notwendig ist, sendet der Redakteur das Dokument zur Weitergabe an die Fachabteilung. Bei erfolgter Freigabe integriert der Content-Manager den selbsterstellten Content in das Portal.

Das Aufgabenkettendiagramm in Abbildung 4–2 illustriert den Verlauf des Prozesses „Erstellung Eigencontent".

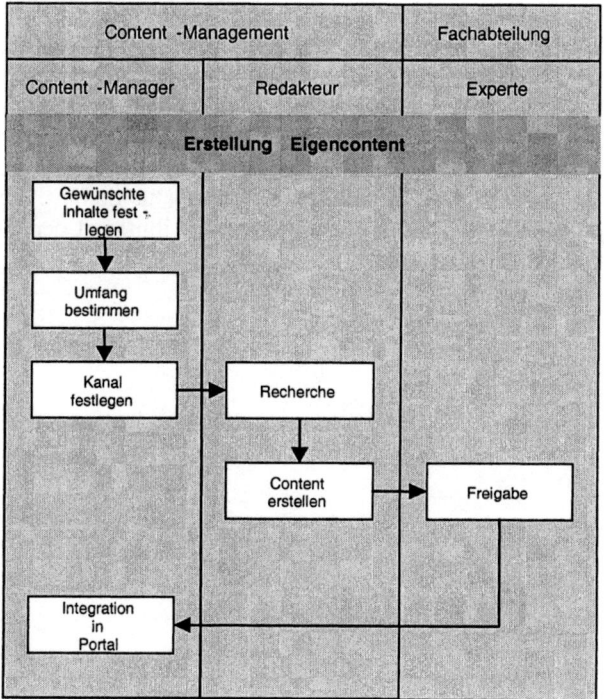

Abbildung 4–2: Aufgabenkettendiagramm „Erstellung Eigencontent"

Integration Fremdcontent

Der grösste Teil der Inhalte, die über das E-Plus-Portal angeboten werden, bezieht das Unternehmen kostenpflichtig von externen Content-Providern. Die Inhalte müssen spezifiziert, von den Providern bezogen, getestet und in das Portal integriert werden. Nach Ableitung und konkreter Bestimmung der gewünschten Inhalte entwickeln die zuständigen Content-Manager Storyboards, die die Verteilung der Content-Pakete über die verschiedenen Zugriffskanäle beschreiben (s. Kapitel 3.5.1). Anschliessend leiten die Content-Manager die Storyboards an die Informatikabteilung weiter, die die Szenarien auf technische Realisierbarkeit untersucht (Feasability Check). Danach erfolgen Vertragsabstimmungen und -abschlüsse mit den Content-Providern, die im wesentlichen von den Content-Managern mit Unterstützung der Rechtsabteilung durchgeführt werden. In den meisten Fällen verwendet das Unternehmen einen Standardvertrag, der als Anhang die Storyboards für die Content-Cluster enthält. Content-Manager fordern nach erfolgreicher Vertragsabstimmung erste Testdaten vom Provider an, die sie an die Informatik-Abteilung zur Prüfung weiterleiten. Nach erfolgreicher Prüfung und Freigabe durch die Agentur und Informatik, konkretisiert der Content-Manager die Anforderungen an die Content-Cluster in einem Feinentwurf des Storyboard. Mitarbeiter der Informatikabteilung nehmen notwendige technische Anpassungen vor und stellen die Inhalte in das Testsystem ein. Daraufhin erfolgt die inhaltliche Abnahme der Testdaten durch den Content-Manager und „friendly user checks" durch die Content-Manager und Mitarbeiter des Content-Management. Nach der Freigabe der Inhalte durch den verantwortlichen Content-Manager stellt dieser bzw. Mitarbeiter der Informatik die Inhalte in das Portal. Das Aufgabenkettendiagramm in Abbildung 4–3 illustriert den Verlauf des Prozesses „Integration Fremdcontent".

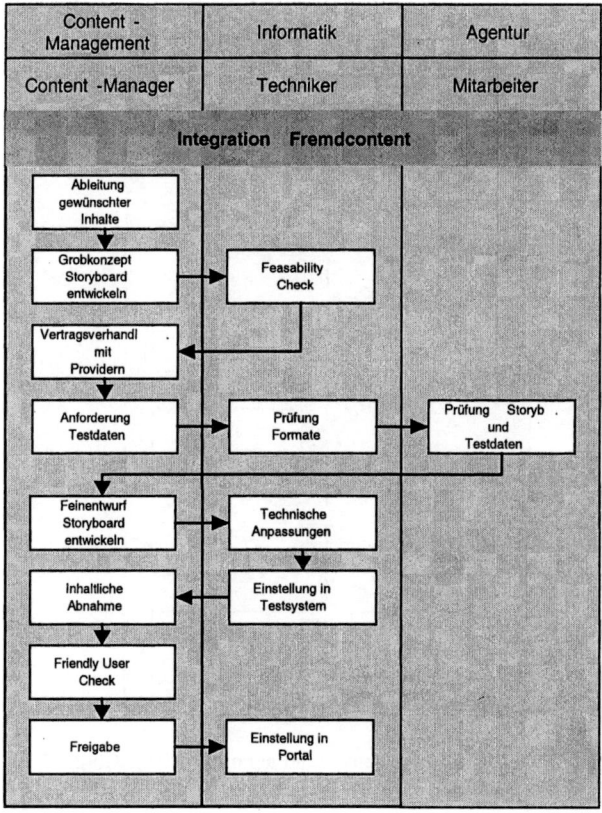

Abbildung 4–3: Aufgabenkettendiagramm „Integration Fremdcontent"

Content-Pflege

Auslöser für den Pflegeprozess ist ein konkreter Änderungsbedarf. Dieser kann prinzipiell von jedem Mitarbeiter des Unternehmens bzw. von jedem Portalnutzer ausgelöst werden. Der Content-Manager des betroffenen Bereichs nimmt den Änderungsbedarf (Anfrage) entgegen und leitet diesen an die Abteilung Qualitätssicherung weiter. Qualitätsmanager prüfen den Änderungswunsch und passen die betroffenen Content-Objekte an die Anforderungen an. Die Qualitätsmanager informieren die Content-Manager über erfolgte Änderungen per Email-Verteiler. Die zuständigen Content-Manager überprüfen daraufhin die angepassten Content-Objekte und geben die Inhalte frei. Zum Abschluss des Prozesses dokumentiert der Qualitätsmanager, der die Änderungen durchgeführt hat, die Anpassungen. Das Aufgabenkettendiagramm in Abbildung 4–4 illustriert den Verlauf des Prozesses „Pflege Content".

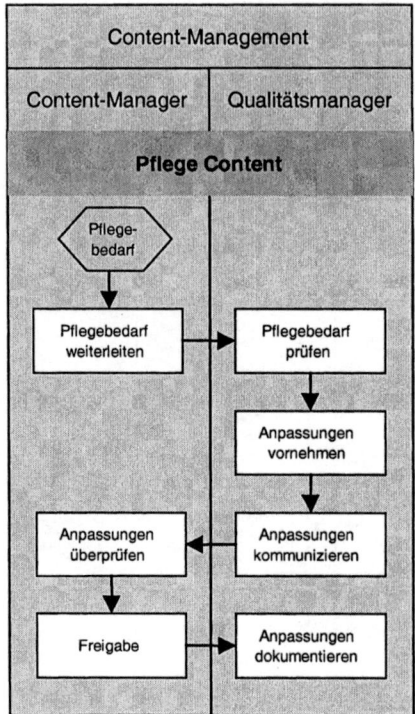

Abbildung 4–4: Aufgabenkettendiagramm „Pflege Content"

4.1.2 Terminologiemanagement der Helsana Krankenversicherung

Die Helsana Krankenversicherung verfügt über ein umfangreiches Wörterbuch, das die Fachbegriffe, die im Unternehmen verwendet werden sollen, verbindlich festlegt. Der Einsatzbereich des Wörterbuchs erstreckt sich auf das gesamte Unternehmen. Beispiele für Einsatzgebiete des Wörterbuchs sind Unternehmenskommunikation, Marketing, Mitarbeiterschulung oder Verschlagwortung von Dokumenten durch Mitarbeiter der Fachabteilungen. Das Unternehmen entwickelte ein Bewirtschaftungskonzept für das Wörterbuch, das Rollenmodell und Prozesse des Terminologiemanagements festlegt. Die nachfolgenden Kapitel beschreiben die Aufbau- und Ablauforganisation des Bewirtschaftungskonzepts.

Aufbauorganisation

Die Aufbauorganisation des Terminologiemanagements der Helsana Krankenversicherung besteht aus folgenden Rollen:

- *Autor*: Die Rolle des Autors kann von jeder Person im Unternehmen wahrgenommen werden, z.B. auch vom Gutachter, Terminologen etc.

- *Übersetzer*: Das Wörterbuch der Helsana wird momentan viersprachig (deutsch, englisch, italienisch, französisch) geführt. Neue Begriffe und deren Definitionen müssen von Übersetzern in die drei anderen Sprachen übersetzt werden.

- *Terminologe*: Der grösste Teil der Terminologiearbeit wird von einer terminologisch geschulten bzw. erfahrenen Fachkraft übernommen. Sie trägt die Hauptverantwortung dafür, dass der Aufbau systematisch erfolgt, die Wörter terminologisch korrekt erfasst sind und das Wörterbuch eine einheitliche Gestalt erhält. Der Terminologe ist für die Weiterentwicklung und Pflege des Helsana-Wörterbuchs verantwortlich, hat unterstützende Funktion bei Projekten und ist Auskunftsstelle bei sprachlichen Unklarheiten, die das Corporate-Wording betreffen.

- *Review-Team*: Das Review-Team besteht aus Mitarbeitern der Fachbereiche verschiedener Kaderstufen und umfasst nicht mehr als 5 Personen. Das Review-Team prüft die Arbeit des Terminologen hinsichtlich fachlicher Korrektheit und Verständlichkeit. Zu festgesetzten Terminen werden Entscheidungssitzungen vereinbart. Zu einem späteren Zeitpunkt sollen Abstimmungen hauptsächlich per Workflow durchgeführt und in Sitzungen nur noch umstrittene oder unklare Begriffe diskutiert und entschieden werden.

- *Gutachter*: Wörter werden einem Gutachter zugeteilt, so dass jedes Wort einem Bereich zugeordnet ist, der die fachliche Verantwortung für Gebrauch, Definition etc. trägt. Dies sichert die fachliche Qualität der Definitionen sowie die Aktualität der im Wörterbuch enthaltenen Begriffe. Zusätzlich überprüft der Gutachter die Definitionen auf Verständlichkeit. In der Pflege bzw. Weiterentwicklung des Wörterbuchs vertritt er deshalb - ähnlich wie das Review-Team - die Kundensicht.

Ablauforganisation

Aus ablauforganisatorischer Sicht unterscheidet das Unternehmen die Prozesse „Begriff aufnehmen", „Begriff ändern" und „Begriff löschen". Das Aufgabenkettendiagramm in Abbildung 4–5 zeigt den Prozess „Begriff aufnehmen", der durch Vorschläge von Autoren aus den Fachabteilungen des Unternehmens ausgelöst wird. Nach der Entgegennahme des Vorschlags nimmt der Terminologe eine grobe Sichtung des Vorschlags vor. Dabei überprüft der Terminologe neue Begriffe auf Aufnahmewürdigkeit, stellt eine Liste mit empfohlenen Begriffen zusammen, die er wöchentlich dem Review-Team zur Entscheidung weiterleitet. Die Mitglieder des Review-Teams treffen einzeln eine provisorische Entscheidung, ob alle Begriffe aufgenommen werden sollen, bezeichnen pro Wort einen Gutachter und schicken die Liste innerhalb einer Woche an den Terminologen zurück. Der Terminologe wertet die Ergebnisse aus und arbeitet die Begriffe terminologisch auf (Attribute vergeben). Der Gutachter überprüft daraufhin die aufgearbeiteten Wörter auf fachliche Richtigkeit und auf Verständlichkeit für die Mitarbeiter.

Das Review-Team tritt zusammen und trifft einen bindenden Entscheid über die Aufnahme. Der Begriff inklusive Kategorien wird ins Englische, Französische und Italienische übersetzt. Der Terminologe schaltet den Begriff im Wörterbuch frei, wenn alle Übersetzungen vorliegen. Der Autor wird über den Entscheid informiert.

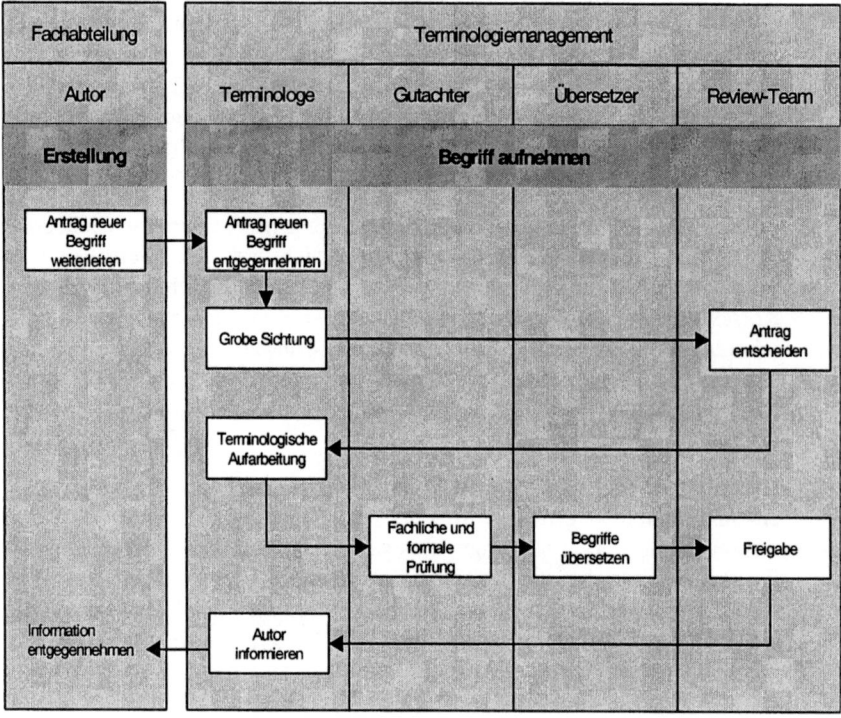

Abbildung 4–5: Aufgabenkettendiagramm des Prozesses „Begriff aufnehmen"

4.2 Prozesslandkarte

Abbildung 4–6 illustriert die Prozesslandkarte für das Content-Management. Diese enthält die für das Content-Management notwendigen Prozesse, deren Beziehungen und Leistungsflüsse. Die Notation orientiert sich an [Österle 1995, S. 61f.].

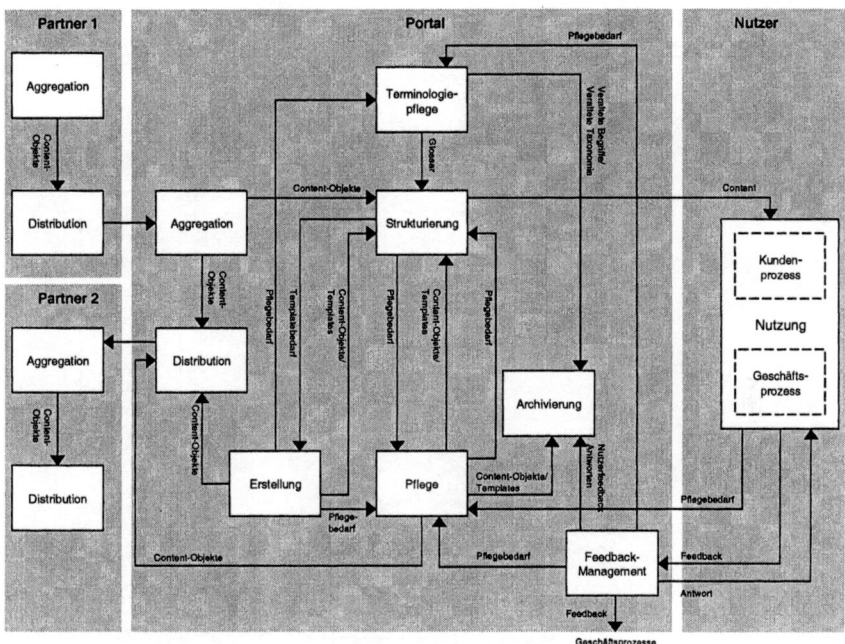

Abbildung 4–6: Prozesslandkarte für das Content-Management

Die Grafik unterscheidet die Ebenen „Partner", „Portal" und „Nutzer" und stellt die Content-Management-Prozesse aus Sicht des Portalbetreibers dar. Die Bausteine des Content-Management generalisieren unterschiedliche Prozesse:

Die *Nutzung* des Content erfolgt auf Anwenderseite im Geschäfts- oder Kundenprozess.

Die *Content-Redaktion* teilt sich in die Prozesse „Erstellung", „Pflege" und „Archivierung" auf. Die vorliegende Arbeit geht von getrennten Prozessen für die Erstellung bzw. Pflege von Content und Layouttemplates aus, um die geforderte Trennung von Layout und Inhalt umzusetzen. Die eingehenden Content-Flüsse der Content-Nutzung (Anfragen, Kritik, Pflegebedarf etc.) nimmt der Prozess „Feedbackmanagement" auf, beantwortet diese oder verteilt die Anfragen entsprechend vordefinierter Routingszenarien.

Content-Syndication teilt sich in zwei verschiedene Prozesse für das eingehende (Aggregation) sowie die ausgehende Syndikation (Distribution) auf (s. Kapitel

4.7.1). Auf Partnerseite verfügen Partnerunternehmen ebenfalls über die beiden Syndication-Prozesse.

Die *Strukturierung* des Content wird über die Prozesse „Strukturierung" und „Terminologiepflege" sichergestellt. Der Prozess „Terminologiepflege" übernimmt die Pflege von Glossar und Taxonomie, während die „Strukturierung" Content-Objekte bündelt, klassifiziert und personalisiert.

Abbildung 4–7 illustriert die Zuordnung der Content-Management-Prozesse zu den Bausteinen des Content-Management.

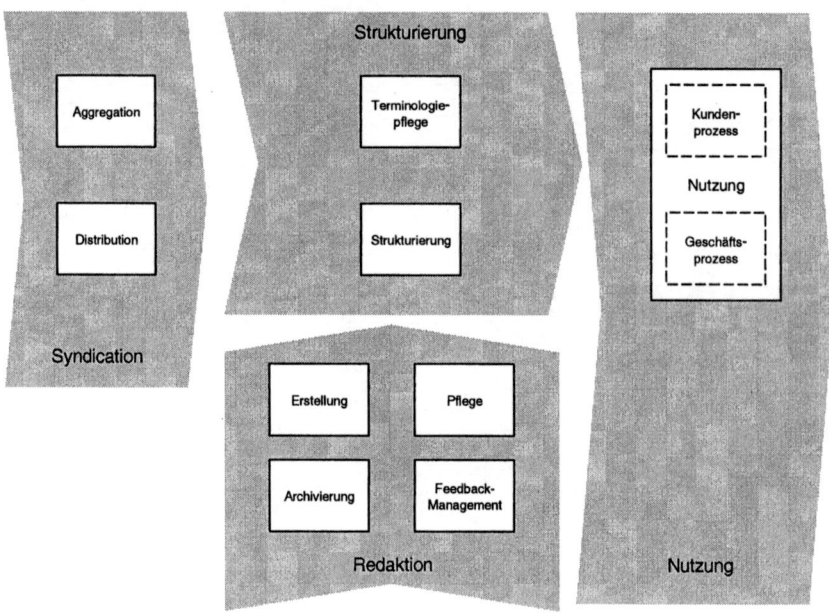

Abbildung 4–7: Zuordnung der Content-Management-Prozesse zu den Bausteinen des Content-Management

Die Prozesslandkarte illustriert alle Prozesse, die im Rahmen des Content-Management anfallen können. Durch die Modularisierung der Bausteine und Prozesse können Unternehmen einzelne Prozesse auswählen und im Projekt neu konfigurieren. Prozesse wie Aggregation, Distribution, Feedbackmanagement oder Terminologiepflege werden nur in bestimmten Anwendungsfällen benötigt, die die jeweiligen Kapitel konkretisieren.

4.3 Rollenmodell

Abbildung 4–8 beschreibt die Aufbauorganisation der Content-Management-Architektur. Die Tabelle enthält für jede Rolle die zuständige Organisationseinheit sowie Aufgaben im Prozess.

Rolle	Organisationseinheit	Aufgaben
Autor	Fachabteilung	Erstellung von Content-Objekten Pflege von Content-Objekten Nutzung von Content-Objekten
Archivar	Archiv	Archivierung von Content-Objekten Bereitstellung archivierter Content-Objekte
Content-Manager	Content-Management	Bewirtschaftung des Portals Vermarktung des Content Freigabe von Content-Objekten und Templates Entgegennahme des Pflegebedarfs Pflege von Content-Objekten
Designer	Content-Management	Erstellung und Pflege von Designelementen (Grafiken, Präsentationen, Animationen)
Feedback-Agent	Content-Management	Entgegennahme von Nutzeranfragen Bearbeitung von Nutzeranfragen Weiterleitung von Nutzeranfragen
Gutachter	Terminologiemanagement	Fachliche Überprüfung der Terminologie
Internet-Analyst	Content-Management	Auswertung der Nutzerdaten Erstellung von Reports für Fachabteilungen
Qualitätsmanager	Content-Management	Überprüfung der Qualität von Content-Objekten Anpassung von Content-Objekten
Template-Redakteur	Content-Management	Erstellung der Templates Pflege der Templates
Terminologe	Terminologiemanagement	Pflege der Terminologie Freigabe neuer Begriffe Verbreitung der Terminologie Entgegennahme Pflegebedarf an Terminologie
Webmaster	Informatik	Konvertierung von Content-Objekten Strukturierung von Content-Objekten Betrieb und Wartung des CMS

Abbildung 4–8: Rollenmodell des Content-Management

Abbildung 4–8 beschreibt eine exemplarische Aufbauorganisation für das Content-Management. Die konkrete Umsetzung richtet sich nach den unternehmensspezifischen Gegebenheiten. Varianten entstehen durch unterschiedliche Terminologie, Aufgabenspektren und organisatorische Verankerungen.

4.4 Funktionsübersicht

Abbildung 4–9 illustriert die verschiedenen IS-Funktionen des Content-Management. Jede Funktion wird im Anhang B ausführlich anhand eines standardisierten Beschreibungsrasters erläutert. Neben IS-Funktionen, die dezidiert einen Baustein des Content-Management-Modells unterstützen, enthält Abbildung 4–9 die Ebene *Integration*, die übergreifende IS-Funktionen wie Benutzerverwaltung, Workflowmanagement oder Knowledge Discovery enthält. Diese Funktionen unterstützen verschiedene Content-Management-Prozesse und dienen im wesentlichen der Bereitstellung einer integrierten Softwareumgebung.

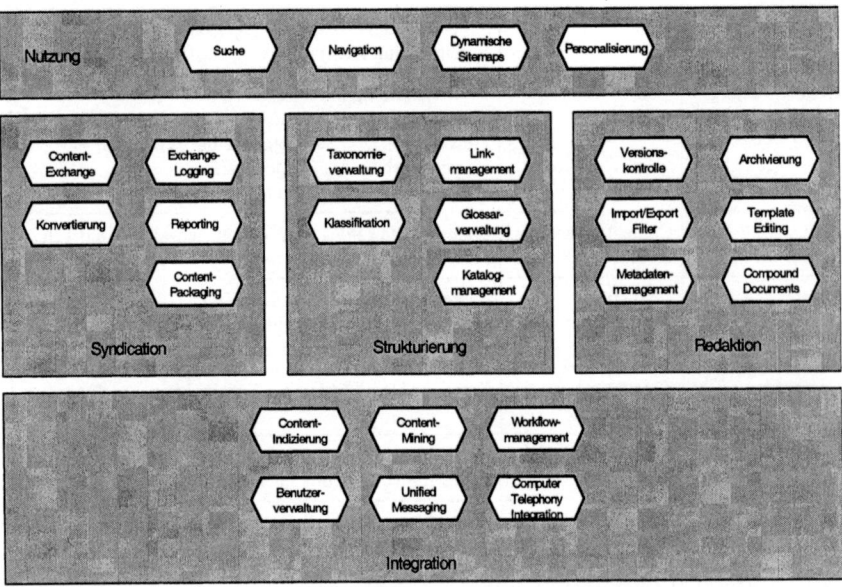

Abbildung 4–9: Übersicht über die IS-Funktionen des Content-Management

Kapitel 4.5 - 4.8 beschreiben für jeden Baustein Prozessmodelle (Aufgabenkettendiagramme) und mögliche IS-Unterstützung. Dabei werden die IS-Funktionen den Prozessen bzw. Aufgaben der Prozesse zugeordnet und nach prozessspezifischen Funktionen und Integrationsfunktionen unterteilt.

4.5 Content-Nutzung

Ein Hauptziel des Content-Management ist die effiziente und effektive Bereitstellung personalisierter Inhalte für die Anwender. Content kann sowohl intern (Mitarbeiter) als auch extern (Kunden, Geschäftspartner) genutzt werde. In beiden Fällen sollte das Unternehmen sicherstellen, dass sich die Content-Verteilung an dem Prozess der Nutzer ausrichtet.

Die Nutzung der in einem Unternehmen vorhandenen Content-Objekte bei der Ausführung einer Aufgabe erweist sich auf verschiedenen Ebenen als schwierig.

Ein erstes Problem besteht darin, dass für einen Mitarbeiter nicht transparent ist, welche Informationen existieren und welche nicht. Es besteht somit die Gefahr, dass fehlerhafte Entscheidungen getroffen werden, wesentliche Arbeitsergebnisse nicht berücksichtigt oder Arbeiten doppelt ausgeführt werden [vgl. Kortzfleisch/Winand 1997, S. 29]. Personalisierung von Informationen ermöglicht die automatische Bereitstellung relevanter Informationen in gewünschter Darstellungsweise. Kapitel 4.5.1 skizziert die Personalisierung im Rahmen der anwenderzentrierten Content-Nutzung.

Die Nutzung des Content bildet die Schnittstelle zwischen Anwender und Unternehmen. Dieser Kontaktpunkt bildet für Unternehmen Möglichkeiten, Informationen von Kunden, Mitarbeitern oder Geschäftspartnern zu erhalten. Im Rahmen der Nutzung sollten Unternehmen auch die Rückflüsse der Nutzer in die Organisation sicherstellen und technische und organisatorische Rahmenbedingungen für die Content-Rückflüsse (z.B. in Form von Contact Centern, Beschwerdemanagement etc.) bereitstellen. Kapitel 4.5.2 betrachtet das Management der eingehenden Content-Flüsse

4.5.1 Anwenderzentrierte Content-Nutzung

Idealerweise sollten Unternehmen über eine einheitliche Content-Struktur verfügen, auf die verschiedene Nutzergruppen zugreifen können. Im Rahmen der Personalisierung werden, abhängig vom Nutzer und dessen Nutzungsprozess, spezifische Sichten auf den Dokumentenbestand gebildet und die relevanten Inhalte über die gewünschten Portalseiten verteilt. Die Personalisierung betrifft nicht nur die verschiedenen Nutzergruppen sondern auch den verwendeten Zugriffskanal. Informationen müssen für Handy, PDA oder Webseiten jeweils in unterschiedlicher Strukturierung und Präsentation bereitgestellt werden.

Unterschiedliche Benutzergruppen benötigen verschiedene Sichten auf den Informationsbestand. Die Intranetoberfläche eines Call-Center-Mitarbeiters, der Arbeitsplatz für Mitarbeiter in der Produktentwicklung und die Extranetanwendung für Lieferanten des Unternehmens sind Beispiele für spezifische Sichten auf den integrierten Dokumentenbestand des Unternehmens. Die einzelnen Gruppen werden i.d.R. noch weiter untergliedert, so dass im Extremfall für jeden Nutzer eine individualisierte Navigationsstruktur bereitgestellt werden muss. Die Content-Struktur muss so flexibel gestaltet werden, dass schnell und kostengünstig individualisierte Navigationsstrukturen für die Benutzer bereitgestellt werden können. Abbildung 4–10 verdeutlicht die Trennung zwischen Content-Struktur und -Präsentation.

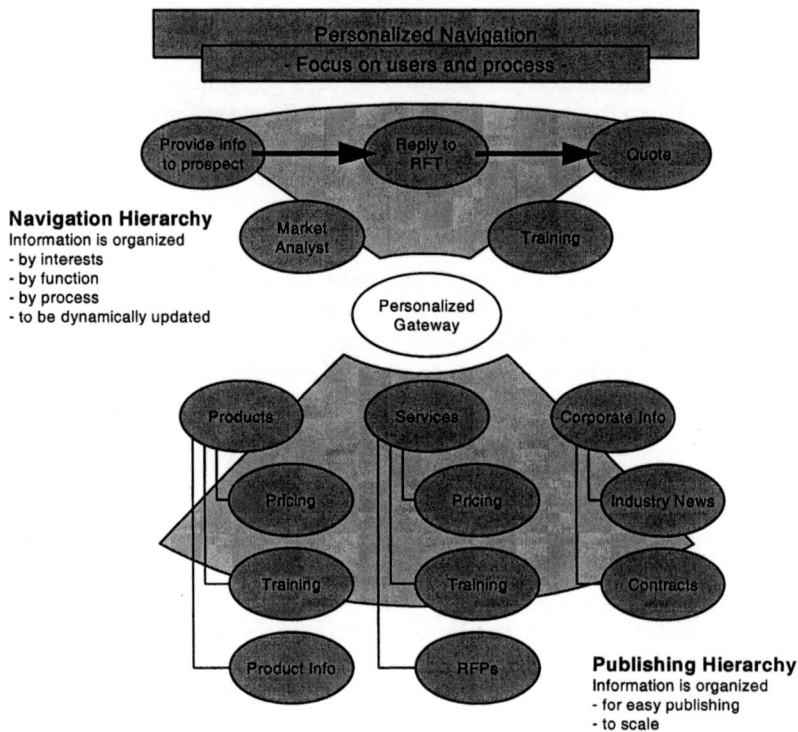

Abbildung 4–10: Content-Strukturierung und -Präsentation

Die personalisierte Content-Struktur wird erst zum Zeitpunkt der Content-Nutzung aufgebaut. Die Personalisierung ermöglicht den Übergang von der angebotsorientierten *Content-Verteilung* zur anwenderzentrierten *Content-Nutzung*. Jeder Nutzer kann sich mit entsprechenden Werkzeugen seinen individuellen „Workplace", abhängig von seinen Aufgaben und Interessen, zusammenstellen. So verringern sich Suchzeiten und Informationen werden weniger leicht übersehen. Die Personalisierung kann vom Unternehmen anhand von Rollenmodellen und Nutzerprofilen vorgenommen aber auch vom einzelnen Nutzer anhand seines subjektiven Informationsbedarfs durchgeführt werden. I.d.R. bieten Unternehmen Mischformen an, die die individuelle Anpassung vorkonfigurierter Workplaces gestattet. Die Personalisierungsinformationen werden zusammen mit den Zugangsberechtigungen und Profildaten über die Benutzerverwaltung (z.B. LDAP) gespeichert [vgl. Fisbeck 1999, S. 45].

4.5.2 Management des eingehenden Content

Anwender nutzen Informationen im Rahmen von Geschäfts- bzw. Kundenprozessen. Im Rahmen der Nutzung fallen in direkter oder indirekter Form Informationen an, die mittels Content-Management-Prozessen innerhalb der Organisation zu verteilen sind.

Portalnutzer haben verschiedene Möglichkeiten, aktiv mit Unternehmen in Kontakt zu treten:

- *Webformulare* bieten Unternehmen die Möglichkeit, Nutzeranfragen strukturiert entgegenzunehmen und zur Bearbeitung weiterzuleiten. Name und Adressdaten des Kunden, Partner oder Mitarbeiters werden zusammen mit dem Anliegen über das WWW in das Formular eingetragen und nach Absenden per Email, Fax und SMS verschickt oder direkt in eine Datenbank geschrieben.

- *Webbasierte Chatrooms und Instant Messaging Systeme* erlauben die Echtzeit-Kommunikation zwischen Nutzer und Unternehmen. Analog zum IRC (Internet Relay Chat) können Kunden über das WWW mit anderen Benutzern oder den Mitarbeitern des Unternehmens kommunizieren. Die Bearbeitung von Kundenkontakten über webbasierte Chats erfolgt analog zur Bearbeitung von IRC-Anfragen.

- *Communities* bieten asynchrone Kommunikationsmöglichkeiten zwischen verschiedenen Nutzern und Community-Anbietern. Technisch werden Communities häufig über Datenbanken verwaltet, die die einzelnen Einträge unter Wahrung der Hierarchie einzelner Themencluster abspeichern. Nutzer der Community liefern Content, der im Rahmen des Content-Management verwaltet werden muss.

- *Call-Back-Button* sind direkt in einzelne Webseiten integriert. Nach dem Aufruf des Button und Eingabe der Rufnummer des Kunden, wird die Position des Anfragenden innerhalb der Website, die Telefonnummer des Kunden und gegebenenfalls der Anfragegrund einem Contact-Center-Agenten übermittelt, der den Kunden zurückruft. Für die Bearbeitung von Anfragen per Call-Back-Button haben Unternehmen verschiedene Möglichkeiten. Verfügen beide Teilnehmer über die technische Infrastruktur, lassen sich Anrufe direkt via Internet-Telefonie initiieren und benötigen keinen separaten Rückruf durch den Agenten. Ist dies nicht der Fall, ruft der Agent den Kunden über eine normale Telefonverbindung an. Im Falle von Benutzerproblemen, die sich auf die Website beziehen (z.B. Probleme mit dem Ausfüllen eines Formulars) können Agenten mittels Screen-Synchronisation Benutzer durch die Website führen.

Durch den Einsatz verschiedener Zugangskanäle vervielfachen sich die Kontaktmöglichkeiten zwischen Nutzer und Organisation, so dass mit zunehmendem Kanalangebot die Anforderungen an das Management der Content-Flüsse erheblich steigen. Darüber hinaus lassen sich auch indirekt Informationen aus dem Nutzerverhalten während der Nutzung des Portales gewinnen. Durch das Tracking des Benutzerverhaltens ergeben sich Möglichkeiten zur Identifikation von Schwachstellen im Informationsangebot, Verbesserungsmöglichkeiten der Navigationsstruktur oder Attraktivität des Angebots. Diese „passiven Nutzerinformationen" lassen sich über verschiedene technische Verfahren ableiten (s. Abbildung 4–11), die durch die Content-Management-Organisation unterstützt werden sollten.

Tracking-Methode	Beschreibung
Logfileanalyse	Logfiles protokollieren die Zugriffe auf das Informationsangebot des Servers. Server verwalten die Logprotokolle in standardisierten Formaten, die von speziellen Analysetools ausgewertet und zu Reports verdichtet werden können. Kennzahlen, die sich aus den Logfiles extrahieren lassen sind z.B. Hits, Pageviews oder Verweildauer auf bestimmten Seiten.
Cookies	Ein Cookie ist eine Datei, die ein Webserver auf dem Rechner eines Unternehmens anlegt, um den Benutzer bei erneuten Zugriffen identifizieren zu können. Anwendungsgebiete für Cookies sind die Speicherung von Warenkörben im Online-Shopping, die Personalisierung von Portalen oder das Nachvollziehen von Nutzungspfaden auf Websites.
Session ID	Session ID's werden vom Webserver direkt an ein URL angehängt und dienen der Identifikation eines Nutzers während des Besuchs einer Site. Beim neuen Login des gleichen Nutzers vergibt der Server eine neue ID, was die Identifikation verhindert. Session ID's können verwendet werden, um Nutzerpfade innerhalb einer Session zu verfolgen.
Kombination Cookies und Session ID	Durch die Kombination der beiden Verfahren lassen sich personalisierte Informationsangebote bereitstellen und das Userverhalten sitzungsübergreifend verfolgen.

Abbildung 4–11: Varianten des Usertracking im Internet

4.5.3 Prozessmodell des Nutzungsprozesses

Der Prozess Nutzung beschreibt die Verwendung von Content-Objekten aus Sicht der Anwender. Diese suchen Content-Objekte für die Unterstützung einzelner Aufgaben im Geschäfts- oder Kundenprozess. Die Personalisierung der Content-Objekte erfolgt automatisch aufgrund von Regeln, die Inhalt, Struktur und Layout für bestimmte Parameter fixieren (z.B. Rolle, Nutzer, Kanal).

Anwender in Fachabteilungen nutzen Content-Objekte im Geschäftsprozess, Kunden des Unternehmens im Kundenprozess (s. Kapitel 2.4). Auslöser des Prozesses ist in beiden Fällen ein Informationsbedarf des Nutzers. Dieser sucht passende Content-Objekte, entweder durch Volltextsuche oder Navigation. Nach erfolgreicher Suche liest der Nutzer das Content-Objekt. Bei der Nutzung kann ein Pflegebedarf auftreten, der sich auf das Content-Objekt oder die Metadaten (z.B. unklare Schlagwörter, Bedarf nach neuen Schlagwörtern) beziehen kann. Nach der Formulierung des Pflegebedarfs, leitet der Anwender den Pflegebedarf entweder an den Content-Manager oder den Terminologen zur Bearbeitung weiter. Kunden, die über externe Portale Content des Unternehmens nutzen, können über Feedbackformulare, Chatfenster etc. zur Abgabe von Änderungswünschen aufgefordert werden, die entsprechend vordefinierter Kategorien das Routing der Pflegebedarfe auslösen.

Treten über den reinen Pflegebedarf an Content-Objekt oder Metadaten hinaus bei der Content-Nutzung Anfragen auf (Feedback), so formulieren Anwender diese und leiten die Anfragen an das Feedbackmanagement weiter. Die Anfragen erfolgen über verschiedene technische Kanäle (Email, Webformular, Instant

Messaging System, die unterschiedliche Anforderungen an die Reaktionszeit des Unternehmens stellen (Feedbackmanagement).

Das Aufgabenkettendiagramm in Abbildung 4-12 zeigt den typischen Verlauf eines Nutzungsprozesses.

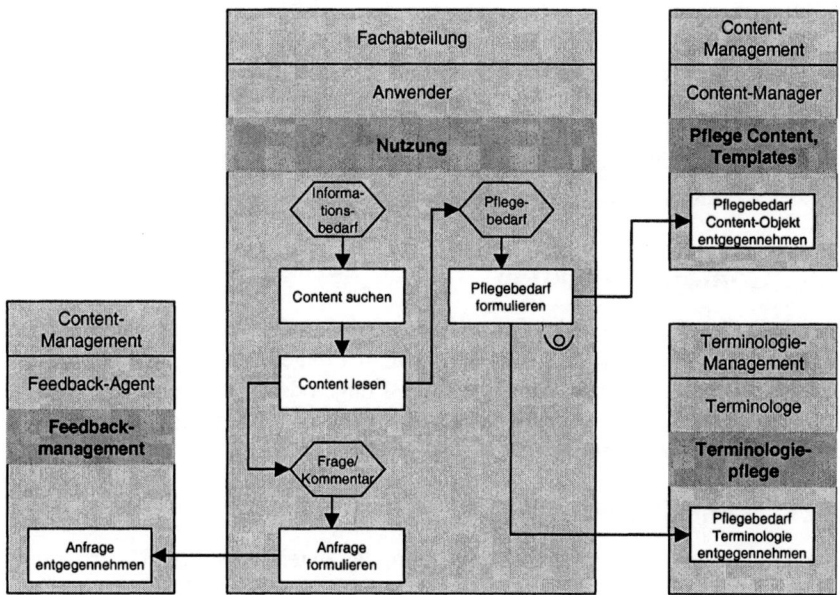

Abbildung 4-12: Aufgabekettendiagramm des Nutzungsprozesses

4.5.4 IS-Funktionen

Abbildung 4-13 illustriert Möglichkeiten der IS-Unterstützung des Nutzungsprozesses. Die Tabelle unterscheidet die Funktionen nach Nutzungsfunktionen, die dezidiert Aufgaben des Nutzungsprozesses unterstützen und Integrationsfunktionen, die auch in anderen Prozessen zur Unterstützung herangezogen werden können. Die Beschreibung der einzelnen Funktionen erfolgt in Anhang B. Die Integrationsfunktionen Unified Messaging und CTI entfallen, wenn das Unternehmen kein Feedbackmanagement in Form von Contact Centern bereit stellen möchte.

			Funktionen									
			Nutzung				Integration						
			Dynamische Sitemaps	Navigation	Personalisierung	Suche	Content Indizierung	Content Mining	Workflowmanagement	Benutzerverwaltung	Unified Messaging	CTI
Aufgaben	Nutzung	Content suchen	X	X	X	X						
		Content lesen	X		X							
		Pflegebedarf formulieren										
		Anfrage formulieren							X	X	X	X

Abbildung 4–13: Funktionsunterstützung der Nutzungsprozesse

4.6 Content-Redaktion

Innerhalb der Content-Redaktion werden neue Inhalte generiert, aus den verschiedenen Content-Quellen integriert und in Pflegeprozessen verwaltet. Content-Management-Prozesse wie Erstellung, Pflege oder Archivierung lassen sich durch integrierte Dokumentenmanagement-, Workflow- und Archivsysteme systemtechnisch unterstützen.

4.6.1 Content-Quellen

Die Bandbreite von internen Informationen, die Unternehmen zur Unterstützung ihrer Geschäftsprozesse benötigen, reicht von strukturierten Informationen aus Datenbanken, Hostsystemen oder Transaktionssystemen bis hin zu komplexen unstrukturierten Informationen wie z.B. Tabellen, Präsentationen, Demonstrationsvideos oder Geschäftsbriefen, die über das Filesystem oder Dokumentenmanagementsysteme abgerufen werden können. Abbildung 4–14 stellt die verschiedenen Quellen potenzieller Inhalte für das Content-Management dar. Die Einteilung erfolgt in Anlehnung an [Bullinger et al. 2000]. Der Autor hat diese Einteilung aus Gründen der Vollständigkeit um die externen Content-Quellen (Content-Syndication) erweitert, da diese eine zunehmende Relevanz für das Content-Management bekommen und ebenfalls Gestaltungselement der Content-Redaktion sein können.

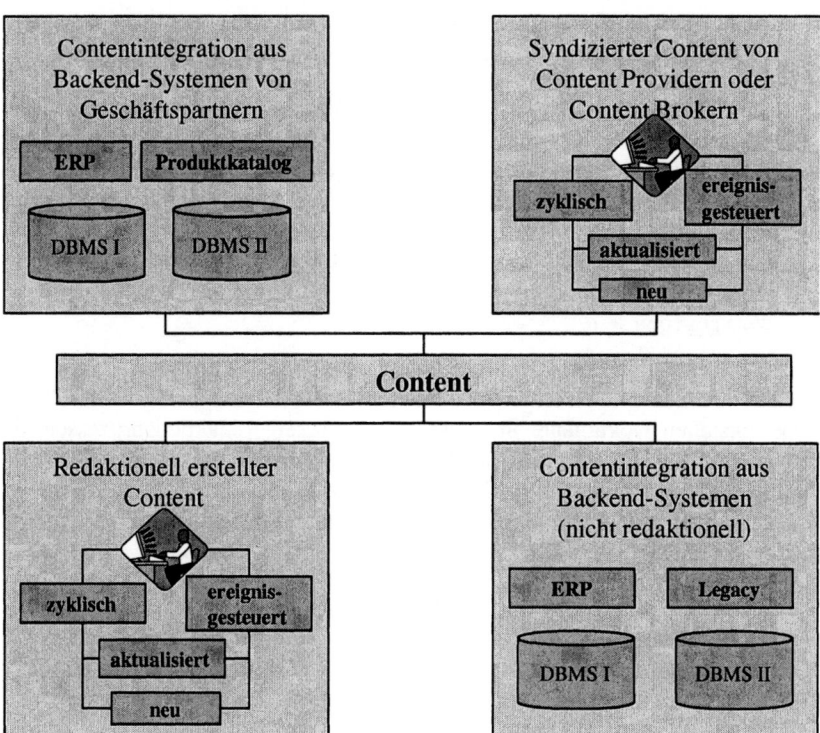

Abbildung 4–14: Systematik der unterschiedlichen Content-Quellen [vgl. Bullinger et al. 2000, S. 21]

Die verschiedenen Content-Quellen lassen sich unterteilen in

- *Redaktionell (im Unternehmen) erstellter Content*, z.B. Geschäftsberichte, White Papers oder FAQ-Listen. Hierbei handelt es sich um Inhalte, die innerhalb des Unternehmens erstellt und in zyklischen Abständen oder ereignisgesteuert aktualisiert werden. Einige Inhalte werden nicht nur aktualisiert, sondern nach Ablauf vollkommen neu erstellt (z.B. Jahresbericht des Unternehmens). Diese Art Content stellt relativ geringe Anforderungen an die systemtechnische Integration.

- *Content aus (internen) Backend-Systemen*, z.B. Kundendaten, Preislisten oder Bestellinformationen. Sollen Inhalte aus Backend-Systemen über Web-Schnittstellen bereitgestellt werden, ergeben sich für das Unternehmen hohe Anforderungen an die Systemintegration, Sicherheit und Kontrollsysteme. Mit der starken Verbreitung internetbasierter Plattformen wird die Integration dieser Quellen in Zukunft für die meisten Unternehmen notwendig werden. Bei der Auswahl einer CMS-Architektur sollte frühzeitig auf die Möglichkeit der Backend-Integration geachtet werden.

- *Content aus Backend-Systemen von Geschäftspartnern*, z.B. Produktinformationen oder Auftragsdaten. Ähnlich der Content-Integration aus internen Backend-Systemen, werden Daten aus den Systemen von Geschäftspartnern ausgelesen und in interne Anwendungen integriert.

- *Syndizierter Content von Content-Providern oder Content-Brokern.* Hierbei handelt es sich um redaktionell erstellten Content (z.B. Nachrichten, Börseninformationen oder Linksammlungen), der von professionellen Anbietern erstellt oder beschafft, geclustert und formatneutral verteilt wird. Entscheidet sich ein Unternehmen für die Syndizierung von Content, müssen die technischen (z.B. ICE-fähige Software) und organisatorischen Voraussetzungen (Qualitätssicherung, Abstimmung mit CI-Richtlinien etc.) gegeben sein.

Durch zusammengesetzte Dokumente (Compound-Documents) lassen sich Mischformen aus den verschiedenen Content-Arten bilden. In der betrieblichen Praxis entstehen Dokumente in teilweise komplexen Redaktionsprozessen, die verschiedene Fachabteilungen und Content-Quellen integrieren und komplexe Dokumententypen bilden. Die Content-Redaktion koordiniert den Prozess der Erstellung, Pflege und Archivierung von Dokumenten und integriert Content-Objekte aus unterschiedlichen Content-Quellen.

4.7 Lebenszyklus von Content-Objekten

Fallbeispiel Chemieunternehmen:

Ein Chemieunternehmen unterstützt den Wissensfluss in seinem Produktentwicklungsprozess durch Workflow- und Dokumentenmanagement-Systeme. Wissen über den Projektstatus ist permanent für alle Interessierten aktuell verfügbar und nicht mehr nur im Kopf des Projektleiters. Der Leiter der F&E-Abteilung erhält Überblicks-Informationen über alle Projekte auf Knopfdruck und nicht mehr erst nach einer zweitägigen Telefonaktion.

Die Projektdokumente sind schon während der Projektlaufzeit weltweit für alle berechtigten Mitarbeiter der F&E-Abteilung problemlos einsehbar, so dass das entstehende Know-how schnell auch für andere Projekte einsetzbar ist.

Am Produktentwicklungsprozess sind das Marketing, die F&E, die Produktion, Labors etc. beteiligt. Das Workflow-System steuert das Zusammenspiel. Elektronische Unterschriften haben das klassische Umlaufverfahren abgelöst und die Liegezeiten bereits um vierzig Tage reduziert. Insgesamt rechnet das Unternehmen mit einer Reduktion der Durchlaufzeit um etwa dreissig Prozent und erhofft sich daraus deutliche Vorteile gegenüber der Konkurrenz. Darüber hinaus hilft das Workflowmanagement-System vor allem unerfahrenen Projektleitern bei der Terminplanung und Aufwandschätzung, da die definierten Workflows und Standardabläufe bisher implizites Wissen explizit gemacht haben [vgl. Bach 2000, S. 56].

Wie das Beispiel des Chemieunternehmens zeigt, sind bei der Erstellung komplexer Dokumente eine Vielzahl von Mitarbeitern aus verschiedenen Abteilungen des Unternehmens beteiligt. Content-Management-Prozesse und -Systeme müssen über Abteilungs- bzw. Organisationsgrenzen hinweg die Dokumentenerstellung koordinieren, Zugriffsrechte verwalten, Fristigkeiten kontrollieren und fertige Dokumente archivieren.

Die Prozess- und IS-Architektur des Content-Management sollte den gesamten Lebenszyklus eines Content-Objektes unterstützen. Abbildung 4–15 illustriert das theoretische Modell des Content-Life-Cycle [vgl. Weinstein 2000; Büchner et al. 2001, S. 85]. Die Aspekte der Nutzung und Verteilung von Inhalten sind in diesem Modell nicht berücksichtigt. Der Life-Cycle stellt nur diejenigen Phasen eines Content-Objektes dar, die von redaktionellen Aufgaben tangiert werden. Gestaltungsobjekte der Content-Redaktion sind prinzipiell alle Content-Arten, unabhängig aus welcher Content-Quelle diese stammen. Externe Inhalte, die von Content-Partnern syndiziert werden, werden nicht im Unternehmen erstellt. Unternehmen müssen jedoch die Möglichkeit haben, auch an diesen Inhalten bei Bedarf Änderungen vorzunehmen oder diese in einem Dokumentenarchiv abzuspeichern.

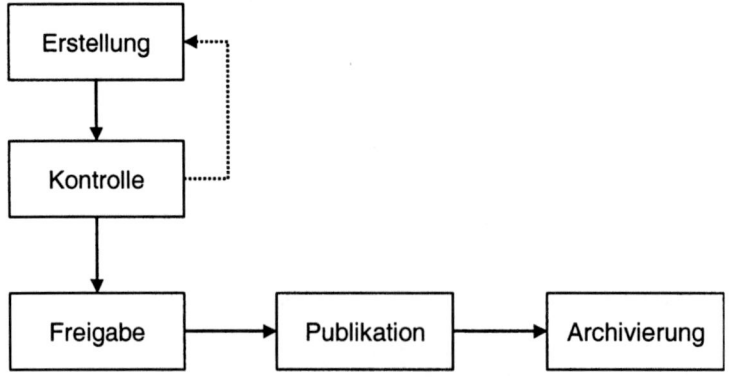

Abbildung 4–15: Content-Life-Cycle [vgl. Büchner et al. 2001, S. 85]

Autoren erstellen in Geschäftsprozessen Content-Objekte in Form von Dokumenten oder strukturierten Daten. Vielfach sind die Inhalte eine Kombination aus strukturierten und unstrukturierten Informationen. Dokumente lassen sich gedanklich in einzelne Container unterteilen, die bspw. Volltext, Kundennummern und Produktdaten aus Datenbanken oder das Erstellungsdatum enthalten [vgl. Bach et al. 2000]. Autoren erstellen diese Dokumente in ihren gewohnten Arbeitsumgebungen, d.h. Office-Anwendungen, Editoren oder fachspezifischen Applikationen. Integrierte Redaktionsanwendungen wie z.B. Dokumentenmanagement- oder Content-Management-Systeme ermöglichen die zentrale Speicherung erstellter Inhalte aus den Applikationen der Endanwender. Dies ermöglicht die dezentrale Erstellung und Pflege von Inhalten, was eine Beschleunigung der Redaktionsprozesse bewirkt (kürzere Time–to-Web) [vgl. Büchner et al. 2001, S. 91]. Zusätzlich zur Erstellung der Inhalte erstellen die Autoren ergänzende Informationen in Form von Metadaten. Diese lassen sich teilweise automatisch extrahieren und zusammen mit dem Dokument speichern (z.B. Autor, Erstellungsdatum). Die Autoren sollten aber die Möglichkeit haben, Strukturinformationen in Form von Schlag- oder Stichworten als Metadaten aufzunehmen. Diese sollten einem kontrollierten Vokabular (s. Kapitel 3.8) entstammen, das über zentrale Repositories zur Verfügung gestellt wird.

Nach der Erstellung der Content-Objekte erfolgt die *Qualitätssicherung* der neuen Dokumente. Oftmals sind eine Reihe von Autoren an der Dokumentenerstellung beteiligt, was die Anforderungen an die Ergebniskontrolle und Freigabeprozesse erhöht (vgl. Fallbeispiel Chemieunternehmen). Die Dokumente befinden sich zu diesem Zeitpunkt idealerweise in einem geschützten Bereich, auf den die Nutzer des Systems nicht zugreifen können [vgl. Idetix 1999, S. 13]. Abhängig von der strategischen Relevanz der Inhalte und rechtlichen Anforderungen sollte die Qualitätssicherung in unterschiedlichen Komplexitätsstufen durchgeführt werden. Für Inhalte, an die Nutzer sehr hohe Aktualitätsanforderungen stellen, reichen oftmals einfache Qualitätschecks durch Mitarbeiter der Fachabteilungen aus [vgl. Weinstein 2000]. Die Qualitätssicherung der Inhalte lässt sich durch die automatische Steuerung der Redaktionsprozesse (Workflow-managementsysteme) effizient durchführen. Die meisten Content-Management-Systeme integrieren Workflowkomponenten, die speziell auf die Unterstützung von Redaktionsprozessen ausgerichtet sind.

Nach der *Kontrolle* der Content-Objekte geben die entsprechenden Kontrollinstanzen diese entweder frei oder leiten sie, bei negativem Kontrollergebnis, an die Autoren mit Anmerkungen und Fristigkeiten zur Änderung zurück. In diesem Fall werden die Dokumente im Rahmen von Pflegeprozessen durch die Autoren bearbeitet und zur nochmaligen Kontrolle vorgelegt. Nach der Freigabe erfolgt die Publikation der Dokumente auf die entsprechenden Server. Im Rahmen der Verteilung und des Kanalmanagement werden diese Dokumente konkreten Nutzungsszenarien zugeführt.

Die *Archivierung* der Inhalte erfolgt entweder nach dem Überschreiten eines festgesetzten Verfallsdatums, das in Form von Metadaten in das Dokument integriert ist, oder aufgrund von Ereignissen (z.B. neues Release des Dokumentes), die eine Entfernung des Dokumentes notwendig machen. Die Archivierung von Inhalten empfiehlt sich gegenüber deren Löschung, da durch Archivsysteme jederzeit alte Versionen der Dokumente eingesehen oder wiederhergestellt werden können (z.b. bei Rechtsstreit über Inhalte auf einer Website) [vgl. Büchner et al. 2001, S. 84]. Entscheidend ist, dass sämtliche Metadaten und Strukturinformationen mit gespeichert werden, um komplexe Dokumente, die aus verschiedenen Objekten zusammengesetzt sind, auch als ganzes wiederherstellen zu können.

4.7.1 Anforderungen an eine integrierte Content-Redaktion

Mit wachsender Bedeutung webbasierter Anwendungen in Form von Intranet- oder Internetportalen stiegen die Anforderungen an das Content-Management in Unternehmen. In den ersten Entwicklungsstufen webbasierter Anwendungen erstellten Fachabteilungen Dokumente, die spezialisierte Webmaster und Techniker konvertierten, verlinkten und dezidierten Anwendungen zuführten. Eine parallele Verteilung der verschiedenen Aufgaben des Webpublishing ist bei einer zentralen Redaktion nicht möglich und sorgt für Engpässe bei Freigabe und Verteilung von Dokumenten. Mitarbeiter der Fachabteilungen müssen Inhalte und Layout der Webseiten gestalten, statt sich auf ihre Kernkompetenzen zu konzentrieren.

Eine Lösungsmöglichkeit, den Engpass zu vermeiden, bieten integrierte Redaktionsumgebungen, die organisatorisch und technisch Möglichkeiten für eine dezentrale Erstellung, Pflege und Verteilung von Informationen bereitstellen. Autoren erstellen direkt aus den gewohnten Anwendungen neue Content-Objekte, können diese in den Anwendungen ändern und mit Layout- und Strukturtemplates, die von spezialisierten Redakteuren erstellt und gepflegt werden, verknüpfen. Systemtechnisch lässt sich eine integrierte Redaktion durch Content-Management-Systeme unterstützen, die sämtliche Redaktionsprozesse durch Softwarefunktionen wie Workflowmanagement, Linkmanagement, Versionskontrolle etc.

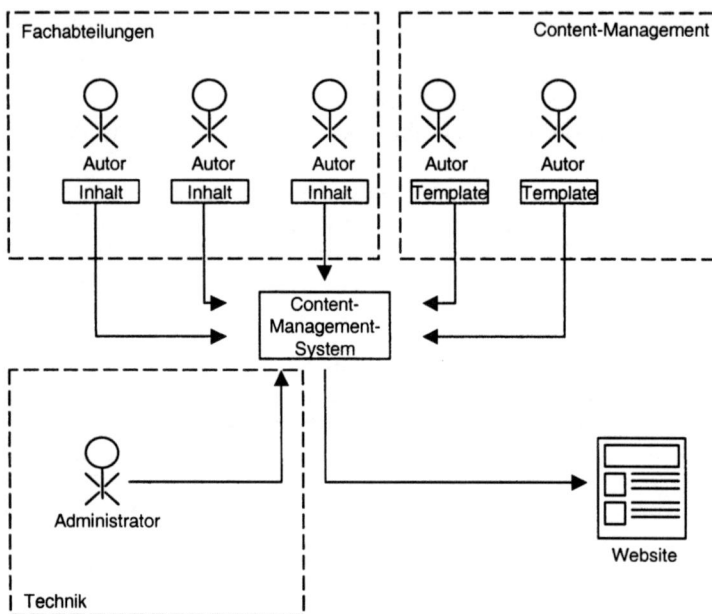

Abbildung 4–16: Beispielhafte Content-Redaktion in einer integrierten Redaktionsumgebung [in Anlehnung an Gruhn et al. 2000; Büchner et al. 2001]

Aus den vorangegangenen Betrachtungen zur Content-Management-Redaktion lassen sich Implikationen für die organisatorische und systemtechnische Ausgestaltung einer integrierten Redaktionsumgebung für das unternehmensweite Content-Management ableiten.

- *Unterstützung dezentraler Content-Bearbeitung.* Die Redaktionsumgebung sollte die dezentrale Bearbeitung von Content-Objekten aus den jeweiligen Fachabteilungen unterstützen. Die Erstellung komplexer Dokumente, z.B. in der Produktentwicklung, ist vielfach ein komplexer Prozess, der verschiedene Rollen und Organisationseinheiten tangiert. Die dezentrale Organisation der Content-Redaktion ermöglicht die Parallelisierung von Aufgaben, die Konzentration auf Kernkompetenzen der Fachabteilungen und eine verkürzte Time-to-Web.

- *Prozessunterstützung des gesamten Redaktionsprozess.* Um die Qualität der Inhalte auch in komplexen Redaktionsumgebungen zu sichern, muss die Content-Redaktion über durchgehende Prozessabläufe unterstützt werden. Systemtechnisch werden diese Prozessabläufe weitgehend durch Workflowmanagementsysteme abgebildet, die die Prozesse steuern, Fristigkeiten überwachen und Reports über Stati einzelner Prozessinstanzen generieren. Qualitätssicherungsprozesse lassen sich über workflowgestützte Systeme in beliebiger Komplexität steuern.

- *Backendintegration* benötigen Redaktionsumgebungen, um verschiedene Content-Arten aus allen potenziellen Quellen zu integrieren. Komplexe

Dokumente, die aus verschiedenen Content-Objekten unterschiedlicher Quellen zusammengesetzt sind, benötigen die Integration von Datenbankmanagementsystemen, Transaktionssystemen etc., um strukturierte Daten aus den Backendsystemen in Container des Dokuments zu integrieren. Ein Content-Management-System ist integraler Bestandteil der gesamten Informationslandschaft des Unternehmens.

- *Frontendintegration.* Mitarbeiter der Fachabteilungen und spezialisierte Online-Redakteure erstellen und pflegen Dokumente in verschiedenen Softwaresystemen. Die technische Redaktionsumgebung muss die Integration der verschiedenen Front-Office-Anwendungen gewährleisten, damit Autoren Content-Objekte direkt aus den gewohnten Applikationen erstellen und in das System integrieren können.

- *Die Trennung von Inhalt, Struktur und Layout* stellt eine zentrale Anforderung an ein effizientes Content-Management dar (vgl. Kapitel 2.4.4). Dieses Paradigma sollte sich auch in der Ausgestaltung der Content-Redaktion widerspiegeln. Bei der Erstellung, Pflege und Archivierung von Content-Objekten lässt sich diese Anforderung realisieren, indem Inhalte und Templates für bestimmte Dokumentenklassen getrennt bearbeitet werden.

Die Anforderungen an eine integrierte Content-Redaktion sind in den Prozessmodellen und IS-Unterstützungen der Redaktionsprozesse umgesetzt.

4.7.2 Prozessmodelle

Die Prozesse des Bereichs Content-Redaktion sind *Erstellung, Pflege, Feedbackmanagement und Archivierung*. Um die für das Content-Management entscheidende Trennung von Inhalt und Layout sicherzustellen, werden Content-Objekte und Layout-Templates in unterschiedlichen Prozessen erstellt und gepflegt. Beide werden von verschiedenen Rollen in unterschiedlichen Aktualisierungsfrequenzen erstellt und angepasst. Das Layout von Content-Objekten bestimmen Templates, die, einmal erstellt, für unterschiedliche Inhalte verwendet werden können [vgl. Gruhn et al. 2000].

- *Templates* enthalten die Layout- und Strukturinformationen zu bestimmten Dokumentenklassen. Template-Redakteure erstellen diese anhand der Anforderungen aus den Fachabteilungen unter Berücksichtigung der Designrichtlinien des Unternehmens (i.d.R. durch Marketing bzw. Unternehmenskommunikation vorgegeben). Für verschiedene Anwendungsszenarien benötigen Unternehmen unterschiedliche Templates. So werden Produktinformationen bspw. als Printdokument, WWW-Seite oder auf CD ROM ausgegeben. Diese verschiedenen Ausgabevarianten stellen unterschiedliche Navigations- und Layoutanforderungen. Im Rahmen der Template-Redaktion erstellen und pflegen spezielle Redakteure Templates für Dokumentenklassen und Ausgabekanäle. Templates enthalten Container für Content-Objekte, die grundlegenden Navigationsstrukturen und Corporate Design Informationen (Header, Footer, Logos etc.).

- *Content-Objekte* werden direkt im Geschäftsprozess von Autoren oder als ergänzende Informationen von Internet-Redakteuren erstellt und gepflegt. Das Unternehmen E-Plus bspw. unterhält eine eigene Internet-Redaktion, die bei Specials (z.B. Messen, Konzerte, Gewinnspiele) ergänzende Berichte zu Themenpaketen erstellt. Die Inhalte sind dabei isoliert erstell- und änderbar und können vorkonfigurierten Templates (s.o.) zugewiesen werden. Dieses Vorgehen entlastet die Fachabteilungen von der Erstellung und Wartung der Layout- und Strukturinformationen und erlaubt die einheitliche Gestaltung von Dokumentenklassen.

Der Prozess *Feedbackmanagement* nimmt Anfragen aus dem Nutzungsprozess entgegen, bearbeitet diese direkt oder leitet sie an Experten der Fachabteilungen weiter. Das Feedbackmanagement sollte in der Lage sein, unterschiedliche Eingangskanäle (Webformular, Email, Chat, Forum etc.) zu bedienen. Das Prozessmodell beschreibt den Ablauf in einer zentralen Organisation des Feedbackmanagement, bei der alle Anfragen über eine zentrale Stelle (Contact-Center) entgegen genommen, verteilt und beantwortet werden. Denkbar ist die virtuelle Organisation des Feedbackmanagement, bei der alle Anfragen nach vordefinierten Routingtabellen den Fachabteilungen zugestellt werden.

Die *Archivierung* sollte den Bezug zwischen Inhalt-, Struktur- und Layoutinformationen bewahren, um (zusammengesetzte) Dokumente jederzeit wiederherstellen zu können. Die Verknüpfung von Content-Objekten mit Templates erfolgt i.d.R. über Metainformationen, die den Verweis eines Content-Objektes auf die entsprechenden Templates beinhalten.

Erstellung Content

Die Erstellung der Content-Objekte erfolgt durch Mitarbeiter (Autoren) der Fachabteilungen. Alternativ dazu können Content-Objekte in einer eigenen Content-Redaktion entstehen (s. Fallbeispiel E-Plus, Kapitel 4.1.1). Nach der Fertigstellung des Content-Objekts ordnen die Autoren diesem Metadaten zu, die idealerweise einem kontrollierten Vokabular entstammen sollten (s. Kapitel 3.8). Bei der Zuordnung der Metadaten kann ein Pflegebedarf des Vokabulars entstehen (z.B. „neue Begriffe aufnehmen", „Begriffe ändern", „Begriffe löschen", „Begriffe zusammenfassen"). Autoren leiten diesen Pflegebedarf an die Abteilung Terminologiemanagement weiter, die den Bedarf als Auslöser des Prozesses „Terminologiepflege" (s. Kapitel 4.8.1) behandelt.

Nach vollständiger Zuordnung der Metadaten zum Content-Objekt prüft ein Qualitätsmanager die formale Qualität des Content-Objekts und formuliert bei Beanstandung einen Pflegebedarf. Dieser bildet den Auslöser für den Prozess „Pflege Content". Ist die Qualität des Content-Objekts aus Sicht des Qualitätsmanagers einwandfrei, überprüft der Content-Manager das Content-Objekt inhaltlich und gibt es frei. Die Anzahl der Freigabeschritte variiert mit den Anforderungen an Korrektheit und Aktualität des Content-Objekts und kann im Extremfall, z.B. bei unkritischen Nachrichten oder Hinweisen im Intranet, zu Gunsten der Aktualität entfallen. Das Content-Objekt kann nun den Prozessen „Distribution" oder „Strukturierung" zugeführt werden.

Das Aufgabenkettendiagramm in Abbildung 4–17 illustriert den Verlauf des Prozesses „Erstellung Content".

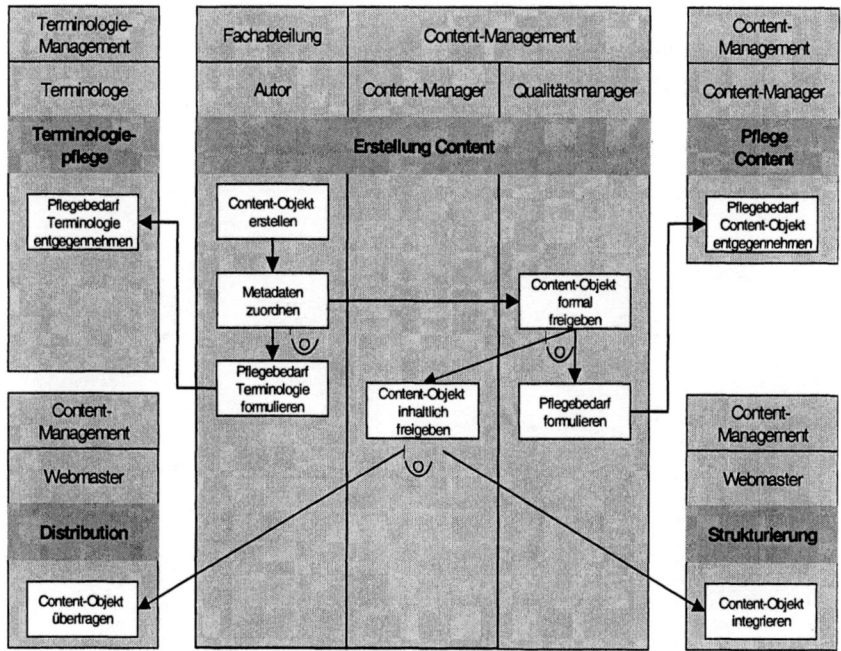

Abbildung 4–17: Aufgabenkettendiagr. des Prozesses „Erstellung Content"

Pflege Content

Auslöser des Prozesses „Pflege Content" ist entweder ein Pflegebedarf, der im Erstellungs- oder Nutzungsprozess aufgetreten ist und weitergeleitet wurde oder ein vorab definierter Kontrolltermin für das entsprechende Content-Objekt. Nach Aufnahme des Pflegebedarfs, führt der zuständige Content-Manager eine Triage durch, die den Pflegebedarf anhand vordefinierter Kriterien klassifiziert. Alternativ kann der Anwender die Triage aufgrund der Relevanz des Objektes vornehmen und das Objekt nach definierten Routingtabellen weiterleiten. Geringe Anpassungen können vom Content-Manager selbst durchgeführt werden. Bei grösseren inhaltlichen Anpassungen leitet der Content-Manager das Content-Objekt an den Autor des Objekts weiter. Dieser verifiziert das Content-Objekt. In diesem Schritt verschafft sich der Content-Manager einen Überblick über den Pflegebedarf und die notwendigen Anpassungen. Handelt es sich um ein veraltetes Content-Objekt, das nicht mehr verwendet werden soll, leitet der Content-Manager das Content-Objekt zur Archivierung weiter. Soll das Content-Objekt weiter eingesetzt werden, müssen Content-Manager oder Autor notwendige Änderungen am Objekt vornehmen. Der Autor nimmt eine inhaltliche und formale Prüfung des Content-Objekts vor, passt dieses an die Anforderungen an und modifiziert gegebenenfalls die Metadaten des Content-Objekts. Analog zum Erstellungsprozess, kann in diesem Schritt ein Pflegebedarf des Begriffskatalogs auftreten. Haben Content-Manager bzw. Autoren die Änderungen durchgeführt, gibt der Content-Manager das Content-Objekt frei und benachrichtigt den Anwender, der den Pflegebedarf ausgelöst hat.

Das Aufgabenkettendiagramm in Abbildung 4–18 illustriert den Verlauf des Prozesses „Pflege Content".

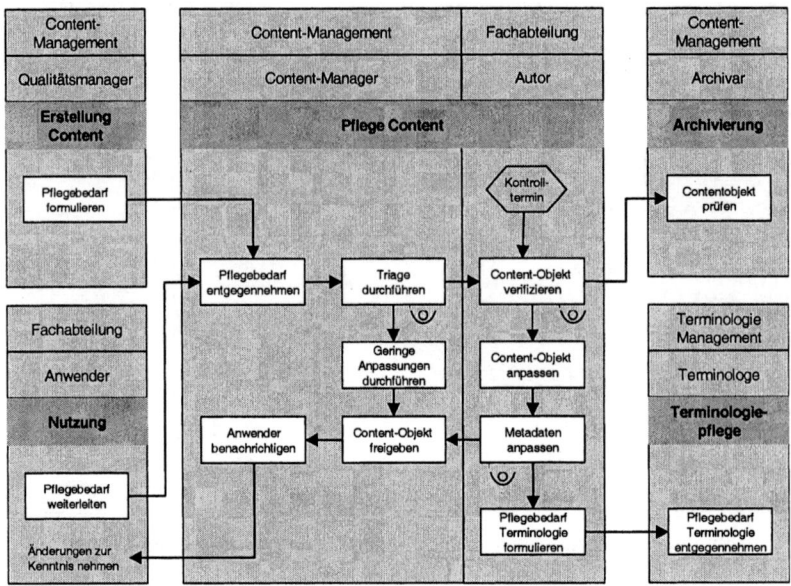

Abbildung 4–18: Aufgabenkettendiagramm des Prozesses „Pflege Content"

Erstellung Templates

Templates spezifizieren Navigationsstruktur und Layout der Content-Objekte in bestimmten Anwendungsszenarien. Die Zuordnung von Content-Objekten zu Templates erfolgt im Prozess „Strukturierung". Dieser Prozess ist Auslöser für die Erstellung neuer Templates. Der zuständige Template-Redakteur nimmt den Erstellungsbedarf entgegen und definiert das Rohgerüst für das zukünftige Template. Dabei werden Navigationsstruktur sowie Container für Content-Objekte entsprechend der Vorgaben des Webmasters umgesetzt. In Fällen, in denen auf einzelne Content-Objekte abgestimmte Templates erstellt werden, erfolgt die Zuordnung bereits in der Redaktion aufgrund von Metadaten. Besteht ein Bedarf nach neuen Grafiken, informiert der Template-Redakteur Designer, die die Grafiken erstellen. Nach Fertigstellung der Grafiken, integriert der Template-Redakteur diese in das Template. Die Integration kann automatisch erfolgen, indem der Template-Redakteur frühzeitig spezielle Container für die Grafik definiert. Der Content-Manager der Fachabteilung Marketing (oder Unternehmenskommunikation) überprüft das Template auf Korrektheit bezüglich Designrichtlinien und Kompatibilität mit dem Unternehmensleitbild und gibt das Template frei. Content-Objekte, die nur intern verwendet werden, können direkt vom Template-Redakteur freigegeben werden. Der Template-Redakteur benachrichtigt daraufhin den Webmaster, der die Templates verwenden kann.

Das Aufgabenkettendiagramm in Abbildung 4–19 illustriert den Verlauf des Prozesses „Erstellung Templates".

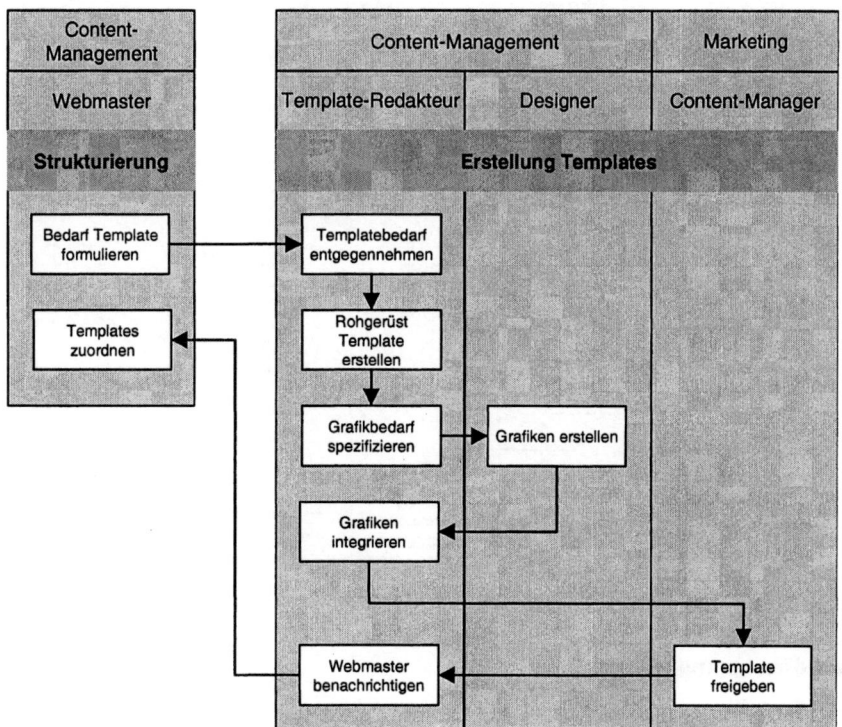

Abbildung 4–19: Aufgabenkettendiagramm d. Prozesses „Erstellung Templates„

Pflege Templates

Auslöser des Prozesses „Pflege Templates" ist ein Pflegebedarf, der bei der Nutzung, der Strukturierung oder aufgrund von Ereignissen wie z.B. Kontrolltermine, Erreichen des Ablaufdatums für Templates oder neuer CI/CD-Richtlinien entstehen kann. Ein Template-Redakteur nimmt den Pflegebedarf entgegen, überprüft das zu pflegende Template und nimmt die notwendigen Modifikationen am Template vor (Template anpassen). Betrifft der Pflegebedarf Grafiken, die im Template eingebunden sind, leitet der Template-Redakteur die Anforderungen an den Designer weiter, der die Änderungen an den Grafiken durchführt. Nachdem der Template-Redakteur und gegebenenfalls Designer alle Änderungen durchgeführt haben, wird das Template zur Freigabe an den Content-Manager der Fachabteilung Marketing (oder Unternehmenskommunikation) weitergeleitet. Nach der Freigabe des geänderten Templates benachrichtigt der zuständige Template-

Redakteur den Anwender der Fachabteilung oder den Webmaster, der das Template Content-Objekten zuordnet.

Das Aufgabenkettendiagramm in Abbildung 4–20 illustriert den Verlauf des Prozesses „Pflege Templates".

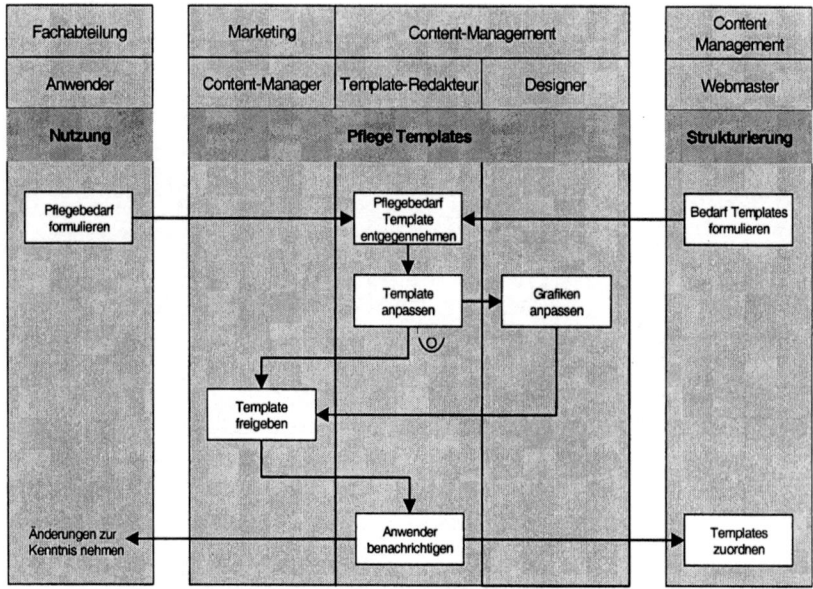

Abbildung 4–20: Aufgabenkettendiagramm des Prozesses „Pflege Templates,,

Feedbackmanagement

Auslöser des Prozesses ist eine Anfrage durch den Nutzer. Dabei handelt es sich entweder um eine interne Anfrage von Anwendern der Fachabteilung oder eine externe Anfrage von Kunden oder Geschäftspartnern. Feedback-Agents nehmen die Anfrage entgegen. Ein entscheidender Faktor bei der weiteren Behandlung der Anfrage ist der Zugangskanal, über den die Anfrage erfolgte. Abhängig vom verwendeten Kanal existieren anwenderseitig unterschiedliche Erwartungen an die vom Unternehmen angebotenen Service Level. Der Service Level legt fest, wieviel Prozent der Anfragen innerhalb einer definierten Zeit von den Mitarbeitern entgegengenommen werden (z.B. 85 % der Anfragen über Chat werden innerhalb von 20 Sekunden angenommen). So akzeptieren Kunden eine Reaktionszeit auf eine Email von wenigen Tagen, während im Falle eines Telefonrufs die Akzeptanzgrenze, abhängig vom Anrufer und Anrufgrund, auf mehrere Minuten bis zu einigen Sekunden herabsinkt. Die Priorisierung der Anfragen richtet sich nach den unternehmensseitig festgelegten Service Levels pro Kanal. Nach der Annahme einer Anfrage durch den Feedback-Agent, führt dieser Analog zu Mitarbeitern des Call Centers eine Triage durch. Handelt es sich um Anfragen, die der Feed-back-Agent selbständig beantworten kann (z.B. Anfrage nach Unternehmensbroschüren, Kontaktpersonen im Unternehmen), übernimmt er den Vorgang und beantwortet die Anfrage. Komplexe Anfragen (z.B. Beschwerden, technische Probleme), die nur von Mitarbeitern der Fachabteilungen beantwortet werden können, leitet der Feedback-Agent, basierend auf vorab definierten Routingtabellen, an die zuständigen Mitarbeiter weiter.

Das Aufgabenkettendiagramm in Abbildung 4–21 illustriert den Verlauf des Prozesses „Feedbackmanagement".

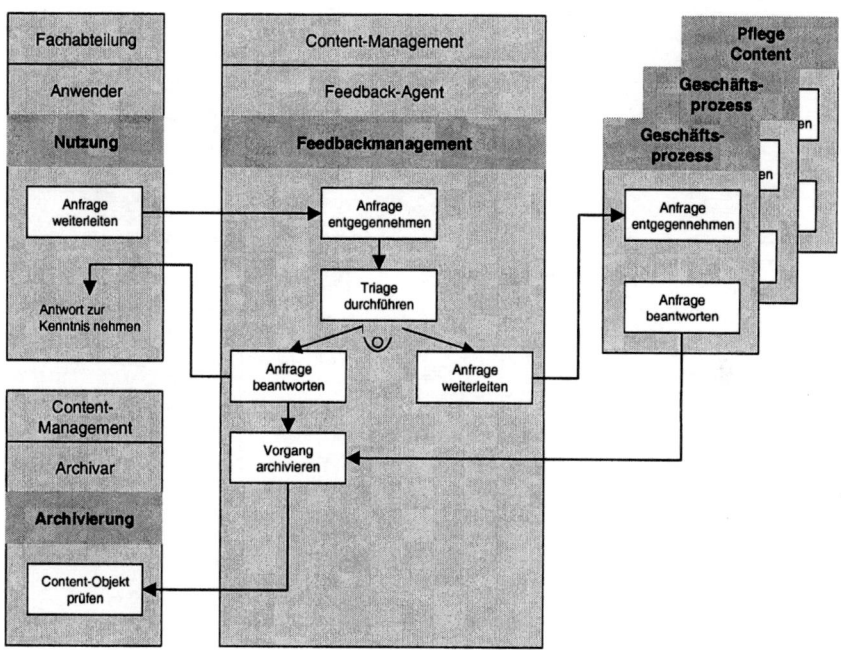

Abbildung 4–21: Aufgabenkettendiagramm des Prozesses „Feedbackmanagement"

Das Prozessmodell illustriert das Feedbackmanagement bei zentraler Contact Center Organisation. Dabei nehmen dezidierte Template-Redakteure die Anfragen entgegen und verteilen diese. Alternativ können Unternehmen das Feedbackmanagement dezentral organisieren, indem die Anfragen automatisch aufgrund spezifizierter Routingmechanismen an die Fachabteilungen geleitet werden. Bis auf die Beantwortung der Anfrage und Archivierung des Vorgangs entfallen in diesem Fall alle Aufgaben.

Archivierung

Der Archivierungsprozess nimmt nicht mehr benötigte Content-Objekte entgegen und archiviert diese. Alte Content-Objekte, Templates und Begriffe sollten archiviert werden, um bei Bedarf vergangene Zustände des Portals herstellen zu können. Auslöser des Prozesses ist ein Archivierungsbedarf, der in den Prozessen „Pflege Content", „Pflege Templates", „Feedbackmanagement" oder „Terminologiepflege" entstehen kann. Der Archivar überprüft das zu archivierende Content-Objekt auf Vollständigkeit der Metadaten und archiviert es abschliessend. Bei einem Archivierungsobjekt kann es sich um ein Content-Objekt, Designtemplates, einzelne Begriffe oder Taxonomiebausteine handeln.

Das Aufgabenkettendiagramm in Abbildung 4–22 skizziert den Verlauf des Archivierungsprozesses.

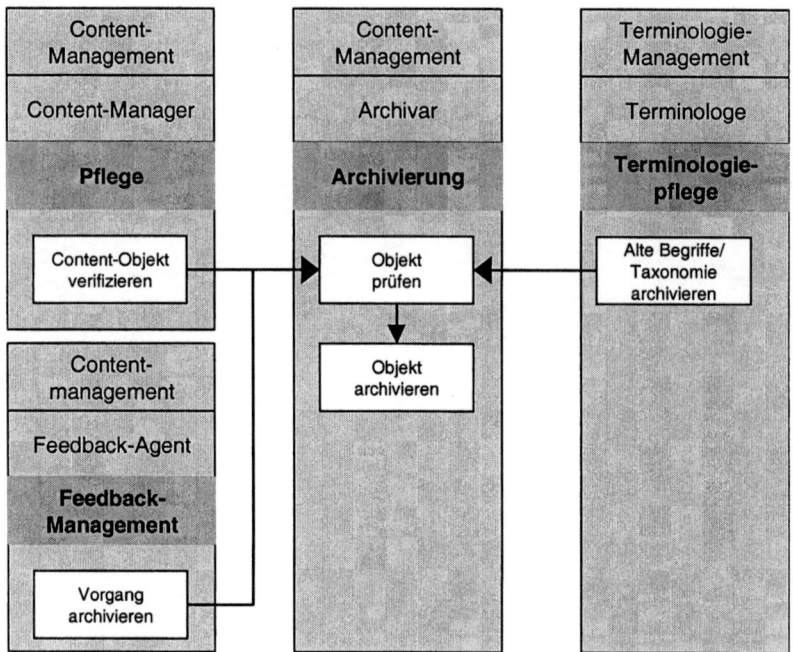

Abbildung 4–22: Aufgabenkettendiagramm des Archivierungsprozesses

4.7.3 IS-Funktionen

Abbildung 4–23 illustriert Möglichkeiten der IS-Unterstützung der Redaktionsprozesse „Erstellung Content", „Erstellung Templates" und „Archivierung". Da sich die Möglichkeiten der IS-Unterstützung der beiden Prozesse „Erstellung Content" und „Pflege Content" nicht unterscheiden, verzichtet der Autor auf die Darstellung der IS-Unterstützung des Prozesses „Pflege Content". Gleiches gilt für die beiden Prozesse „Erstellung Templates" und „Pflege Templates".

Prozesse/Aufgaben		Funktionen											
		Redaktion						Integration					
		Archivierung	Compound Documents	Import/Export Filter	Metadaten-Management	Template Editing	Versionskontrolle	Content-Indizierung	Content-Mining	Workflowmanagement	Benutzerverwaltung	Unified Messaging	CTI
Erstellung Content	Content-Objekt erstellen	X	X				X			X	X		
	Metadaten zuordnen				X					X	X		
	Pflegebedarf Terminologie formulieren									X	X		
	Content-Objekt formal freigeben									X	X		
	Content-Objekt inhaltlich freigeben									X	X		
	Pflegebedarf formulieren									X	X		
Erstellung Templates	Templatebedarf entgegennehmen									X	X		
	Rohgerüst Templates erstellen		X			X	X			X	X		
	Grafikbedarf spezifizieren									X	X		
	Grafiken erstellen									X	X		
	Grafiken integrieren		X			X	X			X	X		
	Templates überprüfen		X							X	X		
	Templates freigeben									X	X		
	Webmaster benachrichtigen									X			
Archivierung	Objekt prüfen					X				X			
	Objekt archivieren	X								X			

Abbildung 4–23: Funktionsunterstützung der Redaktionsprozesse

Unternehmen benötigen die Integrationsfunktionen Unified Messaging und CTI nur bei Vorhandensein eines Contact Centers.

4.8 Content-Syndication

Content-Syndication bezeichnet die Mehrfachverwertung digitaler Inhalte wie Nachrichten, Börsenkurse, Produktinformationen, Ratings etc. Inhalte werden von spezialisierten Providern wie *Reuters, Bloomberg* oder *Fool.Com* an Betreiber von Websites, Intranets etc. verteilt oder über Content-Broker zur Vermittlung angeboten. Medienunternehmen wie Presseagenturen, Nachrichtendienste oder Fernsehstationen nutzten die Möglichkeiten des Content-Syndication schon lange vor der Etablierung des Internet. Durch die zunehmende Vernetzung der Unternehmen und die Ausbreitung des World Wide Web ergeben sich für Unternehmen neue Möglichkeiten, ihre Inhalte an Interessenten zu liefern und benötigte Inhalte in webbasierte Anwendungen zu integrieren. Über das Internet lässt sich jedes Objekt, das in digitaler Form vorliegt, syndizieren.

Die aufwendigen Beschaffungs- und Filterprozesse für externe Inhalte entfallen durch die automatische Integration syndizierter Inhalte. Externe Inhalte wie Nachrichten, Brancheninformationen, Börsenkurse etc. sind aber nur eine kleine Teilmenge des gesamten Content-Portfolios eines Unternehmens. Die Spannweite dieser Informationen reicht von Produktdaten aus Hostsystemen, Kundendaten aus CRM-Systemen bis hin zu Emails, Geschäftsbriefen oder Videos. Auch diese Inhalte können potenzielle Kandidaten für die Content-Syndizierung sein, die z.B. innerhalb des Unternehmens (Projektintranets, regionale Portale, Intranets von Geschäftseinheiten) oder zwischen Geschäftspartnern (Extranet, Marktplätze) ausgetauscht werden sollen.

In Anlehnung an [Werbach 2000] lassen sich bei der Syndikation von Inhalten drei verschiedene Akteure unterscheiden. Unternehmen können als *Content-Provider, Content-Broker oder Content-Distributoren* auftreten (s. Abbildung 4–24). Die Rollen können sich über die Zeit verändern und es ist möglich, dass mehrere Rollen gleichzeitig wahrgenommen werden. So ist ein Finanzportal wie Onvista (s. Kapitel 1.1) gleichzeitig Content-Provider, Content-Broker und Content-Distributor, indem es sowohl eigenen Content produziert, als auch von Dritten zugekauften Content auf dem Portal anbietet.

Akteure	Content-Provider	Content-Broker	Content-Distributoren
Rollen	Produzieren Inhalte und liefern sie entweder direkt oder über Syndikatoren an die Abnehmer.	Beziehen Inhalte von Content-Providern, aggregieren Inhalte und verkaufen diese weiter an Abnehmer. Administratoren der Geschäftsbeziehung zwischen Provider und Distributoren.	Aggregieren Inhalte und verteilen diese an Nutzer. Nutzer können Kunden, Mitarbeiter oder Geschäftspartner des Unternehmens sein.
Traditionelle Beispiele	Reuters, Endemol	United Features	CNN, NZZ, RTL
Internet Beispiele	Reuters, eBay, Onvista, Motley Fool, Britannica.com	ISyndicate, Screaming Media, Tanto, Visono	Yahoo!, Onvista, AOL, Intranets, Extranets

Abbildung 4–24: Typen von Content-Syndikatoren [vgl. Werbach 2000]

Der Zukauf von Inhalten über spezialisierte Content-Provider oder Content-Broker bietet Unternehmen die Möglichkeit, Mitarbeitern oder Kunden, zusätzlich zu den eigenen geschäftsrelevanten Informationen, externe Inhalte über Portalanwendungen zur Verfügung zu stellen. Viele Unternehmen bezogen bereits vor der Verbreitung des World Wide Web Inhalte von externen Informationsprovidern und stellten diese ausgewählten Mitarbeitern über proprietäre Anwendungen zur Verfügung. Diese Inhalte lassen sich über webbasiertes Content-Syndication, einmal eingekauft, an eine Vielzahl von Mitarbeitern oder Geschäftspartnern (personalisiert) weiter verteilen. Der Zukauf von Inhalten kann die Attraktivität von Kundenportalen steigern. Börsenkurse, Nachrichten und Wetterinformationen gehören mittlerweile zu den Hygienefaktoren eines Internetportals. Diese Inhalte müssen nicht aufwendig selbst erstellt, sondern können ressourcensparend von externen Dienstleistern bezogen und in Portale integriert werden. Kundenprozessportale benötigen eine Vielzahl von Informationen und Services, die nicht alle vom Portalbetreiber selbst bereit gestellt werden können. Die benötigten Inhalte und Services (z.B. Stadtpläne, Produktvergleiche, Buchtipps) können gezielt von spezialisierten Providern erworben und über das Portal zur Kundenprozessunterstützung offeriert werden.

Ein weiteres Anwendungsgebiet für Content-Syndication ist die Mehrfachverwendung von Inhalten in Geschäftsnetzwerken. Im Gegensatz zur Beschaffung von Inhalten über spezialisierte Syndikatoren, bei der Content-Provider oder -Broker klar spezifizierte Inhalte im Rahmen bestehender Vertragsverhältnisse Unternehmen gegen Gebühren zur Verfügung stellen, tauschen Unternehmen innerhalb von Geschäftsnetzwerken Inhalte aufgrund bestehender Kooperationsbeziehungen untereinander aus. Beispiele für diese Form des Content-Syndication sind die automatische Aktualisierung neuer Produktinformationen eines Herstellers auf den Portalen der Vertriebspartner oder die Syndizierung neuer Stellenangebote auf verschiedene Portale eines Unternehmens. Inhalte können, einmal erstellt, über standardisierte Protokolle wie ICE oder RSS in verschiedenen Anwendungen weiterverwendet werden.

4.8.1 Der Zukauf von Inhalten über Content Syndikatoren

Das Marktforschungsinstitut *Jupiter Communications* rechnete für 1998 für die Vereinigten Staaten mit einem Markt für online vertriebene Inhalte (Content-Syndication) von 343 Mio. US-Dollar. Bis 2003 soll dieser Umsatz auf 1,5 Mrd. US-Dollar angewachsen sein [vgl. Tedeschi 2000]. Prognosen der Unternehmensberatung *Boston Consulting Group* erwarten für den Handel mit Inhalten im Internet allein in Deutschland ein Marktpotenzial von über einer Milliarde Mark im Jahr 2003 [vgl. Keller 2000].

Die Ursache für das prognostizierte starke Wachstum des Handels mit Inhalten lässt sich grundsätzlich mit einer das Angebot übersteigenden Nachfrage nach Inhalten und Informationen beschreiben. Vor diesem Hintergrund haben sich in jüngster Zeit diverse neue Geschäftsmodelle gebildet, die sich mit dem Handel von digitalen Inhalten und Informationen beschäftigen und das beschriebene Marktpotenzial erschliessen wollen.

In Europa setzt sich der Markt für zugekaufte Inhalte heute noch vorwiegend aus traditionellen Inhalten zusammen. 95% des Umsatzes wird denn auch noch mit textbasierten Medieninhalten generiert [vgl. Haberl-Zemljic 2000, S. 1].

Content-Provider versorgen Unternehmen mit externen Informationen wie z.B. Nachrichten, Börsenkursen oder Wetterinformationen. In der Vergangenheit lieferten Nachrichtendienste wie Reuters oder Bloomberg ihren Kunden die Informationen in proprietären Formaten, die diese aufbereiteten und weiterverarbeiteten. Content-Provider benötigten für die Beschaffung und Verteilung ihrer Informationen eine komplexe technische Infrastruktur. Mit der Verbreitung des Internet und der zugrundeliegenden standardisierten Protokolle vereinfachen sich die Möglichkeiten des Informationsaustauschs, so dass prinzipiell jeder Besitzer von Informationen in der Lage ist, diese zu verteilen und als Content-Provider aufzutreten. Auf der anderen Seite können Betreiber von Websites externe Inhalte unkompliziert in ihre Anwendungen integrieren. Durch die beschriebene Vereinfachung haben sich auch neue Arten von Content-Providern im Internet entwickelt. Die Spannweite reicht von traditionellen Nachrichtendiensten, die das Internet als neuen Vertriebskanal entdeckt haben bis hin zu Privatpersonen, die auf ihren Webseiten spezialisierte Informationen zur Integration in I-NET Anwendungen anbieten. Das nachfolgende Fallbeispiel der Firma Reuters beschreibt das neue internetbasierte Vertriebssystem dieses Content-Providers.

Fallbeispiel Reuters

Reutersspace Media Group (Reuters) beliefert Firmenkunden mit Realtime-Finanzinformationen und Nachrichten. Mehr als 520.000 Kunden werden von Reuters täglich mit personalisierten Informationen versorgt. In der Vergangenheit sendete Reuters die Informationen meist über Satellitennetzwerke zu seinen Kunden, die diese weiterverwerteten. Reuters möchte in Zukunft verstärkt das Internet als Vertriebskanal nutzen und Kunden mit Informationen beliefern, die diese direkt in ihre Webanwendungen integrieren können.

Bereits zum heutigen Zeitpunkt beliefert Reuters über 900 Kunden über das Internet. Dazu entwickelte das Unternehmen auf Basis der Kinecta Interact Software das sogenannte Internet Delivery System. Nachrichten, Finanzinformationen etc. werden in XML kodiert und über ICE an die Abonnenten verteilt. Durch die Kodierung der Informationspakete in XML, wird der Content unabhängig von jeglichen Präsentationsanweisungen zu den Kunden übertragen, dort in bestehende Websites integriert und an das gewünschte Layout angepasst.

Abonnenten der Reuters-Informationen sind mit Hilfe des Internet Delivery Systems in der Lage, Content direkt über ihre Websites oder Intranetanwendungen an die verschiedenen Nutzergruppen zu verteilen. [vgl. Jacobs 2001]

Content-Broker bündeln die Inhaltsangebote verschiedener Content-Provider und bieten Abonnenten personalisierte Content-Pakete an. Unternehmen können auf diese Weise die Beschaffung externer Inhalte erheblich vereinfachen, indem die Suche nach Inhalten, Verhandlung mit verschiedenen Providern sowie Kombination, Strukturierung und Vereinheitlichung der Inhalte entfällt. Anhand der vom Abonnenten genannten Filterkriterien und Layoutvorgaben wählt der Content-Broker die zu übermittelnden Inhalte aus, bündelt die Angebote verschiedener Provider zu zusammenhängenden Clustern und stellt diese dem Abonnenten bereit. Je nach Lizenzierungsvariante werden die Inhalte direkt in die Website des Abonnenten integriert, nur die Header der Inhalte eingespielt oder der Content zum Download bereitgestellt. Einer der grössten Content-Broker, *iSyndicate* hat mehr als 250 Content-Provider unter Vertrag und bietet seinen Kunden ein umfangreiches Content-Portfolio aus unterschiedlichen Themenbereichen (s. Kapitel 3.4.1).

4.8.2 Content-Syndication im Geschäftsnetzwerk

Mit zunehmender geschäftlicher Vernetzung von Unternehmen und Organisationseinheiten entsteht ein erhöhter Bedarf nach einer effizienten Verteilung von Informationen in unterschiedlichem Anwendungskontext. Unternehmen müssen die Content-Flüsse innerhalb von Niederlassungen oder zwischen Partnerunternehmen harmonisieren. Content-Syndication bietet in diesen Fällen ein effizientes Integrationsinstrument [vgl. Infopark 2001]. In der Vergangenheit setzten Unternehmen verschiedene Formen der Content-Verteilung ein. In der einfachsten Form bedeutet Content-Syndication das Kopieren von Dateien zwischen zwei Servern [vgl. Interwoven 2001]. Neue Entwicklungen wie XML (s. Kapitel 2.5) oder das auf XML aufbauende *Information and Content Exchange Protocol ICE* ermöglichen die automatische Verteilung und Integration von Inhalten im Netzwerk. Einmal erstellte oder geänderte Content-Objekte können auf Basis dieser Beschreibungssprachen und Protokolle an verschiedene Geschäftspartner verteilt und von diesen in ihren Anwendungen genutzt werden.

In vielen Unternehmen bestehen verschiedene isolierte Portale für spezifische Anwendungsgebiete (vg. Kapitel 6.5.2). Diese Insellösungen enthalten in vielen Fällen auch für andere Anwendungen relevante Informationen. Content-Syndication ermöglicht die einfache Integration dieser verschiedenen Informationssysteme durch flexiblen, präsentationsneutralen Austausch von Content. Zur Datenintegration setzten viele Unternehmen Enterprise Application Integration Software (EAI-Software) ein. Ein Grossteil der Informationen im Unternehmen liegt in Form unstrukturierter Informationen (Content) vor [vgl. Interwoven 2001]. Diese unstrukturierten oder semistrukturierten (XML) Dokumente können über Content-Syndication integriert und in verschiedenen Nutzungsprozessen verwendet werden.

4.8.3 Prozessmodelle

Die Unterscheidung der Prozesse des Content-Syndication erfolgt anhand der Richtung der Content-Flüsse. Aus Sicht des portalbetreibenden Unternehmens bezeichnet *Content-Distribution* die ausgehende Syndizierung von Inhalten während *Content-Aggregation* die Integration externer Inhalte umfasst. Die beiden Varianten unterschieden sich durch verschiedene organisatorische und systemtechnische Gestaltungsmerkmale, die die Prozessmodelle und IS-Funktionen beeinflussen.

- *Content-Distribution* ermöglicht die einfache Verteilung von Content an externe oder interne Rezipienten. Ein Beispiel für diese Form des Content-Syndication ist die automatische Aktualisierung von Produktinformationen (Manuals, White Papers, FAQ-Listen) eines Softwareherstellers auf den Portalen verschiedener Vertriebspartner. Der Vorteil besteht in der einfachen Wiederverwendung einmal erstellter oder geänderter Content-Objekte in verschiedenen Anwendungsszenarien. Die Aktualität und Identität der Inhalte lässt sich über Content-Distribution gewährleisten. In dieser Variante nimmt das syndizierende Unternehmen die Rolle des Content-Providers bzw. Content-Brokers ein. Inhalte müssen zur Syndizierung bereitgestellt und verschiedenen Anwendungen zugeführt werden. Das Unternehmen benötigt Softwaresysteme zur Verwaltung der verschiedenen Nutzerprofile und Übertragungsvarianten sowie Konvertierung der verschiedenen Content-Objekte in einheitliche Dateiformate.

- *Content-Aggregation* integriert Inhalte verschiedener Content-Quellen innerhalb oder ausserhalb der Organisation in Portalanwendungen. Ein Beispiel für diese Variante des Content-Syndication ist das Unternehmen E-Plus (s. Kapitel 2.6), das Inhalte verschiedener Content-Provider über unterschiedliche Zugangskanäle Kunden zur Verfügung stellt. Unternehmen nutzen Content-Aggregation, um Content-Objekte verschiedener Quellen, die in Geschäftsprozessen oder Kundenprozessen benötigt werden, Anwendern in einheitlicher Präsentation und Struktur ohne Medienbrüche zur Verfügung zu stellen. Die organisatorischen und technischen Anforderungen sind bei der Aggregation wesentlich geringer als bei der Distribution der Inhalte. Klassifikation und Bündelung der Inhalte sowie Verwaltung der Nutzerprofile und Übertragungsvarianten für verschiedene Content-Objekte werden i.d.R. auf Anbieterseite durchgeführt, so dass das syndizierende Unternehmen die Inhalte direkt aus den Content-Quellen der Content-Provider in das Portal integrieren kann. Werden die Content-Objekte nicht in einem einheitlichen Format zur Verfügung gestellt, muss das Unternehmen vor der Einbindung der Inhalte in Portalanwendungen die einzelnen Content-Objekte auf die gewünschten Dokumententypen abbilden.

Bei den beiden Möglichkeiten des Content-Syndication handelt es sich nicht um ausschliessende Varianten. In der Praxis treten häufig Mischformen auf, in denen Inhalte sowohl aggregiert als auch distribuiert werden. Die beiden Formen werden jedoch aus Gründen der Modularisierbarkeit der Architektur (s. Kapitel 2.4.4) als getrennte Prozessvarianten betrachtet, die in der Praxis kombiniert eingesetzt werden können.

Aggregationsprozess

Der Aggregationsprozess beginnt mit der Übertragung der Content-Objekte vom Server des Content-Providers. Dabei sind, abhängig von der vertraglichen Ausgestaltung zwischen Content-Provider und aggregierendem Unternehmen, verschiedene Arten der Übertragung denkbar. Einige Content-Provider bieten die Möglichkeit, nur Kopfzeilen der Nachrichten auszutauschen und das Content-Objekt erst bei einem Aufruf des Nutzers zu übertragen. Das Prozessmodell zur Content-Aggregation (Abbildung 4–25) beschreibt die vollständige Übertragung des Content-Objekts auf den Server des aggregierenden Unternehmens. Dieses Verfahren ermöglicht eine Qualitätsprüfung und Nachbearbeitung der aggregierten Content-Objekte auf Seiten des Portalanbieters. Nach der Übertragung des Content-Objekts durch den Webmaster, erfolgt entweder die automatische Weiterleitung des Objekts an den Distributionsprozess (Syndizierung in Portale von Geschäftspartnern oder Unternehmenseinheiten) oder die Konvertierung des Objekts und Freigabe für den internen Gebrauch. Die Konvertierung ist nur im Falle eines Dokumententypwechsels notwendig und wird nicht benötigt, wenn sich beide Partner auf einen einheitlichen Dokumentenstandard geeinigt haben. E-Plus bildet z.B. alle eingehenden Dokumente auf die selbstentwickelte DTD des Unternehmens ab. Nach einer formalen Überprüfung (Rechtschreibfehler, falsche Umbrüche, Lesbarkeit etc.) und Freigabe des Content-Objekts durch Qualitätsmanager übernimmt der zugeordnete Content-Manager die inhaltliche Prüfung sowie die Überprüfung der Metadaten des Content-Objekts. Nach der inhaltlichen Freigabe durch den Content-Manager erfolgt die Übergabe des Content-Objekts an den Strukturierungsprozess. Die dreistufige Freigabe sichert die Qualität der Portalinhalte, ist aber bei grossen Informationsmengen mit erheblichem Ressourcenaufwand verbunden. Die Anzahl der Qualitätsstufen sollte sich nach der Kritikalität der Content-Objekte richten und bei unkritischen Inhalten zu Gunsten der Aktualität entfallen.

Das Aufgabenkettendiagramm in Abbildung 4–25 illustriert den Verlauf des Aggregationsprozesses.

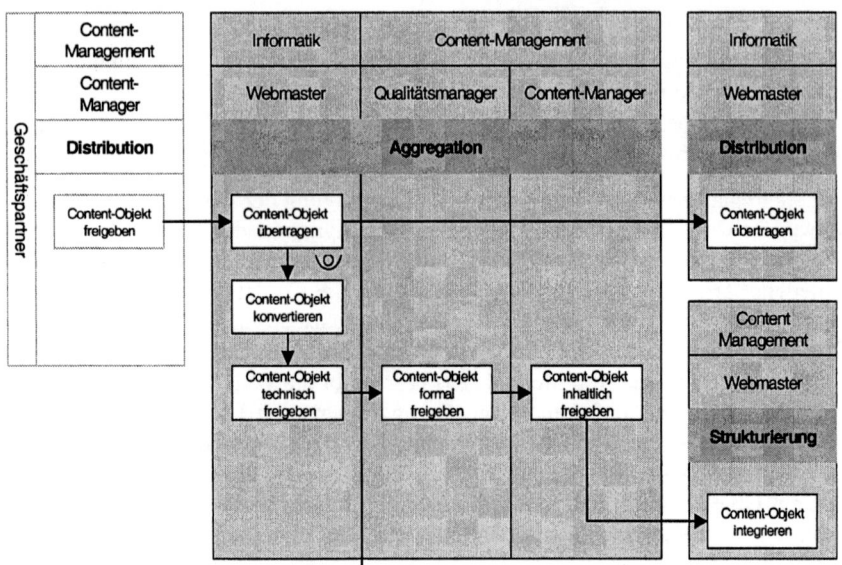

Abbildung 4–25: Aufgabenkettendiagramm des Aggregationsprozesses

Distributionsprozess

Der Distributionsprozess übernimmt die Syndizierung selbsterstellter oder aggregierter Inhalte an Partner des Unternehmens. Auslöser des Prozesses ist bei selbsterstellten Inhalten die inhaltliche Freigabe des Content-Objekts im Erstellungs- oder Pflegeprozess. Aggregierte Inhalte werden, nach Übertragung auf den Server des Unternehmens, abhängig vom Verwendungszweck automatisch für die Distribution freigegeben. Wie bei der Aggregation überträgt der Webmaster das Content-Objekt und konvertiert dieses entsprechend des vereinbarten Austauschformats (XML, ICE etc.). Beide Schritte entfallen, wenn eine Syndicationsoftware den Übertrag steuert und lediglich die Zugriffspfade zu den Content-Objekten in verschiedenen Content-Quellen verwaltet. Anschliessend erfolgt die Bündelung und Personalisierung der Content-Objekte auf Basis der Profildaten der Abonnenten. Die Content-Objekte werden in diesem Schritt über Metadaten entsprechend ihrem späteren Verwendungszweck zugeordnet. Nach einer Freigabe des Content-Objekts durch den Content-Manager kann das Objekt im Aggregationsprozess des Partnerunternehmens bearbeitet werden.

Der Austausch der Content-Objekte sollte von Internet-Analysten überwacht werden, die in regelmässigen Abständen Reports über die Content-Distribution erstellen und diese den Content-Managern zuführen. Austauschtracking und Reports dienen der Qualitätssicherung, ermöglichen die Wiederherstellung ursprünglicher Zustände eines Portals und sichern die Nachvollziehbarkeit durchgeführter Transaktionen.

Das Aufgabenkettendiagramm in Abbildung 4–26 illustriert den Verlauf des Distributionsprozesses.

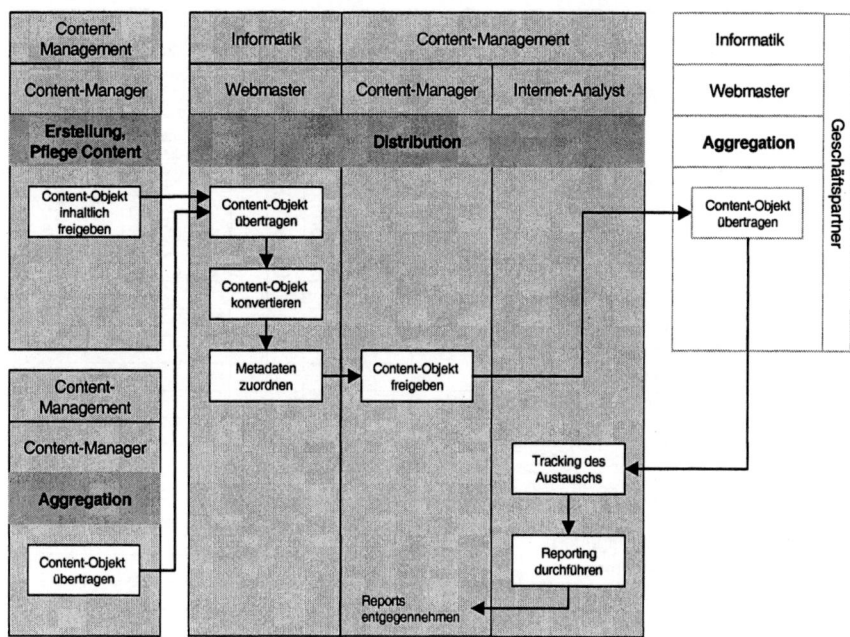

Abbildung 4–26: Aufgabenkettendiagramm des Distributionsprozesses

4.8.4 IS-Funktionen

Abbildung 4–27 illustriert Möglichkeiten der IS-Unterstützung der Syndication-Prozesse „Aggregation" und „Distribution". Die Tabelle unterscheidet die Funktionen nach Syndicationfunktionen, die dezidert Aufgaben der Prozesse Aggregation und Distribution unterstützen und Integrationsfunktionen, die auch in anderen Prozessen zur Unterstützung herangezogen werden können. Die Beschreibung der einzelnen Funktionen erfolgt in Anhang B.

Prozesse/Aufgaben		Funktionen									
		Syndication					Integration				
		Content Exchange	Konvertierung	Exchange Logging	Reporting	Content Packaging	Content-Indizierung	Content-Mining	Workflowmanagement	Benutzerverwaltung	Unified Messaging	CTI
Aggregation	Content-Objekt übertragen	X							X			
	Content-Objekt konvertieren		X						X			
	Content-Objekt technisch freigeben								X			
	Content-Objekt formal freigeben								X			
	Content-Objekt inhaltlich freigeben								X			
Distribution	Content-Objekt übertragen	X										
	Content-Objekt konvertieren		X									
	Metadaten zuordnen						X			X		
	Content-Objekt freigeben											
	Tracking des Austauschs			X								
	Reporting durchführen				X							

Abbildung 4–27: Funktionsunterstützung der Syndication-Prozesse

4.9 Content-Strukturierung

Anwender suchen Informationen mit Hilfe von Begriffen der natürlichen Sprache. Typischerweise lassen sich die beiden Suchstrategien *Volltextsuche* und *Navigation* unterscheiden. Im ersten Fall gibt der Benutzer einen oder mehrere Suchbegriff(e) ein, die mit verschiedenen Operatoren (z.B. und, oder, nicht) verknüpft werden. Bei der Navigation sucht der Benutzer hingegen die Information innerhalb einer vorgegebenen Hierarchie von Begriffen. Abbildung 4–28 verdeutlicht den Unterschied zwischen den beiden Verfahren. In der Praxis verwenden Nutzer Softwaresysteme zur Unterstützung des Information Retrieval, die von den Anbietern der Informationen oder externen Diensten bereitgestellt werden. Bei der Volltextsuche vergleicht die Search Engine die gesuchten Begriffe bzw. Phrasen mit denen aus dem vorher erstellten Index und liefert als Ergebnis sämtliche Dokumente, die die gesuchten Begriffe bzw. Phrasen enthalten. Die Discovery Engine hingegen analysiert einen gegebenen Dokumentenbestand und versucht aufgrund linguistischer oder statistischer Verfahren, Zusammenhänge zwischen den Dokumenten aufzuzeigen, diese in Kategorien einzuordnen und untereinander zu vernetzen. Benutzer können anschliessend den gesamten Dokumentenbestand anhand von Begriffshierarchien durchsuchen [vgl. Rosenfeld/Morville 1998; Harty et al. 1999; Semio 2000b].

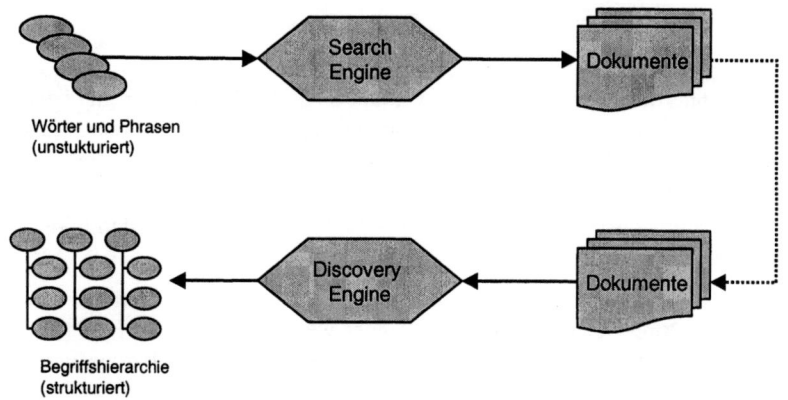

Abbildung 4–28: Search Engine vs. Discovery Engine [vgl. Harty et al. 1999]

Für die Verwaltung grosser Informationsbestände bietet sich eine Kombination aus Volltextsuche über alle Dokumente und Navigation in hierarchisch angeordneten Begriffskatalogen an. Viele Websites bieten Benutzern beide Suchmöglichkeiten an und versuchen damit, eine bessere Übersicht über verfügbare Dokumente zu ermöglichen [vgl. Rosenfeld/Morville 1998]. Während die Volltextindizierung eines Dokumentenbestandes durch am Markt verfügbare Suchmaschinen einfach realisiert werden kann, bereitet der Aufbau einer Navigationsstruktur und die Einordnung neuer Informationen in die vorgegebenen Kategorien in der Praxis häufig Probleme. Die Ableitung der Begriffe sowie deren Beziehung kann nicht allein durch Standardsoftware realisiert werden, sondern sollte - zumindest beim erstmaligen Aufbau eines Begriffskataloges - manuell, unter Einbeziehung der zukünftigen Nutzer des Systems, vorgenommen werden. Neben der Entwicklung eines benutzergerechten Ordnungssystems müssen Unternehmen für eine einfache und kostengünstige Integration neuer Inhalte in den bestehenden Dokumentenbestand sorgen. I-NET Anwendungen wie Intranets oder Kundenportale bündeln Informationen aus heterogenen internen und externen Informationsquellen zu Informationsclustern [vgl. Kaiser 2000]. Mit zunehmendem Einsatz solcher Anwendungen steigt die Anzahl der angebotenen Informationen erheblich. Täglich müssen neue Informationen wie Kundeninformationen, Marktstudien, Produktdaten etc. in die Informationslandschaft integriert und kategorisiert werden. Eine manuelle Kategorisierung der Inhalte ist bei grossen Informationsbeständen mit erheblichen Kosten verbunden und verlangsamt den Prozess der Informationsbereitstellung für die Benutzer [vgl. Murray 2001]. Die Aktualität der Inhalte kann dabei nur schwer sichergestellt werden. Verschiedene am Markt verfügbare Softwarelösungen wie Knowledge Server der Firma Autonomy, SER Brainware oder Semio Taxonomy ermöglichen die automatische Kategorisierung neuer Inhalte bzw. bestehender Informationsbestände und erleichtern Aufbau und Pflege komplexer Informationsstrukturen (s. Kapitel 5.4.3).

4.9.1 Ordnungsprinzipien und Ordnungssysteme

Die in diesem Kapitel vorgenommene Unterteilung in Volltextsuche und Browsing betrachtet das Information Retrieval aus Sicht des Informationsnutzers. Auf Anbieterseite werden die Informationsobjekte entweder als Volltexte indiziert oder anhand eines vorgegebenen Ordnungssystems strukturiert. Die Indexierung bietet die Grundlage für eine effiziente Volltextsuche, während eine Klassifikation der Dokumente das Browsing im Dokumentenbestand ermöglicht [vgl. Poetzsch 1998].

- Bei der *Indexierung* werden Teile eines Content-Objekts extrahiert, die als Deskriptoren für das Objekt verwendet werden können. Im Fall von Texten sind dies Stichwörter, bei Bildern bzw. Filmen auch Farben oder Formen. Mit den gesammelten Informationen wird ein gemeinsamer Index erstellt, dessen Einträge mit den zugehörigen Wissensobjekten verknüpft werden. Das Finden von Dokumenten ist danach über die Suche nach Stichwörtern möglich. Der wesentliche Vorteil des Verfahrens ist vor allem die Automatisierbarkeit durch Software. Andererseits ist dadurch die Trefferquote bei der Suche in vielen Fällen unbefriedigend, so dass häufig eine manuelle Nachbearbeitung vorgenommen werden muss. Dabei werden Thesauri eingesetzt, die die im Index verwendeten Begriffe normieren.

- Bei der *Klassifikation* wird im Gegensatz zur Indexierung die Content-Struktur nicht erst während des Verfahrens erzeugt, sondern bereits zu Beginn durch Auswahl eines Klassifikationssystems vorgegeben. Klassifikationssysteme entstehen durch eine wiederholte Klassenbildung, bei der die Elemente stufenweise nach immer feineren Merkmalen unterschieden werden, so dass eine hierarchische Ordnung entsteht. Die Klassifikation eines Content-Objekts durch mehrere Klassifikationssysteme gleichzeitig wird als Facettenklassifikation bezeichnet. Das Auffinden von Dokumenten geschieht über die Navigation entlang der Hierarchie des Klassifikationssystems.

Bei einer Klassifikation im engern Sinne werden Dokumente mittels Metadaten genau einer Klasse zugeordnet. Im Gegensatz dazu werden die Informationsobjekte bei der *Begriffskombination* mit mehreren Deskriptoren beschrieben. Die Deskriptoren können sich ohne weiteres überschneiden, wodurch die Disjunktheit der Klassen nicht mehr gegeben ist. Die Verwendung der Begriffskombination bietet sich bei grossen Informationsbeständen an, da die Verschlagwortung schneller als bspw. die Klassenzuordnung in der Klassifikation erfolgen kann und bei der Recherche Inhalte aus verschiedenen Blickwinkeln gesucht werden können. Die Begriffe sollten jedoch aus einer kontrollierten Deskriptorenliste (z.B. Thesaurus) ausgewählt werden, da das freie Indizieren der Dokumente die Recherche erheblich erschwert [vgl. Gaus 2000]. Indexierung, Klassifikation, Facettenklassifikation und Begriffskombination stellen Ordnungsprinzipien dar, nach denen ein Dokumentenbestand strukturiert werden kann.

Ordnungsprinzipien strukturieren das bei der Dokumentation und des Information Retrieval zu verwendende Vokabular und liefern damit eine kontrollierte

Möglichkeit der Dokumentenverwaltung. Ein *Ordnungssystem* wird in den Fällen benötigt, in denen gebunden, d.h. aus einer vorher festgelegten Menge von Deskriptoren heraus, indiziert wird. Das Ordnungssystem enthält sämtliche für die Dokumentation verwendbare Deskriptoren. Die Deskriptoren können unterschiedlich strukturiert werden. Die einfachste Form stellt die Schlagwortliste dar, die (meist alphabetisch) alle Deskriptoren der Reihe nach aufzeigt. Häufig wird das Ordnungssystem nach einem bestimmten Ordnungsprinzip (z.B. der Klassifikation) strukturiert und mit terminologischen Hilfen (Definition, verwandte Begriffe, Verweise zu Vorzugsbenennungen oder weiteren Benennungen innerhalb der Äquivalenzklasse) versehen [vgl. Gaus 2000]. Ordnungssysteme können in Content-Management-Systemen in Form von Signaturen oder Verschlagwortungen vorgegeben werden [vgl. Appelrath et al. 2001]. Ein komfortables, voll ausgebautes Ordnungssystem stellt der Thesaurus dar. Ein Thesaurus kontrolliert das Vokabular innerhalb eines Themengebietes, indem die zulässigen Begriffe und deren Definition und Beziehungen aufgezeigt werden. Standardmässig werden bei einer Suche im Thesaurus hierarchische Verweise angezeigt, die zu jedem Begriff Oberbegriffe, Unterbegriffe sowie benachbarte Begriffe erkennbar machen und Benutzern als weitere terminologische Informationen dienen. Ein Thesaurus bietet sich insbesondere dann an, wenn unterschiedliche Personen am Publikationsprozess beteiligt sind, die nicht über ein einheitliches Vokabular verfügen (z.B. Einstellung von Informationen in das Intranet, Suchanfrage durch Kunden, Integration externer Content-Provider oder die automatische Integration neuer Inhalte in eine Dokumentenstruktur).

4.9.2 Metadaten

Experten schätzen, dass 95% der papierbasierten Dokumente in Unternehmen nach Ablage aufgrund schlechter Beschreibung nicht mehr verwendet werden. Ähnliche Angaben lassen sich für digitale Dokumente machen, die ohne Strukturierungshilfen auf Fileservern oder in Datenbanken abgelegt werden [vgl. Dalton 2001, S.8]. Metadaten sind Informationen über strukturierte oder unstrukturierte Informationen, die die Suche und Verwaltung der Dokumente erleichtern sollen. Stichwörter bspw. beschreiben einzelne Dokumente mit Hilfe von Begriffen, die einem kontrollierten Vokabular entnommen werden. Dies ermöglicht die Strukturierung eines Dokumentenbestandes und die gezielte Zuordnung von Dokumenten zu Nutzungsprozessen (Personalisierung, Workflow). Neben Stichwörtern gibt es eine Reihe weiterer aussagekräftiger Metadaten. Die nachfolgende Abbildung zeigt unterschiedliche Kategorien von Metadaten anhand von Anwendungsbeispielen auf.

Typ	Anwendung	Beispiele
Administrativ	Informationen über den praktischen Gebrauch des Informationsobjektes.	Versionsinformationen
		Eigentumsrechte
		Anwendungsbereich
		Benutzertracking
Beschreibend	Informationen zur Konkretisierung des Inhaltes.	Stichwörter
		Abstract
		Hyperlinks zu verwandten Informationen
		Inhaltsverzeichnis
Technisch	Informationen über technische Eigenschaften des Informationsobjektes.	Dokumentenformat
		Kompressionsrate
		Dateigrösse
		Ladezeit

Abbildung 4–29: Klassifikation von Metadaten

Über die Auswahl von Metaattributen für eine Sammlung von Dokumenten werden Dokumententypen definiert. Die eigentlichen Metadaten können dann zur Suche und Navigation in der Dokumentensammlung, genau wie bei anderen Datenbeständen auch, verwendet werden. Dies hilft einerseits dem Ersteller bei der Einordnung der Dokumente, andererseits dient es auch als Grundlage für die spätere Entwicklung nutzerspezifischer Sichten auf das Informationssystem.

Prinzipiell existieren drei verschiedene Verknüpfungsvarianten von Metadaten und dem zugeordneten Informationsobjekt:

- Metadaten sind direkt in das Informationsobjekt (z.B. in den Header von HTML-Dateien) integriert;

- Metadaten werden in einer separaten Datei abgespeichert und über einen Verweis (z.B. Hyperlink) mit dem Informationsobjekt verknüpft. Die Metadaten können dabei entweder direkt mit der Information verknüpft sein oder über einen Drittanbieter (z.B. Katalog) bezogen werden;

- Die Metadaten ergeben sich aus der spezifischen Beschaffenheit des Dokumentes (z.B. Dateigrösse, Dokumentenformat).

Die Erstellung und Pflege der Metadaten kann abhängig vom Umfang der Metadatenelemente und Informationsobjekte mit erheblichem Arbeitsaufwand verbunden sein. Idealerweise sollten Anwender versuchen, möglichst viele Angaben direkt aus dem Dokument zu ermitteln (Dateiformat, Ersteller, Datum etc.) und sich bei den manuell einzugebenden Metadaten auf ein minimales, leicht zu erstellendes Set an Elementen beschränken. Um eine spätere Kategorisierung des Dokumentenbestandes zu gewährleisten, sollten treffende Deskriptoren (Stichwörter) aus einem kontrollierten Vokabular (Thesaurus) als Metadatenelement eingefügt werden (z.B. als Element „Stichwort" oder „Description").

Ein Problem bei der praktischen Anwendung von Metadaten aus unterschiedlichen Informationsbeständen ist die Verschiedenheit der verwendeten Elemente und Strukturierungsraster der Daten. Suchanfragen können nur präzise beantwortet werden, wenn alle Dokumente mit einheitlich strukturierten Metadaten beschrieben wurden. Aus diesem Grund haben sich mit der starken Verbreitung des Internet verschiedene Vorschläge für die Standardisierung der Metadatenbeschreibung von WWW-Ressourcen etabliert. Die zwei prominentesten Vorschläge sind *Dublin Core Metadata* und das *Ressource Description Framework* (s. Kapitel 7.3).

4.9.3 Klassifikationsvarianten

Unternehmen stehen die folgenden Möglichkeiten der Strukturierung vorhandener und neuer Inhalte zur Verfügung:

		Ordnungssystem (strukturierter Begriffskatalog)	
		Selbstentwickelt	Fremdbezug
Kategorisierung	Manuell	(A) Aufbau eines eigenen Begriffskataloges für das zu unterstützende Anwendungsgebiet. Manuelle Integration der Inhalte.	(C) Verwendung einer Standardtaxonomie (z.B. branchenspezifisch). Manuelle Integration der Inhalte.
	Automatisch	(B) Automatische Integration der Inhalte in ein selbstentwickeltes Ordnungsprinzip.	(D) Automatische Integration der Inhalte in eine Standardtaxonomie.

Abbildung 4–30: Varianten der Content-Strukturierung

In der Dimension „Ordnungssystem" haben Unternehmen die Möglichkeit, auf vorgefertigte Taxonomien zurückzugreifen oder im Rahmen von Workshops, Anwenderbefragungen etc. (s. Kapitel 3.8) selbständig ein Ordnungssystem zu entwickeln. Die Entwicklung eines Ordnungssystems kann, je nach Heterogenität und Umfang des Dokumentenbestandes, mit erheblichem Aufwand verbunden sein. Vordefinierte Taxonomien sind eine einfache und kostengünstige Alternative zur Entwicklung eines Ordnungssystems. In vielen Fällen müssen die Taxonomien jedoch an die unternehmensspezifischen Gegebenheiten (Vokabular, Granularität der Kategorien, Hierarchieebenen) angepasst werden.

Die Integration bestehender oder neuer Inhalte kann einerseits manuell, d.h. durch den Ersteller des Dokumentes bzw. eine separate Rolle (z.B. Dokumentarist) vorgenommen oder andererseits mit Hilfe von Softwarelösungen vollautomatisch durchgeführt werden. Dabei bilden diese beiden Varianten Extrempunkte der Klassifikation. Softwaresysteme, die eine automatische Klassifikation unterstützen, bieten die Möglichkeit der manuellen Feinsteuerung der Klassifikationsregeln. Einige Systeme arbeiten mit Lernmengen, die von den Anwendern manuell angelegt werden und der Kalibrierung der Systeme dienen. Diese Lernmengen bilden einen charakteristischen Auszug aus dem gesamten Dokumentenbestand. Eine andere Variante der manuellen Steuerung der automatischen Klassifikation bietet die Definition von Regeln zur Klassenbildung durch den Anwender. Solche hybriden Verfahren kombinieren die Leistungsfähigkeit von Klassifikationssystemen mit dem Expertenwissen der Anwender und erreichen in der Regel exaktere Ergebnisse als vollautomatische Verfahren [vgl. Raghavan 2000]. Die nachträgliche Anpassung eines falsch klassifizierten Dokumentenbestandes ist mit erheblichem Aufwand verbunden. Mit jeder Hierarchiestufe entstehen Multiplikatoreffekte, die die Kosten der Reorganisation des Bestandes erheblich vermehren können. Aus diesem Grund sollte die automatische Klassifikation der Inhalte, insbesondere in der Initialphase der Dokumentenstrukturierung, immer mit menschlicher Unterstützung erfolgen. In dieser Arbeit wird im Rahmen der automatischen Strukturierung von Inhalten ausschliesslich von semiautomatischen Verfahren ausgegangen.

4.9.4 Prozessmodelle

Betrachtungsobjekte der Content-Strukturierung sind einerseits Content-Objekte, die gebündelt und personalisiert werden sollen, andererseits das Ordnungssystem, das die Metastruktur für die Ordnung der Content-Objekte bereitstellt. Die Pflege des Ordnungssystems übernimmt der Prozess Terminologiepflege, der Prozess Strukturierung hingegen verwendet die Ergebnisse des Terminologiemanagement (Glossar, Taxonomie), um Content-Objekte bedarfsgerecht anzuordnen.

- Im Prozess *Strukturierung* werden die einzelnen Content-Objekte klassifiziert, zu Clustern gebündelt und Layouttemplates zugeordnet. Wie in Kapitel 4.9.3 beschrieben, können Unternehmen verschiedene Automatisierungsgrade der Content-Strukturierung einsetzen, im Extremfall bis hin zur vollautomatischen Klassifikation neuer Inhalte. Das Prozessmodell illustriert das Vorgehen bei der manuellen Klassifikation. Die Aufgaben entfallen bei entsprechender Systemunterstützung.

- Der Prozess *Terminologiepflege* nimmt notwendige Anpassungen an dem Ordnungssystem (Taxonomie, Thesaurus) und den Begriffen vor. Anpassungen können die Begriffe, aber auch deren Struktur (Beziehungen, Begriffshierarchie) betreffen.

Strukturierungsprozess

Der Prozess beginnt mit der Integration neuer bzw. modifizierter Content-Objekte. Diese können aus dem Aggregations-, Erstellungs- oder Pflegeprozess stammen. Die Form der Integration ist abhängig von der im Unternehmen vorhandenen Systemlandschaft. Setzt das Unternehmen ein Dokumentenmanagementsystem oder eine Content-Management-Software ein, müssen Content-Objekte i.d.R. nicht separat integriert, d.h. übertragen, sondern können nach Freigabe direkt weiterverarbeitet werden. Verfügt das Unternehmen über keine integrierte Redaktionsumgebung, müssen die Content-Objekte nach Freigabe in eine separate Umgebung (Webserver, Staging-Server) übertragen werden. Nach der Integration des Content-Objekts durch den Webmaster, kontrolliert dieser die Metadaten des Content-Objekts auf Vollständigkeit und Konsistenz bezüglich der Vorgaben aus dem Terminologiemanagement. Ergibt sich bei der Kontrolle der Metadaten ein Pflegebedarf, formuliert der Webmaster die Änderungswünsche und leitet den Bedarf an den Autor des Content-Objekts weiter. Sind die Metadaten des Content-Objekts korrekt und vollständig, muss das Content-Objekt kategorisiert, d.h. entsprechend des zugrunde liegenden Ordnungssystems strukturiert werden. Dieser Schritt entfällt i.d.R. bei Content-Objekten, die Autoren der Fachabteilungen erstellt oder angepasst haben. Diese Objekte können anhand der von Autoren zugeteilten Metadaten (Schlagworte) kategorisiert werden. Aggregierte Content-Objekte können auf Providerseite bereits kategorisiert werden (wie im Fallbeispiel E-Plus) oder aber erst bei erfolgter Aggregation im Strukturierungsprozess. Nach der Kategorisierung des Content-Objekts, erfolgt die Verlinkung der Content-Objekte bzw. die Überprüfung vorhandener Hyperlinks. Hyperlinks können in den einzelnen Content-Objekten oder aber auch in den Templates enthalten sein.

Anschliessend ordnet der Webmaster den Content-Objekten Templates zu, die die Layout- und Navigationsinformationen für verschiedene Anwendungsszenarien enthalten (Stylesheets). Die Verknüpfung zwischen Templates und Content-Objekt erfolgt i.d.R. automatisch, entsprechend der Content-Kategorie (in Metadaten definiert). Dabei kann ein Content-Objekt verschiedenen Layouttemplates zugeordnet werden, abhängig von den unterschiedlichen Nutzungsszenarien (Kanal, Rolle, Nutzer). Benötigt der Webmaster für die Darstellung der Content-Objekte neue Templates, so formuliert er einen Bedarf, der den Prozess Erstellung Templates auslöst.

Das Aufgabenkettendiagramm in Abbildung 4–31 illustriert den Verlauf des Strukturierungsprozesses. Die Bandbreite der Strukturierungsalternativen reicht von manueller Strukturierung bis zur vollautomatischen Content-Strukturierung mittels Klassifikationssystemen. Analog zur Strukturierungsvariante entfallen Aufgaben des Prozesses und werden durch IS-Funktionen ersetzt.

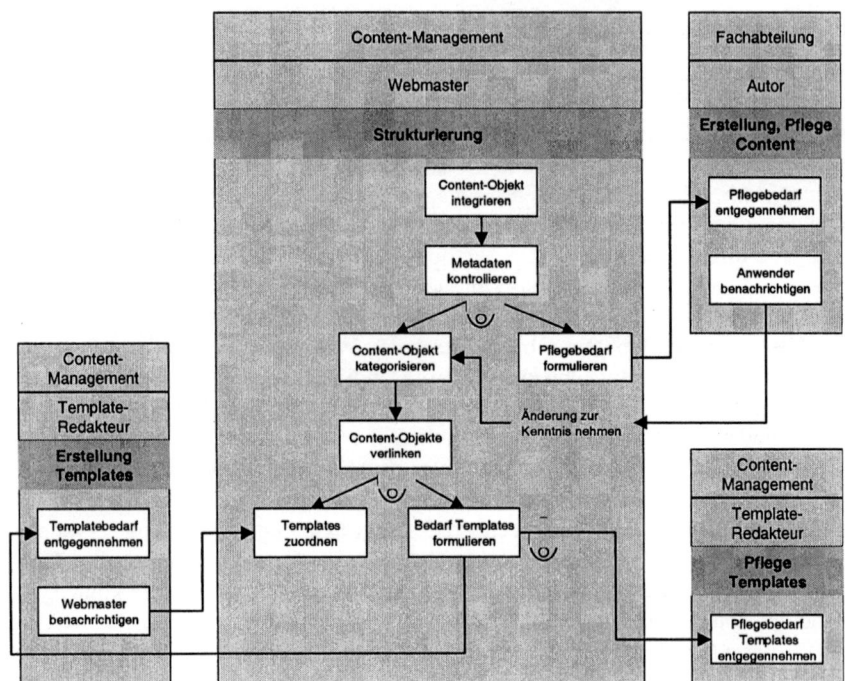

Abbildung 4–31: Aufgabenkettendiagramm des Strukturierungsprozesses

Terminologiepflege

Auslöser des Prozesses Terminologiepflege ist ein Pflegebedarf, der bei der Erstellung, Pflege oder Nutzung von Content auftreten kann. Autoren bzw. Anwender in den Fachabteilungen formulieren einen Pflegebedarf, den der Terminologe entgegen nimmt. Dieser prüft den Pflegebedarf inhaltlich und formal und definiert daraufhin die notwendigen Aktionen zur Erreichung des gewünschten Zustands. Einzelne Massnahmen, die am Glossar oder an der Taxonomie durchgeführt werden, resultieren vielfach in weiteren Massnahmen, die bei der Beurteilung des Pflegebedarfs frühzeitig beachtet werden müssen. Die Aktionen können als standardisierte Operationen wie „Begriff löschen", „Klasse löschen", „Klassen splitten" oder „Begriffe zusammenfassen" definiert werden. Handelt es sich um Operationen geringer Tragweite, die wenig Einfluss auf die gesamte Terminologie haben (z.B. Korrektur von Rechtschreibfehlern), führt der Terminologe diese direkt durch. Das Review Team, das sich aus Mitabeitern verschiedener Fachabteilungen und des Content-Management zusammensetzt, entscheidet im anderen Fall über die geplanten Änderungen. Da die Terminologie in verschiedenen Organisationseinheiten und Anwendungsgebieten des Unternehmens eingesetzt wird, ist es notwendig, bei terminologischen Änderungen verschiedene Anwender zu beteiligen. Das über-greifende Review-Team sichert dies (s. Kapitel 4.1.2). Nachdem der Terminologe die notwendigen Aktionen durchgeführt hat, überprüft der Gutachter die durchgeführten Änderungen auf fachliche

Richtigkeit und Verständlichkeit für die Mitarbeiter. Der Terminologe benachrichtigt daraufhin die Anwender. Dabei handelt es sich um Anwender in den Fachabteilungen, die Glossar und Taxonomie bei der Vergabe der Metadaten oder der Navigation in Dokumentenbeständen nutzen, aber auch um den Webmaster, der die Ergebnisse der Terminologiearbeit für die Strukturierung der Content-Objekte benötigt.

Das Aufgabenkettendiagramm in Abbildung 4–32 illustriert den Verlauf des Prozesses „Terminologiepflege".

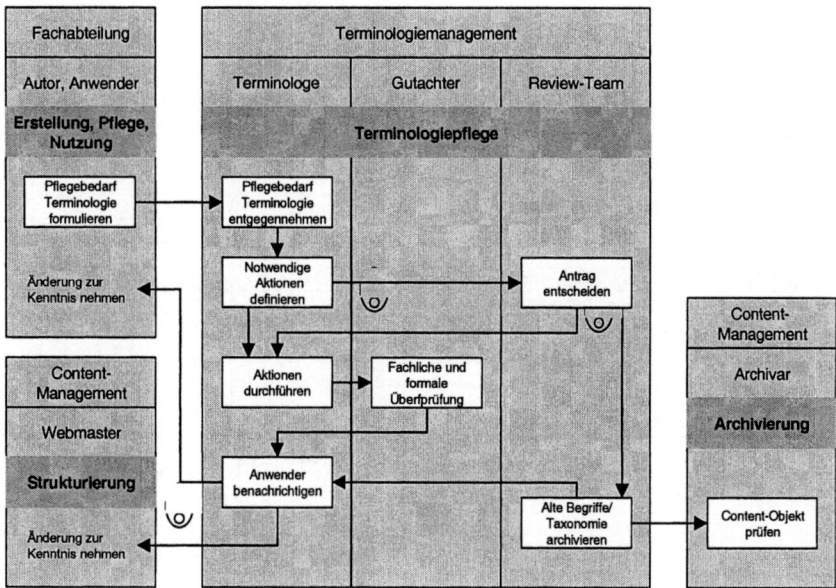

Abbildung 4–32: Aufgabenkettendiagramm des Prozesses „Terminologiepflege"

4.9.5 IS-Funktionen

Abbildung 4–33 illustriert Möglichkeiten der IS-Unterstützung der Strukturierungsprozesse „Strukturierung" und „Terminologiepflege".

			Funktionen										
			Strukturierung					Integration					
Prozesse/Aufgaben			Glossarverwaltung	Katalogmanagement	Klassifikation	Linkmanagement	Taxonomieverwaltung	Content-Indizierung	Content-Mining	Workflowmanagement	Benutzerverwaltung	Unified Messaging	CTI
	Strukturierung	Content-Objekt integrieren						X	X				
		Metadaten kontrollieren	X	X			X						
		Content-Objekt kategorisieren		X	X		X	X	X				
		Content-Objekt verlinken				X		X	X				
		Pflegebedarf formulieren											
		Bedarf Templates formulieren											
		Templates zuordnen											
	Terminologiepflege	Pflegebedarf Terminologie entgegennehmen								X			
		Notwendige Aktionen definieren	X				X			X			
		Fachliche und formale Überprüfung	X				X			X			
		Antrag entscheiden	X				X			X			
		Aktionen durchführen	X				X			X			
		Anwender benachrichtigen								X			
		Alte Begriffe/Taxonomie archivieren	X				X			X			

Abbildung 4–33: Funktionsunterstützung der Strukturierungsprozesse

5 Content-Management-Systeme

5.1 Fallbeispiel E-Plus

Die nachfolgenden Kapitel beschreiben die bestehende sowie die geplante Systemarchitektur des Multi-Access-Portals von E-Plus. Die Systemarchitektur zum Zeitpunkt der Live-Schaltung des Portals basierte auf dem *Portal Application Framework* der Firma *iPlanet*, ein Zusammenschluss der Firmen *Netscape* und *SUN*. Dabei handelt es sich um eine Architektur, die in verschiedenen Produkten von iPlanet umgesetzt ist. E-Plus setzt das Produkt *iPlanet Application Server* ein. Nach ca. einem Jahr entschied sich E-Plus für die Einführung des Content-Management-Servers der Firma *Vignette*. Dieses Produkt wird in drei Ausbaustufen die bestehende Architektur ersetzen. Kapitel 5.1.1 beschreibt die ursprüngliche Systemarchitektur des Portals sowie die Gründe, die zu deren Ablösung geführt haben. Die geplante Architektur wird in den drei verschiedenen Ausbaustufen in Kapitel 5.1.2 beschrieben.

5.1.1 Ursprüngliche Systemarchitektur des Portals

Kern des E-Plus Portals ist das Produkt *Application Server Enterprise Edition* der Firma *iPlanet*. Die umgesetzte Systemarchitektur entspricht dem Architekturvorschlag von *iPlanet (Portal Application Framework)*. Abbildung 5–1 stellt die Architektur des Portals in der ersten Stufe dar.

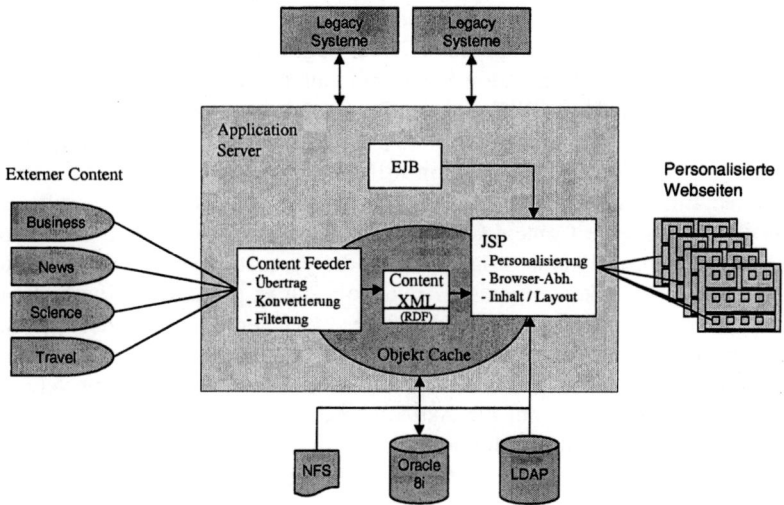

Abbildung 5–1: Systemarchitektur des E-Plus Portals

Der *Content Feeder* übernimmt die Übertragung, Filterung und Konvertierung des Fremdcontent. Dabei handelt es sich um ein Servlet, d.h. ein Java-Programm, das, ähnlich wie CGI-Skripte, selbständig auf dem Server läuft und die direkte Kommunikation mit den Servern der Content-Provider übernimmt. Über Konfigurationsdateien können die gewünschten Parameter für den Content-Transfer angegeben werden. Wichtige Parameter sind die Pfade zu den Content-Objekten der Provider, die Aktualisierungsfrequenzen einzelner Objekte sowie die Abbildungstabellen für die Konvertierung des Fremdcontent in die unternehmensspezifische XML-DTD.

Java Server Pages (JSP) ist eine serverseitige Skriptsprache der Firma SUN zur Erstellung dynamischer Webseiten. Die Anwendungen auf Basis dieser Technologie übernehmen die Layoutanpassung einzelner Content-Objekte und die Personalisierung der Webseiten auf Basis von Benutzerprofilen, die über einen LDAP-Server (Lightweight Directory Access Protocol) verwaltet werden. Webseiten werden von den JSP's dynamisch zum Zeitpunkt des Aufrufes zusammengesetzt und mit Layouttemplates versehen.

Enterprise Java Beans (EJB) sind Java-Anwendungen, die die Kommunikation mit den Legacy Systemen des Unternehmens übernehmen. Beispiele für EJB's sind Konnektoren zu Datenbanken oder Billingsystemen. Die Informationen aus diesen Systemen werden von den EJB's an den Application Server übergeben und dort als Objekte verwaltet. Dort können Java Server Pages auf die Objekte zurückgreifen.

Der *Objekt-Cache* ermöglicht eine schnelle Verfügbarkeit der einzelnen Informationen bzw. Objekte, da diese mit einer eindeutigen ID versehen und im Cache vorgehalten werden. Bei Änderungen wird der Cache mit der *Oracle 8i* Datenbank, die den Content verwaltet, abgeglichen.

Die dargestellte Architektur ermöglicht eine vollautomatische Integration von Fremdcontent in das Portal. Die personalisierten Webseiten werden erst zum Zeitpunkt der Nutzung durch die Java Server Pages generiert. Die Inhalte werden als Objekte über den Application Server verwaltet. Die Verteilung der Content-Objekte auf die Kanäle WWW und WAP erfolgt vollautomatisch durch die Systemkomponenten. Das WAP-Portal wird durch dieselben Content-Quellen gespeist. Teile des Contents werden von JSP's als WAP-Content im WML-Format verwaltet. Ein Nachteil dieser Architektur sind die mangelnden Eingriffsmöglichkeiten in einzelne Content-Objekte. Das Unternehmen hat wenig Kontrolle über den Content und keine Möglichkeiten, diesen anzupassen. Die Überprüfung der Content-Objekte kann in dieser Architektur nur ex post durch Mitarbeiter der Qualitätssicherung erfolgen. Ziel zukünftiger Lösungen ist eine frühzeitige Qualitätskontrolle inklusive einfacher Änderungsmöglichkeiten. Ein weiterer Schwachpunkt der Lösung ist der Objekt-Cache, der Änderungen nur verzögert darstellt und sich negativ auf die Aktualität der Webseiten auswirkt. E-Plus beschloss aus diesen Gründen, die bestehende Architektur zu ersetzen und in drei Ausbaustufen zu einer integrierten Content-Management-Lösung zu migrieren.

5.1.2 Einführung eines Content-Management-Systems in 3 Ausbaustufen

E-Plus entschied sich für das Produkt *Content Management Server* der Firma *Vignette*. Die Software soll schrittweise die Aufgaben der ursprünglichen Lösung übernehmen und zu einem integrierten System ausgebaut werden. Die nachfolgenden drei Phasen stellen die Systemarchitektur der einzelnen Ausbaustufen vor.

Phase 1: Redaktionssystem

In der ersten Phase der Systemeinführung wird die Vignette-Software als Redaktionssystem eingesetzt. Die Software übernimmt den Austausch des Fremdcontent sowie dessen Konvertierung in die unternehmensspezifische DTD. Mitarbeiter haben die Möglichkeit, über das Redaktionssystem Content-Objekte anzupassen und Eigencontent in das System zu integrieren. Der Fremdcontent wird über eine Oracle-Datenbank im Rahmen des Vignette-Systems verwaltet. Parallel zur bestehenden Oracle-Datenbank wird in dieser Phase eine CMS-spezifische Datenbank aufgebaut. Aufgabe des Content-Feeder in dieser Ausbaustufe ist lediglich der Transfer des angeforderten Content.

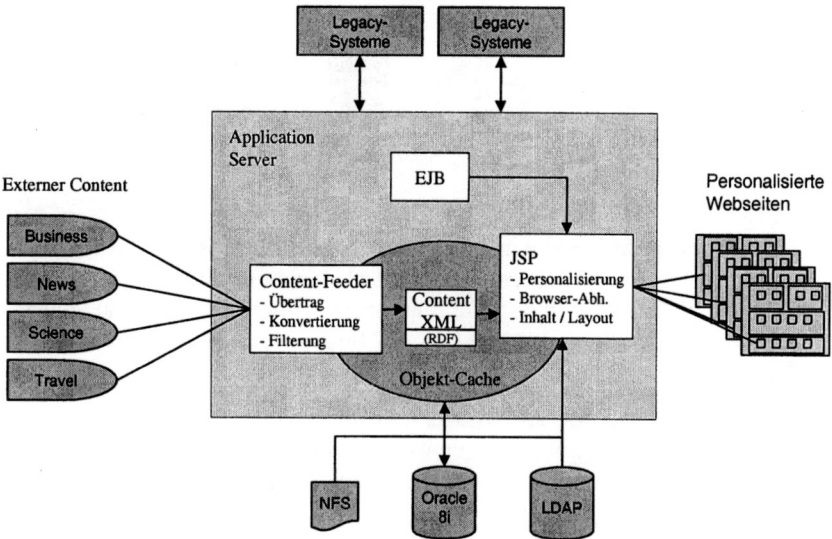

Abbildung 5–2: Systemarchitektur „Soll" Ausbauphase 1

Durch den Einsatz des Redaktionssystems können Content-Objekte ohne technischen Aufwand geändert bzw. entfernt werden. In diesem Stadium setzt E-Plus zwei verschiedene Datenbanken für die Verwaltung des Content ein. Die Integration der Datenbanken soll in Phase 2 der Systemeinführung vorgenommen werden.

Phase 2: Integrierte Content-Verwaltung

In der Phase 2 der Systemeinführung werden die beiden Oracle-Datenbanken durch eine integrierte Datenbank ersetzt. Änderungen sind innerhalb dieser Architektur sofort sichtbar und werden nicht mit Zeitverzögerung dargestellt. Content-Objekte werden direkt als XML-Dateien über die Oracle 8i Datenbank verwaltet.

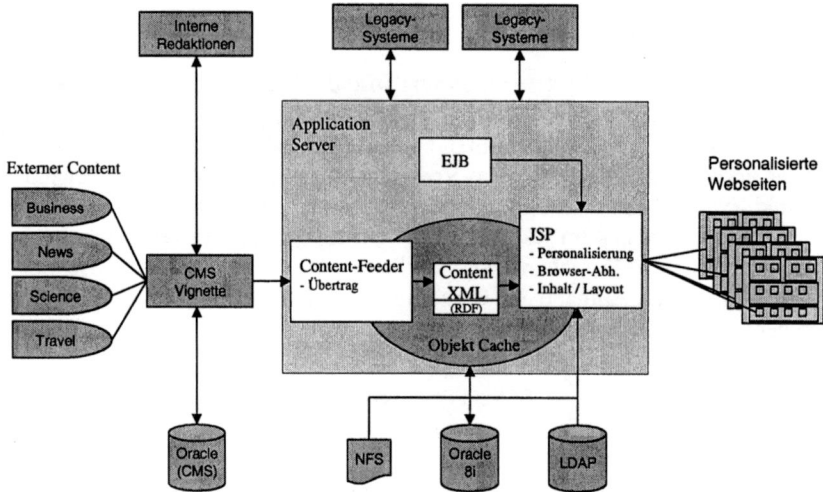

Abbildung 5–3: Systemarchitektur „Soll" Ausbauphase 2

Nachteile dieser Lösung sind:

- Das Content-Management-System hat keinen Einfluss auf die Personalisierung der Informationen. Die Personalisierung erfolgt wie in der ersten Stufe auf Basis der in den JSP hinterlegten Anweisungen. Redaktionsmitarbeiter haben keine Möglichkeit, auf Struktur und Darstellung einzuwirken.

- Rückmeldungen wie z.B. Nutzerverhalten können nicht an das Content-Management-System übergeben werden. Die Nutzung der Software erfolgt nur in eine Richtung als Redaktionssystem.

In Phase 3 sollen diese Nachteile durch eine integrierte Content-Management-Lösung eliminiert werden.

Phase 3: Integrierte Gesamtlösung

Wesentliches Ziel der dritten Phase ist die Verbesserung der Kommunikation zwischen den einzelnen Komponenten der Architektur. Ermöglicht werden soll insbesondere die durchgängige Kommunikation zwischen den Komponenten:

- *Webserver <-> Content-Management-System* für direkte Rückmeldungen von Nutzerinformationen an das CMS und die nutzer- und situationsspezifische Aufbereitung des Content;
- *CMS <-> LDAP-Server* für eine direkte Kontrolle und Bearbeitung der Personalisierungsinformationen;
- *Java Server Pages <-> CMS* für die Möglichkeit flexibler Anpassungen von Inhalt und Layout. Java Server Pages sollen direkt über das CMS verwaltet werden können, um Inhalt und Layout im Rahmen von Redaktionsworkflows zu bearbeiten.

Die geplante Systemarchitektur dieser Phase ist in Abbildung 5–4 dargestellt.

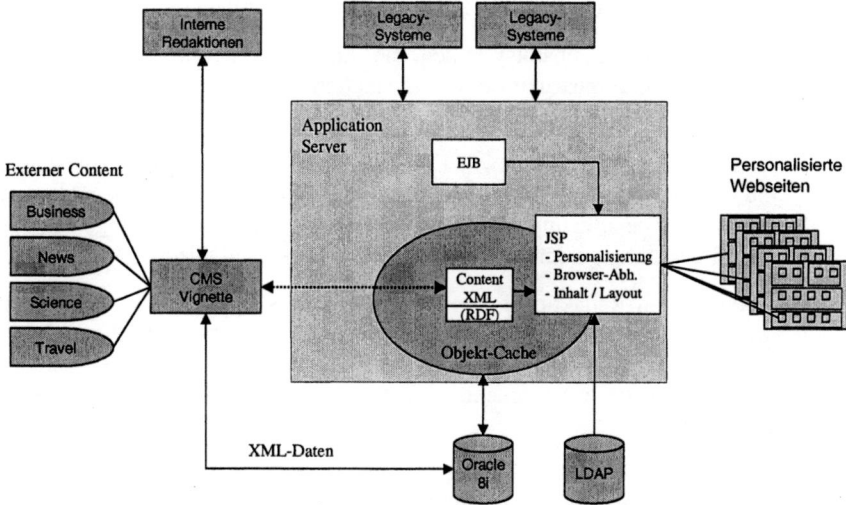

Abbildung 5–4: Systemarchitektur „Soll" Ausbauphase 3

Zusätzlich zu den genannten Ausbaustufen entwickelt E-Plus eine Vision für eine integrierte Content-Management-Infrastruktur. In dieser Idealarchitektur wird der Application Server weitgehend durch das Content-Management-System ersetzt. Der Application Server stellt spezifische Services, wie z.B. Kalender, zur Verfügung, die über das Content-Management System integriert werden können. Momentan hat das Unternehmen kein am Markt verfügbares Content-Management-System auswählen können, das den erforderlichen Kriterien entspricht. Die hohen Anforderungen an Performance, Flexibilität und Skalierbarkeit, die Telekommunikationsunternehmen an eine Content-Management-Lösung stellen, können von den Standardlösungen der etablierten Hersteller nicht erfüllt werden. Beispiele sind die Personalisierung grosser Portale bis auf User-Ebene oder die direkte Anpassung der WAP-Portals aus dem Redaktionssystem.

5.2 Markt für Content-Management-Systeme

Content-Management-Systeme decken ein breites Spektrum an Funktionalitäten ab. Die Grenzen zu anderen Softwarelösungen wie z.B. Personalisierungstools oder Dokumentenmanagementsystemen sind fliessend. Der Markt für Content-Management-Systeme setzt sich aus einer Vielzahl von Anbietern unterschiedlicher Ausrichtung zusammen. Die folgende Auflistung zeigt die Breite der verschiedenen Anbieter auf, die Produkte unter dem Begriff „Content-Management" vermarkten:

- Anbieter von Dokumentenmanagementsystemen, die ihre Anwendung um Funktionalitäten für die Verwaltung von Webdokumenten erweitert haben (z.B. Documentum, Filenet);

- Anbieter von Softwarelösungen zum Aufbau von Internet- oder Intranetportalen (z.B. Hummingbird, Pirobase, Broadvision);

- Anbieter von Datenbanksystemen, die ihre Produkte um Funktionalitäten zur Verwaltung unstrukturierter Informationen (Dokumente) erweitert haben (z.B. Poet, Software AG);

- Anbieter von Programmen zur Erstellung und Verwaltung von Webseiten, die mit erweiterten Funktionalitäten wie Dokumentenmanagement und Workflowunterstützung versuchen, den gesteigerten Anforderungen an das Web-Publishing gerecht zu werden (z.B. Allaire, NetObjects);

- Anbieter von Redaktionssystemen, die in der Vergangenheit meistens in grossen Nachrichtenagenturen oder Medienunternehmen zur Verwaltung der Inhalte eingesetzt wurden und im Zuge der Ausbreitung webbasierter Systeme Einzug in Unternehmen anderer Branchen finden (z.B. Vignette, Interwoven).

Die Anbieter- und Produktvielfalt der Content-Management-Systeme (CMS) erschwert die Auswahl des „passenden" Systems erheblich. Auf der einen Seite werden nicht alle in Frage kommenden Systeme unter dem Begriff CMS vermarktet, auf der anderen Seite werden einige Lösungen als CMS vertrieben, deren Funktionalitätsspektrum jedoch nur einen geringen Teil an Content-Management-Funktionalitäten abdeckt.

Die Gartner Group prognostiziert für die kommenden Jahre ein erhebliches Marktwachstum im Bereich Software und Consultingdienstleistungen im Content-Management-Umfeld [vgl. Drakos/Votsch 2001]. Produktanbieter und Beratungsfirmen werden versuchen, den Markt zu erobern, so dass in den kommenden Jahren erhebliche Konsolidierungen zu erwarten sind. Momentan zeichnet sich der Markt noch durch erheblich heterogene Produkt- und Serviceangebote aus. Zum jetzigen Zeitpunkt haben sich zwar schon eine Reihe von Key-Playern im Content-Management-Markt gebildet. Eine Konsolidierung des Marktes wird frühestens 2003 zu erwarten sein [vgl. Büchner et al. 2001, S. 180-182; Drakos/Votsch 2001, S. 18].

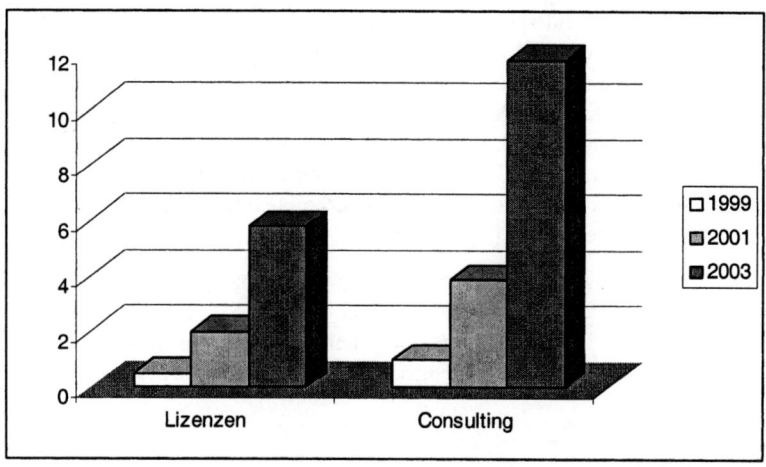

Abbildung 5–5: Entwicklungstendenzen des weltweiten Content-Management-Marktes (Angaben in Milliarden US$) [vgl. Drakos/Votsch 2001, S. 8]

Analysten des Unternehmens *Ovum* prognostizieren die grössten Umsätze mit Content-Management-Produkten und -Dienstleistungen in den USA und Europa. Das Institut identifiziert zwei Entwicklungsphasen für Content-Management-Produkte [vgl. Büchner et al. 2001, S. 181]:

- Bis *2003* werden die meisten Firmen Content-Management-Systeme einsetzen und die herkömmlichen Methoden des Web-Publishing ersetzen. Unternehmen setzen in dieser Phase vermehrt dezidierte Systeme für die Verwaltung von Webseiten ein.

- Ab *2004* erwarten Analysten die Verschmelzung von Content-Management-Systemen und transaktionsorientierten E-Business Anwendungen und damit eine Integration von Content-Management und Geschäftsanwendungen.

Bereits heute zeichnet sich eine verstärkte Entwicklung von Content-Management-Systemen zu integrierten E-Business-Anwendungen ab. Viele Hersteller bieten modulare Produkte an, mittels derer Unternehmen das Content-Management-System zu einem All-in-one-Werkzeug ausbauen können. Die Integration von Content-Management und Geschäftsanwendungen macht sich auch in der Serverarchitektur der Systeme bemerkbar. Verstärkt setzen Hersteller Applikationsserver ein, um komplexe Inhalte, die über Applikationen bereit gestellt werden, zu verwalten [vgl. Büchner et al. 2001, S. 182-183]. Kapitel 5.3 stellt verschiedene Serverarchitekturen von Content-Management-Systemen vor und vergleicht deren Anwendungsmöglichkeiten.

5.3 Serverarchitekturen

Die meisten Funktionalitäten eines Content-Management-Systems werden Benutzern über Clients zur Verfügung gestellt. Die Hauptaufgabe des Servers besteht in der Bereitstellung freigegebener Inhalte. Der Server enthält das Content-Repository, bietet Schnittstellen nach Aussen an und verwaltet Workflow und Rechtekonzept. Im Idealfall lassen sich die Inhalte über verschiedene Zugriffskanäle (Intranet, Kundenportal, WAP-Handy) personalisiert an Nutzer verteilen. Der Server eines Content-Management-Systems muss im wesentlichen die Zugriffe der Mitarbeiter im Rahmen von Redaktions- und Pflegeprozessen sowie die Nutzerzugriffe auf das Content-Angebot verwalten. Einige Serverkonzepte trennen diese beiden Zugriffsarten aus Sicherheits- und Performancegründen in separate Arbeitsumgebungen [vgl. Büchner et al. 2001, S. 150-155].

In der Praxis lassen sich die verschiedenen Serverkonzepte Liveserver, Staging-Server und Applikationsserver unterscheiden. Kapitel 5.3.1 bis 5.3.3 beschreiben Eigenschaften und Differenzierungsmerkmale der verschiedenen Servertypen und zeigen die typischen Anwendungsumgebungen der verschiedenen Varianten auf.

5.3.1 Liveserver

Für die Verwaltung hochdynamischer Informationen, die aktuell bereit gestellt werden müssen, bietet sich der Einsatz eines dynamischen Content Management-Systems (s. Abbildung 5–6) an. Alle Informationen, die Benutzer abrufen, werden zur Laufzeit dynamisch durch das System aus den zugrundeliegenden Datenbanken ausgelesen, mit Hilfe von Templates formatiert und über den Webserver verteilt. [vgl. Bullinger et al. 2000]. Das Content-Management-System erscheint nach aussen als eine geschlossene Anwendung. Mitarbeiter des Unternehmens können die Darstellung der dynamischen Inhalte über Templates ändern aber auch direkte Änderungen an den Inhalten im System vornehmen. Für die direkten Änderungen greifen Mitarbeiter über Clients auf den Liveserver zu.

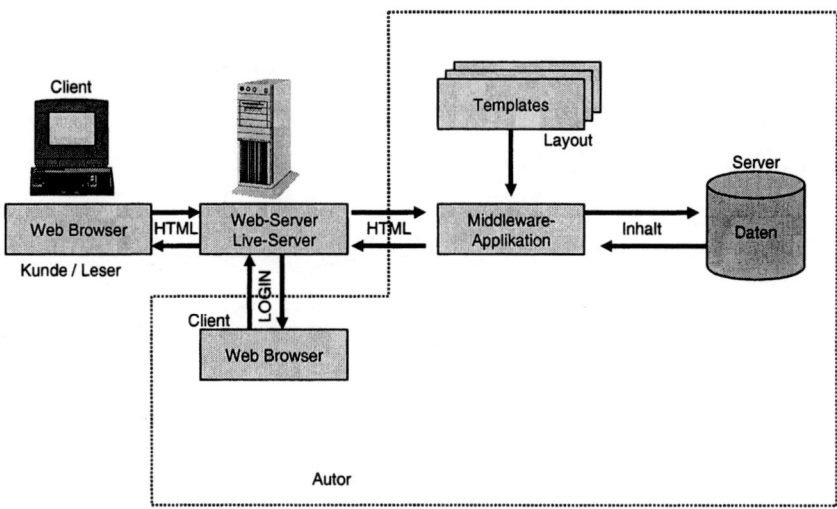

Abbildung 5–6: Live-CMS [Bullinger et al. 2000]

Da für jedes angeforderte Content-Objekt im Extremfall ein eigener Formatierungsprozess durchgeführt werden muss, besteht bei dynamischen Content-Management-Systemen bei hohen Zugriffszahlen die Gefahr, dass die Performance des Systems sinkt. Viele Hersteller bieten aus diesem Grund Cachingmechanismen an, die hoch frequentierte Seiten in einem Zwischenspeicher vorhalten [vgl. Büchner et al. 2001]. Eine weitere Schwachstelle dynamischer Serverkonzepte ist die integrierte Umgebung für Nutzer und Ersteller der Informationen. Änderungen der Inhalte sind sofort sichtbar und können nicht im Rahmen von Qualitätssicherungskonzepten in sicheren Testumgebungen bearbeitet werden.

5.3.2 Staging-Server

Das Prinzip des Staging-Servers stellt für die Bearbeitung von Dokumenten eine separate Umgebung bereit. Auf einem internen Server können Redakteure Inhalte nach Erstellung bzw. Änderung zur Kontrolle bereitstellen. Nach der Freigabe der Objekte werden diese auf den Staging-Server gespielt und sind von Nutzern abrufbar. Auf dem Publishing-Server (auch Redaktionsserver genannt) stehen sämtliche Funktionalitäten des Content-Management-Systems zur Verfügung. Dieser Server wird in einem geschützten, von aussen unzugänglichen Bereich positioniert und dient als Testumgebung. Dabei werden neue Informationen im Falle von Änderungen zeitgesteuert oder manuell auf den Webserver exportiert. Benutzer rufen die Informationen direkt vom Server ab, die Aufbereitung (Strukturierung, Templatezuordnung) der Seiten erfolgt zum Zeitpunkt der Freigabe der Informationen (siehe Abbildung 5–7). Der Export der Inhalte erfolgt i.d.R. automatisch durch das System. Nach Freigabe der Objekte durch den verantwortlichen Mitarbeiter werden diese automatisch veröffentlicht.

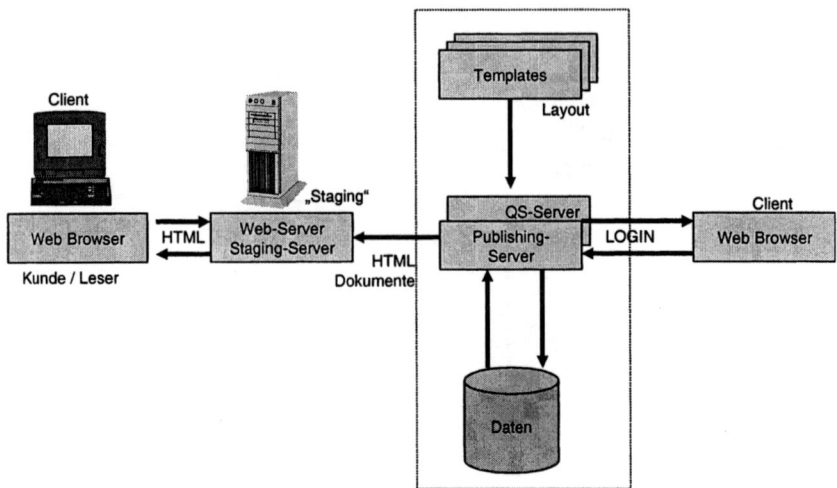

Abbildung 5–7: Staging-CMS [Bullinger et al. 2000]

Zusätzlich zu den beiden Servern Publishing-Server und Staging-Server stellen einige Content-Management-Systeme einen Server zur Qualitätssicherung (QS-Server) bereit. Auf diesem findet die Kontrolle und Freigabe der Inhalte statt, die eine Stufe vorher auf dem Publishing-Server erstellt oder geändert wurden. Im Rahmen von Workflowdefinitionen lassen sich mit dieser Serverarchitektur komplexe Redaktionsprozesse in heterogenen Arbeitsumgebungen abbilden. Nach der Freigabe der Inhalte auf dem QS-Server werden die Content-Objekte automatisch in den Stagingbetrieb überführt [vgl. Büchner et al. 2001].

5.3.3 Applikationsserver

Liveserver und Staging-Server stellen Serverkonzepte dar, die primär für die Bearbeitung von Webseiten entwickelt wurden. Die Integration bestehender Systeme wie z.B. Datenbanken, ERP-Systeme, CRM-Systeme erfolgt über Programmierschnittstellen (API´s) des Systems, die speziell entwickelt werden müssen. Das System stellt an sich keine Geschäftslogik bereit. Kennzeichen eines Applikationsservers hingegen ist die Fähigkeit, Geschäftslogik abzubilden und zu verarbeiten. Durch offene Schnittstellen wie CORBA, COM, EJB oder JSP lassen sich Informationen aus verschiedenen Anwendungen in das System integrieren. Diese werden vom Applikationsserver als Objekte verwaltet und über Systemkomponenten für Benutzer aufbereitet. Abbildung 5–8 zeigt die wesentlichen Komponenten eines Applikationsservers [vgl. Büchner et al. 2001]. Die Daten werden vom Datenbank-Layer aus Datenbanken oder Transaktionssystemen ausgelesen und an den Geschäfts-Layer übergeben. Dieser enthält die Geschäftslogik und verarbeitet die zugeführten Daten. Die Rohdaten werden durch den Geschäfts-Layer in ein anwendungsspezifischen Kontext transformiert. So lassen sich bspw. Produktpreise berechnen, um Rabatte zu vermindern oder Kundendaten zu bewerten. Der Präsentations-Layer übernimmt die Verknüpfung der Content-Objekte mit Struktur- und Layoutinformationen. Applikationsserver bieten neben Skriptsprachen zur Entwicklung dynamischer Webanwendungen in der Regel HTTP-Unterstützung, so dass auf einen separaten Webserver verzichtet werden kann [vgl. Busch 2000]. Die Firma *iPlanet* bietet mit ihrem *Portal Application Framework* eine Portalarchitektur, die auf einem Applikationsserver und standardisierten Javakomponenten aufbaut. Eine detaillierte Beschreibung der Architektur liefert die in Kapitel 5.1.2 dargestellte Architektur des Multi-Access-Portals bei E-Plus.

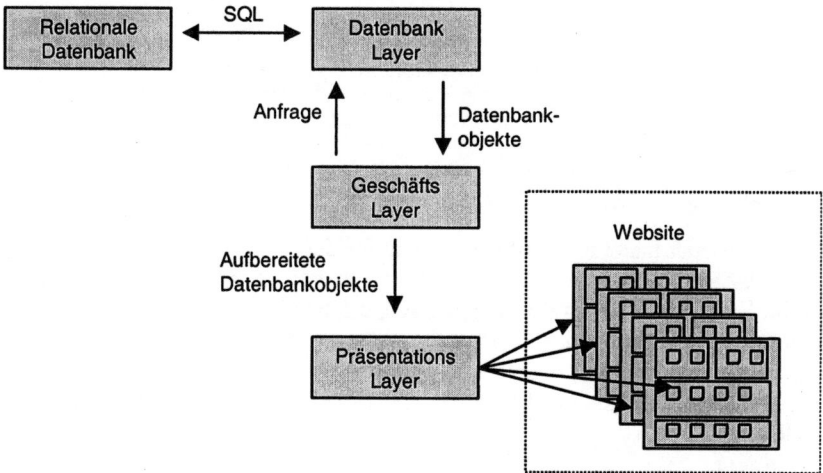

Abbildung 5–8: Basiskomponenten eines Applikationsservers [in Anlehnung an Busch 2000]

5.4 Spezialisierte Systeme zur Unterstützung des Content-Management

Die nachfolgenden Abschnitte beschreiben Softwarelösungen ausgewählter Hersteller, die dezidierte Bereiche des Content-Management abdecken. Im Gegensatz zu Komplettlösungen für das Content-Management (s. Kapitel 5.5), im folgenden als Content-Management-Systeme bezeichnet, handelt es sich hierbei um spezialisierte Anwendungen, die in Kombination mit weiteren Systemen anderer Kategorien zu einer Best-of-Breed-Content-Lösung ausgebaut werden können. Die Unterteilung der Software nach Einsatzbereichen erfolgt entlang der Bausteine des Content-Management (s. Kapitel 2.4).

5.4.1 Content-Syndication

5.4.1.1 Kinecta Interact Server

Überblick

Produkt	Kinecta Interact Server
Hersteller	Kinecta Corporation
Kurzbeschreibung	Speziallösung für die Planung, Durchführung und Kontrolle des Content-Syndication.
Funktionale Schwerpunkte	Content-Exchange, Content-Packaging, Content-Logging

Beschreibung

Kinecta Interact bietet eine Softwarelösung für den Austausch von Content zwischen Geschäftspartnern an. Unabhängig vom Dateiformat der Inhalte (z.B. Text, Grafik, Video) ist die Software in der Lage, digitale Inhalte zu verwalten und an Interessenten zu verteilen. Informationen können aus Datenbanken, Dokumentenmanagementsystemen, Content-Management-Systemen oder aus Filesystemen extrahiert, gebündelt und über das ICE-Protokoll zu Abonnenten übertragen werden.

Abbildung 5–9 illustriert die Funktionsweise der Kinecta-Software. Die Software besteht aus den zwei Java-Komponenten:

- *Kinecta Interact Server.* Anbieter digitaler Inhalte geben über den Interact Server ihre Angebote ab. Die Software kann Inhalte aus unterschiedlichen Quellen (Filesystem, Datenbanken, Webserver etc.) extrahieren;

- *Kinecta Subscriber.* Über dieses Modul können Abonnenten Inhalte auswählen (Profil) und Parameter für die Übermittlung der Inhalte angeben. Inhalte können über Pull– oder Pushverfahren abonniert werden.

Spezialisierte Systeme zur Unterstützung des Content-Management 147

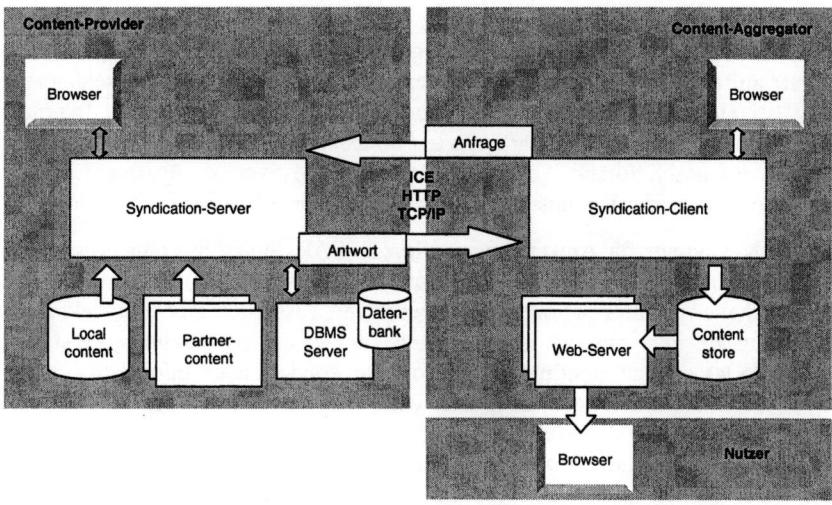

Abbildung 5–9: Kinecta Interact Architektur [vgl. Kinecta 2000]

Kinecta Interact bietet sämtliche für das Content-Syndication benötigte Funktionen. Die Software kann beide Formen des Syndication (Aggregation, Distribution) unterstützen und eignet sich für den Aufbau komplexer Content-Syndication-Infrastrukturen. Der Einsatz der Software empfiehlt sich für Unternehmen, die beide Syndication-Formen verwenden möchten. Die Aggregation von Content-Objekten in Portale kann über einfache Anpassungen der Portalfunktionen realisiert werden (Fallbeispiel E-Plus) und benötigt keine eigene Syndication-Software. [vgl. Bock 2000; Kinecta 2000; Torres 2001]

5.4.1.2 Plumtree Corporate Portal

Überblick

Produkt	Plumtree Corporate Portal
Hersteller	Plumtree
Kurzbeschreibung	Plattform für den Aufbau und Betrieb offener, skalierbarer Portale, die Content und Applikationen integrieren [vgl. Ovum 2000, S. 157].
Funktionale Schwerpunkte	Integration, Syndication, Portalgestaltung, Personalisierung

Beschreibung

Die Firma *Plumtree* bietet für Kunden ihrer Portalsoftware *Plumtree Corporate Portal* Funktionalitäten für das Content-Syndication an. Der Austausch des Content erfolgt über sogenannte Gadgets. Hierbei handelt es sich um Softwaremodule, die über XML- oder HTML-Tags in die Webseite eingebunden und konfiguriert werden können. Gadgets bündeln Content und Funktionalitäten und stellen diese austauschenden Partnern zur Verfügung. Ein Beispiel für ein Gadget ist der Zugriff auf den Produktkatalog eines Geschäftspartners oder die Börsenkursabfrage bei einem Content-Provider. Plumtree stellt zusätzlich zu den Internet-Gadgets, die Content von Providern wie *Fool.com8* oder *Excite9* integrierenden Gadgets für geschäftliche Anwendungen wie CRM-Systeme, Business Intelligence Lösungen oder Dokumentenmanagementsysteme bereit.

Zahlreiche Gadgets für Anwendungen wie z.B. SAP, Siebel Systems, Microstrategy oder Lotus bieten direkten Zugriff auf die entsprechenden Systeme und die darin enthaltenen Informationen. Plumtree bietet zusätzlich eine Entwicklungsumgebung an, über die sich neue Gadgets für weitere Anwendungen erstellen lassen. So lassen sich nicht nur externe Inhalte, sondern auch Informationen aus den Geschäftsanwendungen zwischen Unternehmen oder unternehmensintern austauschen bzw. in die Webseiten einbinden. Abbildung 5–10 stellt den Austausch von Informationen und Diensten zwischen zwei Unternehmensportalen dar. Unternehmen stellen Content und Softwarefunktionalitäten in Form von Modulen zum Syndication zur Verfügung. Diese können in Portalen des eigenen Unternehmens oder von Partnerunternehmen über Gadgets verwendet werden.

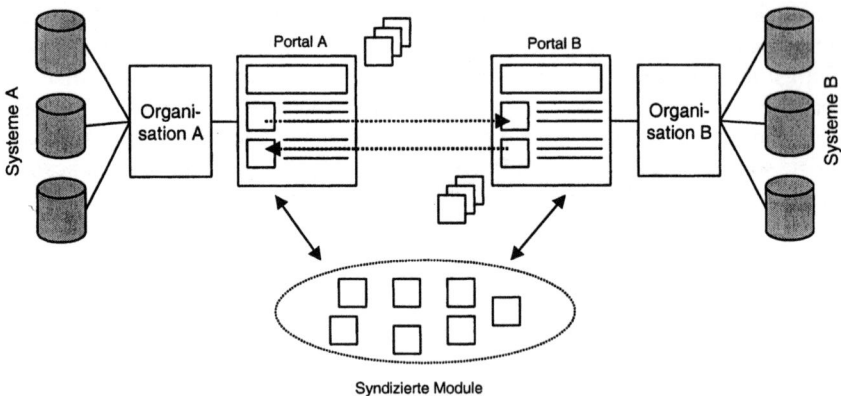

Abbildung 5–10: Gadget-Syndication mit Plumtree Portal [vgl. Plumtree 2001a]

Die Portalsoftware sorgt für den reibungslosen Austausch der benötigten Gadgets zwischen den austauschenden Partnern. Der wesentliche Unterschied zwischen Content-Syndication und Gadget-Syndication liegt in der Art der ausgetauschten Inhalte. Während Content-Provider in der Regel redaktionell erstellte Inhalte liefern, werden mittels Gadget-Syndication dynamische Inhalte aus Backend Systemen des eigenen Unternehmens oder von Geschäftspartnern ausgelesen und in die Webanwendung integriert [vgl. Plumtree 2000a; Plumtree 2000b; Plumtree 2001a; Plumtree 2001b].

Syndication-Funktionen stellen nur einen kleinen Teil des Funktionsspektrums der Software dar. Die Hauptfunktionen von Plumtree Corporate Portal liegen im Bereich Personalisierung und Integration von Content sowie Portalgestaltung.

Für die Organisation des Content-Syndication eignet sich die Software für Unternehmen, die eine integrierte Plattform für den Austausch von Content und Applikationen benötigen.

5.4.2 Content-Redaktion und -Nutzung

Spezialisierte Softwarelösungen für die Bereiche Redaktion und Nutzung lassen sich schwer voneinander abgrenzen. In diese Kategorien lassen sich Hersteller aus den Segmenten Redaktionssysteme, Dokumentenmanagementsysteme, Portallösungen, Personalisierungssoftware und eCRM-Software einreihen, die starke Überschneidungen aufweisen. In den meisten Fällen integrieren Hersteller Komponenten zu Erstellung, Pflege und Verteilung von Content in ihre Anwendungen. Aus diesem Grund fasst dieses Kapitel die Bausteine des Content-Management „Redaktion" und „Nutzung" in einer Softwarekategorie zusammen. Die vorgestellten Anwendungen unterscheiden sich in der funktionalen Abdeckung sowie der Fokussierung auf bestimmte Anwendungsgebiete im betrieblichen Kontext.

5.4.2.1 Arago DocMe

Überblick

Produkt	DocMe
Hersteller	Arago
Kurzbeschreibung	Einfaches Redaktionssystem für die Verwaltung und Verteilung unstrukturierter Informationen.
Funktionale Schwerpunkte	Template-Editing, Workflowmanagement, Compound-Documents

Beschreibung

Das Redaktionssystem DocMe der Firma *Arago* verwaltet sämtliche Content-Objekte formatunabhängig. DocMe stellt Autoren einen einfachen Client zur Verwaltung ihrer Informationen zur Verfügung, der sich auch in die Applikationen der Autoren einbinden lässt (z.B. Office Integration).

Zur Beschreibung der Redaktionsprozesse im Unternehmen entwickelt Arago objektorientierte Informationsmodelle, die die Basis für die Workflowunterstützung durch das Redaktionssystem bilden. Autoren können im Rahmen der Erstellung und Pflege von Dokumenten in den gewohnten Office-Anwendungen arbeiten, die über Standard-Makros in die *DocMe*-Umgebung integriert werden. Nach der Bearbeitung durch den Autor generiert dieser Metainformationen zu den bearbeiteten Content-Objekten und speichert Content-Objekt und Metainformationen im Redaktionssystem ab. Nach der Speicherung läuft automatisch ein vorkonfigurierbarer Publishingprozess ab, der Konvertierung, Verlinkung und Verteilung der Dokumente gemäss eines definierten Informationsmodells vornimmt. Das System lässt sich um verschiedene Komponenten erweitern.

Mögliche Module zur Ergänzung der Funktionalitäten, die von Arago angeboten werden, sind *Versionierung, Archivierung und Qualitätssicherung.*

Bei der Software *DocMe* handelt es sich um ein Redaktionssystem, das speziell auf die Verwaltung und Verteilung unstrukturierter Informationen ausgerichtet ist. Die Software bietet keine Komponenten zur Einbindung strukturierter Daten aus Transaktionssystemen. Das Produkt eignet sich für die Systemunterstützung einfacher Redaktionsprozesse zur Bewirtschaftung webbasierter Plattformen.

5.4.2.2 Red Dot Professional

Überblick

Produkt	RedDot Enterprise
Hersteller	RedDot Solutions
Kurzbeschreibung	Redaktionssystem für die Bewirtschaftung komplexer Portalanwendungen.
Funktionale Schwerpunkte	Template-Editing, Versionskontrolle, Compound-Documents, Linkmanagement, Workflowmanagement

Beschreibung

Basiskomponenten des Redaktionssystems RedDot Enterprise sind (s. Abbildung 5–11):

- *IDEA (Integrated and Distributed eBusiness Architecture),* ein in Java entwickeltes Framework, das die J2EE-Technologien Servlets und Enterprise Java Beans um zusätzliche Klassen für die Anwendungsentwicklung erweitert. Das Framework stellt standardisierte Klassen für das Usermanagement, Versionierung von Dokumenten, Datenbankmanagement und Workflowmanagement bereit. Darüber hinaus bietet die Architektur Plug-In-Komponenten, die an die entsprechende Business Logik des Unternehmens adaptiert werden können. Webfrontends lassen sich über sogenannte Weblets einfach entwickeln. IDEA verfügt über ein eigenes Benutzermodell mit hierarchischen Gruppen und zeitbegrenzten Rollen.

- *XMAPS (XML Management and Publishing System)* stellt eine Umgebung für die Verwaltung und Ausgabe von XML-Dokumenten bereit. Die Komponente erlaubt die direkte Einbindung von Content aus verschiedenen Quellen (Datenbanken, LDAP-Server, CORBA) und personalisiert die Inhalte auf Basis von Regeln und Benutzerprofilen. Die Verteilung der Inhalte auf Kanäle in den erforderlichen Formaten realisiert die Anwendung über die Extensible Stylesheet Language Transformation (XLST). Dieser Standard ermöglicht die automatische Konvertierung unterschiedlicher Dokumententypen.

Spezialisierte Systeme zur Unterstützung des Content-Management 151

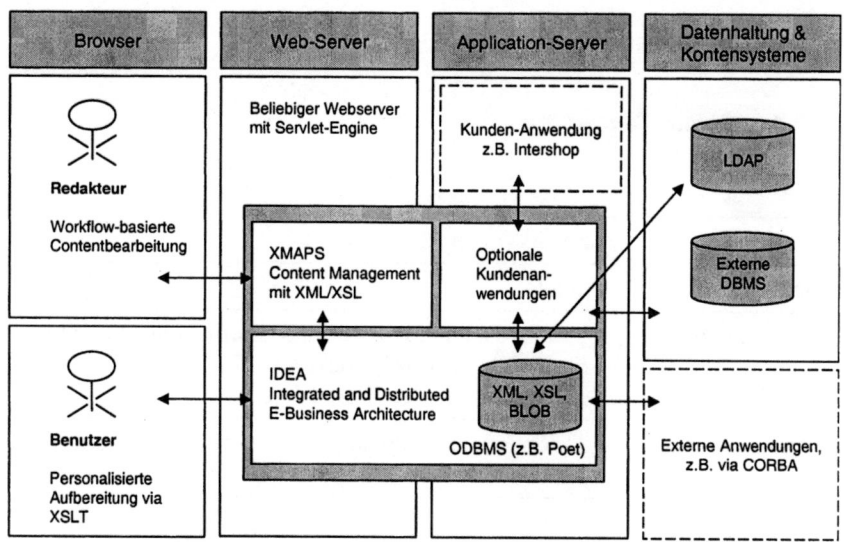

Abbildung 5-11: RedDot Enterprise Architektur [vgl. RedDot 2001]

Die Programmlogik der Software wurde auf Basis von Enterprise Java Beans (EJB) entwickelt, die in den meisten Applikationsservern zum Einsatz kommen. Über diese Komponenten lässt sich die Anwendung einfach erweitern (z.B. Anbindung an eBusiness-Anwendungen wie Intershop) und an spezielle Bedürfnisse anpassen. Die Software bietet ein flexibles Framework für Entwickler. Um dynamische Elemente in XML-Dokumente zu integrieren, entwickelte RedDot die DynaMents-Technologie. Dabei handelt es sich um im Dokument eingefügte XML-Elemente, die zur Laufzeit in dynamische Inhalte transformiert werden [vgl. RedDot 2001]. Im Gegensatz zu *Arago DocMe* handelt es sich bei diesem Produkt um ein komplexes Redaktionssystem, das die Integration und Redaktion von Content in skalierbare Portalanwendungen unterstützt [vgl. Reibold 2000].

5.4.3 Content-Strukturierung

5.4.3.1 *Semio Taxonomy*

Überblick

Produkt	Semio Taxonomy
Hersteller	Semio
Kurzbeschreibung	Software zur automatischen Klassifikation unstrukturierter Inhalte. Das Produkt integriert Inhalte in Standardtaxonomien des Herstellers.
Funktionale Schwerpunkte	Taxonomieverwaltung, automatische Klassifikation

Beschreibung

Semio Taxonomy automatisiert den Prozess der Taxonomieerstellung und -Wartung mit Hilfe semiotischer Verfahren der Textanalyse. Die Software versucht dabei, die wesentlichen Inhalte der Dokumente zu extrahieren und daraufhin eine Klassifikation vorzunehmen. *Semio* bietet zusätzlich zur Klassifikation eines Dokumentenbestandes Funktionen zur Vernetzung der Informationsobjekte an. In einem ersten Schritt werden durch die Softwarekomponente *Semio Builder* die zu analysierenden Informationsobjekte aus den angegebenen Quellen eingelesen und die Kernkonzepte mittels semiotischer Verfahren extrahiert. Unter Zuhilfenahme lexikalischer Regeln werden die analysierten Objekte in einzelne Cluster eingeteilt und deren Relationen zueinander über eine Datenbank verwaltet. Semio Builder erstellt die Taxonomien selbständig auf Basis eines gegebenen Dokumentenbestandes. Oftmals ist eine vollautomatisierte Taxonomieerstellung nicht erwünscht, da zumindest die Hauptkategorien eines Ordnungssystems vorgegeben sind (z.B. durch die Struktur der Website oder des Intranets, branchenspezifischer Vorgaben etc.). Um dieses Problem zu umgehen, liefert die Firma Semio mit der Komponente *Semio Topic Library* eine Liste von ca. 2000 unterschiedlichen, in der Praxis verwendeten Taxonomien, über die die automatisch erstellten mit den vom Unternehmen vorgegebenen Schemata verknüpft werden können [vgl. Semio 1999]. So lassen sich bestehende Navigationsstrukturen weiterverwenden und ab einer vordefinierten Stufe mit vollautomatischen, von Semio erstellten, Taxonomien verknüpfen. Abbildung 5–12 stellt dieses Vorgehen anhand eines praktischen Beispiels dar.

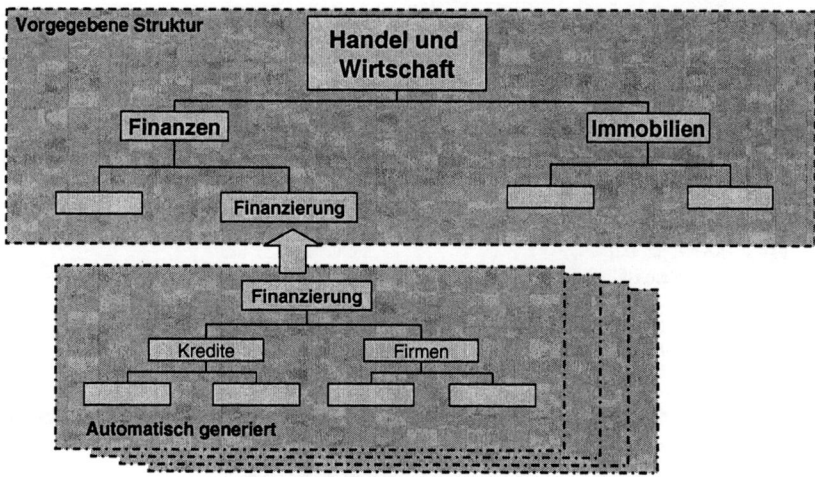

Abbildung 5-12: Integration von automatisch generierter und vorgegebener Taxonomie [vgl. Semio 2000a, S. 4]

Durch den Einsatz verschiedener Taxonomien auf ein und denselben Datenbestand liefert Semio unterschiedliche Sichten, die individuell angepasst werden können. Semio liest Daten aus unterschiedlichen Quellen und Formaten ein. Somit können Textdateien, Office-Dokumente, Intranet-Seiten, Emails und ODBC-Datenbankinhalte über eine integrierte Oberfläche zugänglich gemacht werden.

Einer Studie des Unternehmens Forrester Research zufolge ist die aufwendigste Aufgabe bei der Entwicklung von Intranet-Portalen die Entwicklung einer benutzerspezifischen Navigationsstruktur [vgl. Walker et al. 1999]. Semio Taxonomy automatisiert den Erstellungsprozess einer intranetbasierten Navigationsstruktur. Die Software bietet neben der Strukturierung der Inhalte Templates für die webbasierte Präsentation der Dokumente an. Die logische Struktur des Dokumentenbestandes wird in eine navigierbare Directory-Struktur umgesetzt. Der Ausschnitt aus der von Semio Builder automatisch erstellten Taxonomie in Abbildung 5-13 zeigt die Darstellung der Taxonomie in einer webbasierten Navigationsstruktur. Im unteren Teil erscheinen weitere Hinweise zu ähnlichen Begriffen. Somit können Nutzer des Systems, ähnlich wie durch einen Thesaurus, bei ihrer Suche unterstützt werden und erhalten eine verbesserte Übersicht über den Dokumentenbestand [vgl. Semio 2000a].

154 Content-Management-Systeme

```
General Computer Taxonomy                          Powered by SEMIO
                              SEARCH [        ]    HELP

TOP > Internet > E-Commerce  (458)
CONCEPTS
  • automated e-commerce transaction [6]      • business-to-business e-commerce [16]
  • cisco internet commerce application [16]  • cost-effective business-to-business e-commerce [7]
  • e-commerce partner [3]                    • e-commerce pioneer [7]
  • e-commerce platform [21]                  • e-commerce site [38]
  • e-commerce system [16]                    • e-commerce transaction [20]
  • ecommerce solution [53]                   • electronic commerce application [25]
  • electronic commerce software [5]          • global electronic commerce [5]
  • implement e-commerce system [7]           • internet commerce applications [9]
  • internet commerce news [2]                • internet commerce [104]

TERMS RELATED TO THE SELECTED PHRASE
[ Get Documents ]
  ☐ backoffice family                    ☑ database management
  ☐ family of server application         ☐ global electronic commerce
  ☐ high-performance system              ☐ industry leadership
  ☐ server software                      ☐ span e-mail
  ☑ tech data
```

Abbildung 5–13: Durch Semio Taxonomy erstellte Taxonomie [vgl. Semio 2000a]

5.4.3.2 SER Brainware

Überblick

Produkt	Brainware
Hersteller	SER
Kurzbeschreibung	Software zur automatischen Klassifikation und Verteilung von unstrukturierten Inhalten.
Funktionale Schwerpunkte	Automatische Klassifikation, Taxonomieverwaltung Dokumentenverteilung

Beschreibung

Mit Hilfe des Produktes *Brainware* der Firma *SER* lassen sich Dokumente jeder Art automatisch analysieren und Kategorien zuordnen. Die Software besteht aus den beiden Komponenten *eClassify* Designer, mit dem die Vorgaben für die Klassifikation der Dokumente spezifiziert werden können, und dem *eClassify Manager*, der die Informationsobjekte den Kategorien zuordnet.

Definition der Klassifikationskriterien mit eClassify Designer

Im *eClassify Designer* wird eine hierarchische Objektstruktur definiert und anschliessend werden verschiedene Dokumente in die definierte Hierarchie eingeordnet. Die Dokumente können aus verschiedenen Datenquellen (Filesystem,

Scanner, Fax, Email etc.) stammen. Die Zuordnung zu den Klassen erfolgt anhand von Begriffen, mehreren Worten oder Phrasen aus dem Text, für die jeweils ein additiver Bedeutungsinhalt ermittelt wird. Dieser gibt an, wie sicher die Zuordnung eines Dokumentes zu einer Klasse ist. Für die Bestimmung des additiven Bedeutungsinhaltes bietet der eClassify Designer die Möglichkeit

- einzelnen Ausdrücken einen Bedeutungsgehalt zuzuweisen;
- negative Werte für bestimmte Begriffe anzugeben, die Aussagen über die Nicht-Zugehörigkeit zu einer bestimmten Klasse treffen;
- die Begriffe innerhalb eines Ausdrucks separat zu gewichten.

Dokumente werden, abhängig von der gewählten Konfiguration, entweder sämtlichen Klassen, für die der additive Bedeutungsgehalt über einem festgelegten Schwellenwert liegt, oder aber nur der Klasse mit dem höchsten Bedeutungsgehalt zugeordnet (Klassifikation im engeren Sinne).

Automatische Klassifikation durch den eClassify Manager

Vor dem produktiven Betrieb der Software wird ein gegebener Dokumentenbestand durch das System analysiert und kategorisiert. Im Designermodus kann anschliessend die Güte der Klassifikation durch die Benutzer überprüft werden. Bei unerwünschten Zuordnungen müssen die Vorgaben überprüft und gegebenenfalls modifiziert werden.

Der *eClassify Manager* extrahiert im laufenden Betrieb Dokumente aus vorgegebenen Quellen und ordnet diese den definierten Kategorien zu. Die klassifizierten Dokumente werden in vorgegebene Ordner gespielt, können aber auch an weitere Anwendungsprogramme oder Personen (Workflow) übermittelt werden. Die Software *eClassify* ist Teil der SER-Produktpalette, die Anwendungen zum Dokumentenmanagement, Workflomanagement und Knowledge Management enthält. Die Software lässt sich aber auch unabhängig von den anderen SER-Komponenten verwenden und mit beliebigen Workflow-, Dokumentenmanagement- oder Mailsystemen kombinieren.

Anwendung der Brainware-Technologie in der automatischen Dokumentenverarbeitung

SERdistiller ist eine Komponente der Firma SER zur automatischen Dokumenteneingangsbearbeitung. Die Software baut auf dem Kern des Produktes Brainware auf und nutzt dessen Funktionalitäten für die Automatisierung des Dokumenteneingangs. Die Software liest, analysiert, sortiert und indiziert eingehende Dokumente automatisch. Die wichtigsten Inhalte werden extrahiert und zur Weiterverarbeitung an Personen oder Anwendungssysteme übergeben. Mit der Software lassen sich sowohl strukturierte Texte (Rechnungen, Formulare) als auch unstrukturierte Dokumente automatisch bearbeiten (s. Abbildung 5–14).

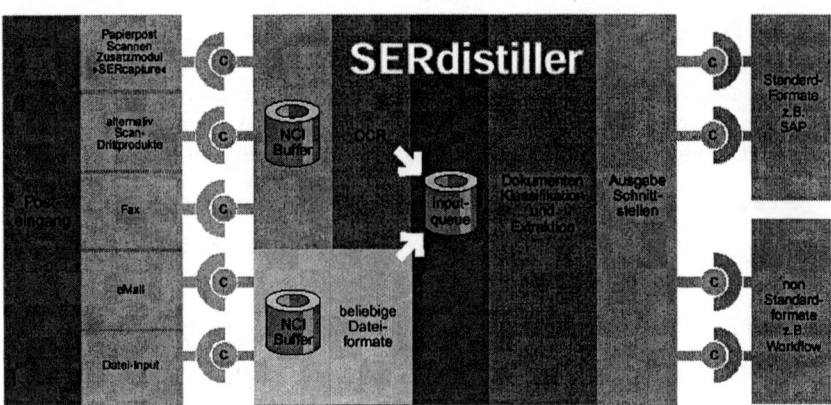

Abbildung 5–14: SER Distiller Architektur

Im Designermodus lassen sich, unterstützt von einer grafischen Benutzeroberfläche, Dokumentenworkflows definieren. Das Trainieren des Systems wird, analog zu *SER Brainware*, ebenfalls im Designermodus vorgenommen. Die Runtimeumgebung der Software verarbeitet automatisch die eingegangenen Dokumente und liefert Statusmeldungen über die Dokumentenbearbeitung. Die Systemkomponente *SER Distiller Verifier* führt Dokumente, die nicht eindeutig Prozessinstanzen zugeordnet werden konnten, einer manuellen Korrektur zu.

Qualitätsaspekte

Die automatische Klassifikation von Inhalten kann Unternehmen erhebliche Kostenersparnisse und Effizienzgewinne einbringen. Diese lassen sich jedoch nur realisieren, wenn die Systeme in der Initialphase ausreichend kalibriert werden. Die Kalibrierung sollte in einem abgegrenzten Testbereich vollzogen und mehrfach durchgeführt werden. Eine zu schnelle Produktivschaltung kann zu ungenügenden Ergebnissen führen, deren nachträgliche Anpassungen mit erheblichen Kosten verbunden sind [vgl. Dumais 1998]. Systeme wie *SER Brainware* oder *Verity Intelligent Classifier*, die die manuelle Anpassung der Kategorien bzw. Klassifikationsregeln erlauben, können durch schrittweise Anpassungen von der Test- über abgegrenzte Pilot- in die Produktivumgebung überführt werden. Dabei hängt die Qualität der Klassifikation stark von Eigenschaften der Lernmenge ab. Die Güte einer automatischen Klassifikation wird durch folgende Parameter direkt beeinflusst [vgl. Appelrath et al. 2001]:

- *Inhaltlicher Abstand der Dokumente*: Bei der Gestaltung der Klassen sollte darauf geachtet werden, dass die Dokumente der einzelnen Klassen ausreichend inhaltliche Differenzierungsmerkmale aufweisen. Moderne Klassifikationssysteme extrahieren die Konzepte aus dem Text anhand statistischer Verfahren. Dies ermöglicht den multilingualen Einsatz, erschwert aber die Extraktion der Inhalte aus ähnlichen Dokumenten.

- *Eindeutige Beziehung zwischen Dokumenten und Klasse*: Auch wenn das Softwaresystem die Mehrfachzuordnung von Dokumenten zu Klassen unterstützt (Facettenklassifikation), sollten Anwender in der Lernphase nur eindeutige Zuordnungen zulassen.

- *Repräsentativität der Lernmenge*: Die Dokumente der Lernmenge sollten den Dokumentenbestand möglichst umfassend repräsentieren, um die eindeutige Klassifikation auch im Produktivbetrieb zu ermöglichen.

- *Anzahl der Lerndokumente pro Klasse*: Die Anzahl der Dokumente pro Klasse sollte zwischen 20 und 50 liegen. Die Menge der Lerndokumente kann nicht als absoluter Wert angegeben werden, sondern variiert mit den anderen Qualitätsfaktoren (z.b. der Repräsentativität der Lernmenge).

- *Grössenverhältnis der Dokumente*: Die Dokumente der Lernmenge sollten eine ähnliche Grösse aufweisen, um die Verhältnismässigkeit der Inhaltsgewichtung zu garantieren. Die Mindestgrösse eines Dokumentes liegt bei 1 Kilobyte.

5.5 Content-Management-Systeme

Die folgenden Abschnitte veranschaulichen die Systemarchitekturen ausgewählter CMS-Anbieter. Das Ziel ist dabei, die Architekturen einiger bekannter und verbreiteter Hersteller aufzuzeigen und deren Basiskomponenten in die oben beschriebene Funktionalitätssammlung einzuordnen. Es ist nicht das Ziel, einen vollständigen Marktüberblick zu geben oder Bewertungen der einzelnen Lösungen vorzunehmen, da diese Informationen sich sehr schnell ändern und bereits zum Erscheinungsdatum der Arbeit veraltet wären.

5.5.1 Autonomy

Überblick

Produkt	Portal-in-a-Box
Hersteller	Autonomy
Kurzbeschreibung	Portallösung mit einem Schwerpunkt auf automatischer Profilerhebung und Inhaltsklassifizierung [vgl. Autonomy 2001].
Funktionale Schwerpunkte	Suche, Content-Mining, Klassifikation, Personalisierung

Architektur

Das Produkt versucht, die Abläufe bei der Aggregation, Clusterung und Bereitstellung von Content weitgehend zu automatisieren (s. Abbildung 5–15). *Portal-in-a-Box* bietet eine konfigurierbare Portaloberfläche, über die Unternehmen verschiedenen Nutzergruppen personalisierte Informationen aus externen und internen Quellen zur Verfügung stellen können. *Portal-In-A-Box* ist in der Lage, beliebige Dokumente und Inhalte zu verwalten. Über offene Schnittstellen lassen sich heterogene Systeme mit entsprechend unterschiedlichen Inhalten einbinden [vgl. Harty et al. 1999].

Portal-In-A-Box bietet die Möglichkeit, Drittsysteme nahtlos einzubinden. So kann beispielsweise ein Chat Room derart integriert werden, dass er durch *Portal-In-A-Box* laufend auf seine Diskussionsthemen überprüft wird und beim Auftreten eines Schlüsselwortes eine entsprechende Nachricht initiiert. Darüber hinaus bietet *Portal-In-A-Box* vor allem in den Bereichen Dokumentenmanagement und Personalisierung Funktionalitäten. Das Dokumentenmanagement wird unterstützt durch das Abonnieren von Kanälen und eine Suchfunktion. Sämtliche neu eingestellten Inhalte werden automatisch verschlagwortet, kategorisiert und verlinkt. Diese Funktionalität erleichtert das Content-Management zwar grundsätzlich, kann allerdings eine manuelle Kategorisierung nicht vollständig ersetzen [vgl. Murray 2001].

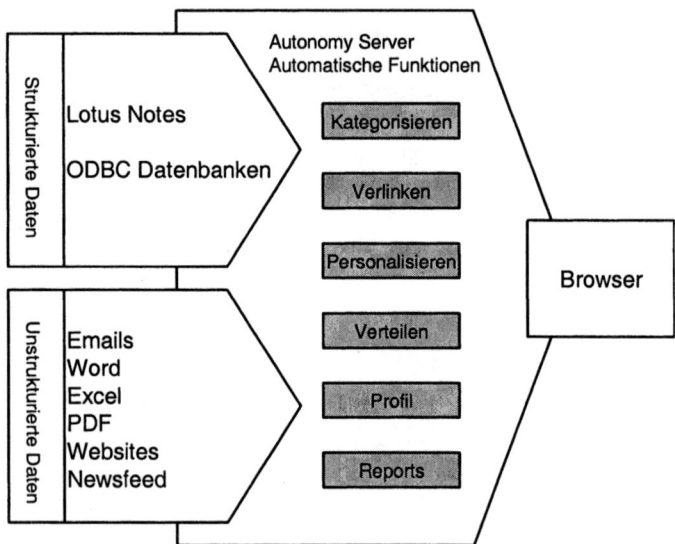

Abbildung 5–15: Autonomy Portal-in-a-Box Konzept [in Anlehnung an Autonomy 2001]

Zur Personalisierung bietet *Portal-In-A-Box* ein manuelles Customizing und eine automatisierte Profilerhebung. Beides dient dazu, Inhalte spezifisch zusammenzustellen oder Benutzer mit ähnlichen Interessen zusammenzubringen. Jeder Benutzer kann Retrieval-Agenten einsetzen, um vordefinierte Suchen auszuführen.

Anwendungsgebiete

Die Stärken der Software liegen im Bereich der automatischen Integration von Inhalten, deren Strukturierung und Personalisierung. Anwenderseitig bietet *Autonomy* leistungsfähige Unterstützung der Suche nach Informationen durch effiziente Suchalgorithmen, automatisch generierte Taxonomien und Visualisierung der Suchergebnisse [vgl. Harty et al. 1999, S. 10]. Die Strategie des Unternehmens ist die Integration der Information Retrieval Technologie in benutzerfreundliche Produkte wie Portal-In-A-Box oder Produkte von anderen Herstellern [vgl. Ovum 2000, S. 150].

Die Software versucht, die Abläufe der Portalbewirtschaftung weitgehend zu automatisieren und deckt damit die meisten Funktionen, von der Aggregation der Inhalte über die Strukturierung (Taxonomiebildung) bis zu deren Verteilung ab [vgl. Ovum 2000, S. 151]. Die Anbindung von Backendsystemen lässt sich aufgrund fehlender Schnittstellen nur mit verhältnismässig hohem Aufwand realisieren [vgl. Ovum 2000, S. 152].

Die Software eignet sich für Unternehmen, die eine Infrastruktur für die Integration, Organisation und Verteilung von unstrukturierten Informationen benötigen [vgl. Murray 2001, S. 6]. Sollen darüber hinaus Redaktionsprozesse (Erstellung, Pflege, Archivierung) unterstützt werden, ist diese Software aufgrund der fehlenden Funktionen (Workflowmanagement, Versionskontrolle, Template Editing etc.) ungeeignet.

5.5.2 Hyperwave

Überblick

Produkt	Hyperwave Information Server
Hersteller	Hyperwave AG
Kurzbeschreibung	Plattform für den Aufbau und die Bewirtschaftung von Portalanwendungen [vgl. Kappe 1999, S. 3].
Funktionale Schwerpunkte	Versionskontrolle, Compound-Documents, Linkmanagement

Architektur

Hyperwave Information Server ist eine Softwarelösung für den Aufbau und die Verwaltung von Internet-, Intranet- oder Extranetanwendungen. Die Software verwaltet sämtliche Content-Objekte über eine Datenbank. Die Verwaltung des Content erfolgt durch Zuordnung der Dokumente zu Dokumenten-Containern. Diese strukturieren die enthaltenen Content-Objekte, bilden Navigationselemente zwischen den Objekten und integrieren automatisch neu hinzugefügte Dokumente über Querverweise. Bei Bedarf lassen sich Content-Objekte eines Containers zu einem Compound-Document zusammenfassen, das als einzelnes Objekt dem Benutzer zur Verfügung gestellt wird (z.B. Website oder PDF-Dokument).

Die Software generiert Hyperlinks zwischen den Content-Objekten dynamisch aus dem Inhalt eines Containers. Wird ein Dokument entfernt oder verschoben, werden alle Hyperlinks auf dieses Dokument dynamisch angepasst. Externe (verweisende) Hyperlinks, die in Content-Objekten enthalten sind, speichert das System als eigene Objekte ab, die mit Metadaten versehen werden können. Über eine zentrale Linkverwaltung können Broken Links automatisch identifiziert und angepasst werden [vgl. Charlesworth 2001].

Die Software ermöglicht die Erstellung und Verteilung von Content-Objekten vom Arbeitsplatz des Autors. Die Container-Struktur des Servers kann über sogenannte Virtual Folders simuliert werden, über die Benutzer per Drag&Drop oder über den Speicher-Dialog der Office-Anwendungen neue Dokumente sofort auf dem Hyperwave Information Server speichern können. Arbeiten verschiedene Autoren an einem Dokument, lassen sich die Versionen und die Versionshistorie über die Software verwalten.

Über die Zugriffsverwaltung des *Hyperwave Information Server* können Rechte an Containern und einzelnen Objekten vergeben werden. Da die Software auch Hyperlinks als Objekte verwaltet, erscheinen diese, abhängig von der Rechtestruktur, personalisiert in Dokumenten. Benutzer erhalten ausschliesslich Hyperlinks zu Dokumenten, auf die sie entsprechend ihrem Benutzerprofil zugreifen dürfen [vgl. Kappe 1999; Hyperwave 2000; Charlesworth 2001].

Anwendungsgebiete

Hyperwave Information Server ermöglicht den Aufbau einer integrierten, einfach bedienbaren Plattform für die Integration, Redaktion, Strukturierung und Bereitstellung von Content. Die Software ermöglicht die einfache Integration von strukturierten Daten (z.B. aus SAP- oder OLAP-Systemen) in das Content-Management-System und unterstützt die Erstellung und Pflege unstrukturierter Content-Objekte durch webbasierte Versionskontrolle und Autorenunterstützung (Check-in/Check-Out, Compound-Documents, Editoren, virtuelle Folder) [vgl. Charlesworth 2001, S. 2].

Die Software eignet sich für den Aufbau einer Redaktionsumgebung für die Organisation und Bewirtschaftung webbasierter Anwendungen. Die funktionalen Stärken des Produktes liegen in den Bereichen Content-Redaktion und Integration sowie der strukturierten, personalisierten Bereitstellung der Informationen [vgl. Delphi 1999, S. 4]. Die Software bietet keine Funktionen für das Content-Syndication oder die automatische Strukturierung von Content-Objekten (Content-Mining, Taxonomieverwaltung, Klassifikation).

5.5.3 Lotus Knowledge Discovery System

Überblick

Produkt	K-Station, Knowledge Discovery Server
Hersteller	Lotus
Kurzbeschreibung	Plattform für die Integration, Strukturierung und Personalisierung von Content [vgl. Bredow 2001].
Funktionale Schwerpunkte	Content-Mining, Klassifikation, Taxonomieverwaltung, Personalisierung, Suche, Navigation

Architektur

Das Knowledge Discovery System von Lotus unterscheidet die beiden Komponenten Discovery Server und K-Station:

- Kernfunktionen des *Discovery Servers* sind Suche, Organisation und Verteilung von Content. Die Software durchsucht und analysiert Content-Objekte unterschiedlichster Art, extrahiert deren Inhalt und strukturiert die Inhalte über Taxonomien. Der *Knowledge Discovery Server* entwickelt die Taxonomien, basierend auf der Analyse des Dokumentenbestandes und visualisiert diese über das Portal *K-Station*. Neben der Kategorisierung des Content bietet die Software die Möglichkeit, Benutzer anhand des Verhaltens (Suche, Erstellung von Dokumenten, Emails, Memos etc.) zu kategorisieren und Content-Objekte zuzuordnen [vgl. Bredow 2001; Copeland 2001; Heck 2001].

- *K-Station* bietet Benutzern eine einheitliche Portalumgebung für Nutzung und Austausch des Content (s. Abbildung 5–16). Das Frontend bietet Nutzern die Möglichkeit, Content über Volltext oder Taxonomien zu suchen, abzulegen bzw. auszutauschen. Benutzer können Content über Personal Places für den individuellen Bedarf (z.B. Kalender, Email, private Dokumente) oder Community Places für den Bedarf von Teams (z.B. Projektdokumentationen, Diskussionsforen) verwalten. Die Software bietet Nutzern und Gruppen Kollaborationsfunktionen wie Instant Messaging, Teamrooms und Awarenessinstrumente. Portalfunktionen ermöglichen Anwendern die individuelle Konfiguration der Portaloberfläche und die Editierung und Pflege von Content. Portlets bündeln Content und Services in Containern, die von Benutzern in Grösse, Layout und Funktion angepasst werden können [vgl. Bredow 2001; Heck 2001; Lotus 2001b].

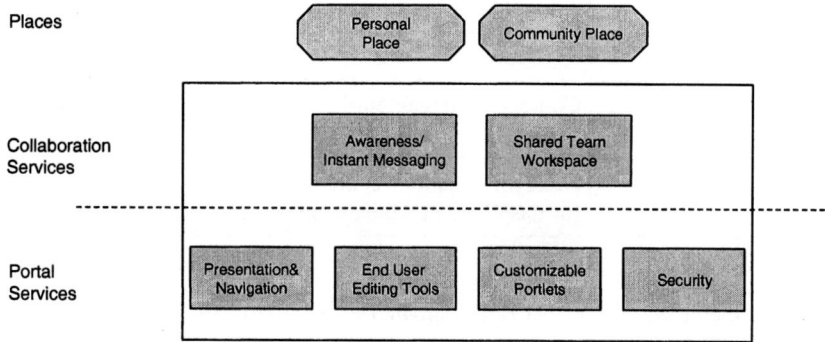

Abbildung 5–16: K-Station Architektur [vgl. Lotus 2001b]

Anwendungsgebiete

Die funktionalen Schwerpunkte des *Knowledge Discovery System* liegen im Bereich Integration und Strukturierung von Content. Die Software integriert Content aus heterogenen Quellen (Repositories) und stellt die Content-Objekte Anwendern personalisiert über das Portal zur Verfügung. Die Software stellt keine Funktionen für die redaktionelle Erstellung und Pflege von Inhalten zur Verfügung, sondern bereitet bereits bestehende Inhalte auf. Das *Knowledge Discovery System* kann als Middleware angesehen werden, die die Integration der Content-Objekte aus verschiedenen Backendsystemen und die Konsolidierung und zielgerichtete Bereitstellung der Objekte, basierend auf Profildaten übernimmt [vgl. Bredow 2001, S. 7; Lotus 2001a]. Zur Unterstützung der Content-Redaktion müssen Unternehmen weitere Komponenten von Lotus (Workflow, Dokumentenmanagement) oder von Drittanbietern integrieren [vgl. Bredow 2001; Copeland 2001; Heck 2001].

Für die Verwaltung der Zugriffsrechte auf Content-Quellen und -Objekte sowie die Personalisierung integriert *Lotus* einen eigenen Directory Server in das Produkt. Fremdprodukte (Datenbanken, Dokumentenmanagementsysteme) arbeiten nicht immer mit verschiedenen Verzeichnisdiensten zusammen. Unternehmen, die Content aus heterogene Quellen über das *Knowledge Discovery System* integrieren wollen, sollten die Kompatibilität der Produkte mit dem Lotus Directory Server überprüfen. Der Einsatz des Produktes bietet sich insbesondere für Unternehmen an, die bereits über eine auf Lotus-Komponenten basierende Infrastruktur verfügen [vgl. Bredow 2001, S.7].

5.5.4 Vignette

Überblick

Produkt	Vignette Content Products (Diverse)
Hersteller	Vignette
Kurzbeschreibung	Content-Management-Plattform für die Bewirtschaftung komplexer Portalanwendungen.
Funktionale Schwerpunkte	Die Produktpalette stellt eine Vielzahl von Funktionen für das Content-Management bereit.

Architektur

Vignette bietet unter dem Namen *Content Products* eine Reihe von Produkten zur Unterstützung des Content-Management an. Durch die verstärkten Kundenanforderungen in Bereichen eBusiness, Analysesoftware und Customer Relationship Management hat Vignette das ursprüngliche Redaktionssystem sukzessive um zahlreiche Komponenten erweitert. Die Kernkomponenten des Content-Management sind in Abbildung 5–17 dargestellt:

Komponente	Funktion
Content Aggregation Server	Integriert Fremdinhalte von Geschäftspartnern, Marktplätzen und Geschäftseinheiten aus heterogenen Quellen. Die Software aggregiert Inhalte unterschiedlicher Formate (HTML, XML, Datenbankinhalte etc.) und konvertiert Content in einheitliche Formate.
Content-Syndication Server	Automatische Verteilung von Inhalten an Geschäftspartner, Kunden oder weitere Intranets. Liefert personalisierten Content zeit- oder eventabhängig auf Basis standardisierter Übertragungsprotokolle (ICE, cXML) und Dokumentenformate (XML, HTML, PDF). Administration der Abonnements über grafisches Benutzerfrontend.
Content Management Server	Stellt Funktionen zur Dokumentenerstellung und -pflege zur Verfügung. Dokumente lassen sich aus einer Vielzahl von Standardanwendungen heraus bearbeiten. Die Software steuert und überwacht die Redaktionsworkflows, koordiniert Qualitätssicherung und Staging und archiviert automatisch abgelaufene Content-Objekte.
Lifecycle Personalisation Server	Generiert benutzergerechte Websites auf Basis von Profilinformationen. Die Software verteilt personalisierten Content kontextabhängig, nutzerspezifisch und anhand von Profil-Übereinstimmungen verschiedener Nutzer (Collaboration Filtering).
Mobile Application Suite	Stellt personalisierten Content auf Basis von XML-Stylesheets für verschiedene Ausgabegeräte bereit. Content-Objekte lassen sich für WAP-Handys (WML) und PDA´s kanalspezifisch aufbereiten.

Abbildung 5-17: Vignette Content Products [vgl. Webber 1999; Spencer 2000; Pierce 2001; Quakenbush 2001]

Anwendungsgebiete

Die Content-Management-Produkte von *Vignette* unterstützen sämtliche Facetten des Content-Management. Der modulare Aufbau der Produkte ermöglicht die Auswahl von Softwarekomponenten zur Unterstützung des Content-Management und kann um weitere Vignette-Komponenten aus angrenzenden Gebieten (z.B. E-Commerce, Loganalyse) erweitert werden. Das Produkt eignet sich für die Verwaltung komplexer Portalanwendungen, die heterogene Content-Objekte in hoher Aktualisierungsfrequenz bereitstellen. Das Produkt ist funktional und preislich im High-End-Segment angesiedelt [vgl. Reibold 2000].

Eine Stärke der Software ist die Multi-Kanalfähigkeit durch die Komponente Mobile Application Suite. Das Produkt eignet sich für Unternehmen, die Inhalte präsentations-neutral verwalten und über verschiedene Zugangskanäle anbieten möchten [vgl. Aberdeen Group 2000, S. 11].

5.5.5 SAP

Überblick

Produkt	Sap Enterprise Portal
Hersteller	SAP AG
Kurzbeschreibung	Wissensportal zur personalisierten Bereitstellung von Applikationen und Content.
Funktionale Schwerpunkte	Integration, Personalisierung, Klassifikation, Portalfunktionen

Architektur

SAP bietet mit dem Produkt *Enterprise Portal* (s. Abbildung 5–18) ein Wissensportal an, das die Personalisierung von Inhalten und Applikationen auf der Basis von Rollen und Individuen erlaubt. Die Anwendung ermöglicht die Integration bestehender heterogener IT-Landschaften. Im Rollenkonzept kennt SAP verschiedene Rollen, die innerhalb einer Unternehmung existieren. So sind Key Account Manager, Einkäufer und Sachbearbeiter in der Finanzbuchhaltung Informationen unterschiedlichen Aggregationsgrads, Umfangs und Berechtigungen zugeordnet. Ebenso bestehen bei den verfügbaren Funktionen und Transaktionen Unterschiede. Die Inhalte und Funktionen setzen sich über Internetstandards aus nicht-SAP-Funktionen, aus mySAP.com-Funktionen, sonstige SAP-Funktionen und weiteren Services zusammen.

SAP hat vier unterschiedliche Technologien in die Portal-Anwendung integriert, um Nutzern der einheitlichen Zugriff auf heterogene Content-Quellen zu ermöglichen. Unification und iViews (s.u.) steuern den Zugriff auf Legacy- und Transaktionssysteme, Business Intelligence liefert Analysefunktionen für betriebliche Datenbestände. Die Knowledge Management Services verwalten unstrukturierte Dokumente und bilden den Kern des SAP Content-Management. SAP hat eine Partnerschaft mit Yahoo! aufgebaut, wodurch Web-Content und Services des Portales in das SAP Enterprise Portal integriert werden können.

Content-Management-Systeme 165

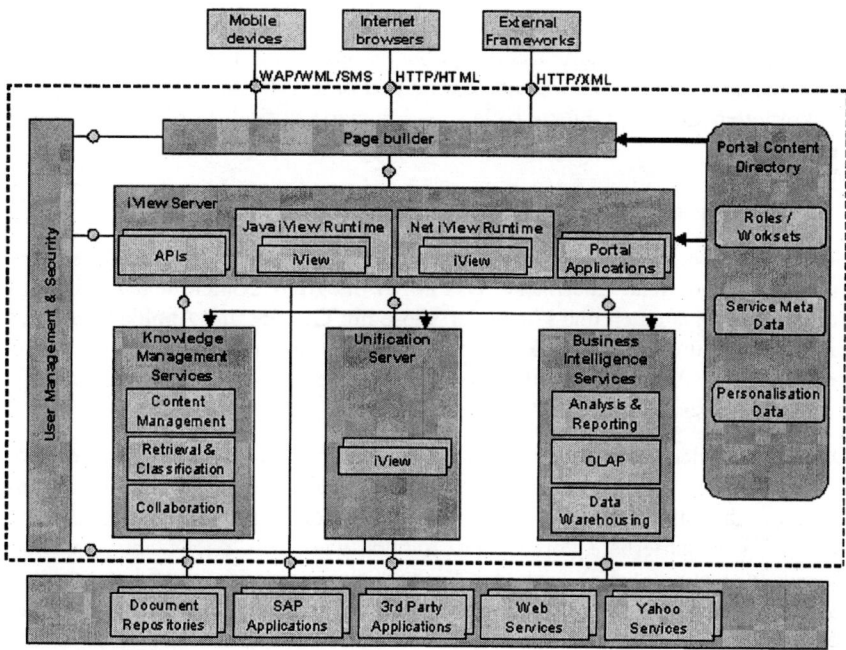

Abbildung 5–18: Architektur mySAP.com Workplace (Quelle: SAP AG)

Inhaltsbezogene Komponenten des Enterprise Portal bieten Zugriff auf Informationen und Funktionen, die direkt aus SAP-Systemen, Data Warehouses oder Legacy-Anwendungen in das Portal integriert werden können. Über die webbasierte Oberfläche des Workplace arbeiten Anwender des Systems in einer einheitlichen, personalisierten Umgebung.

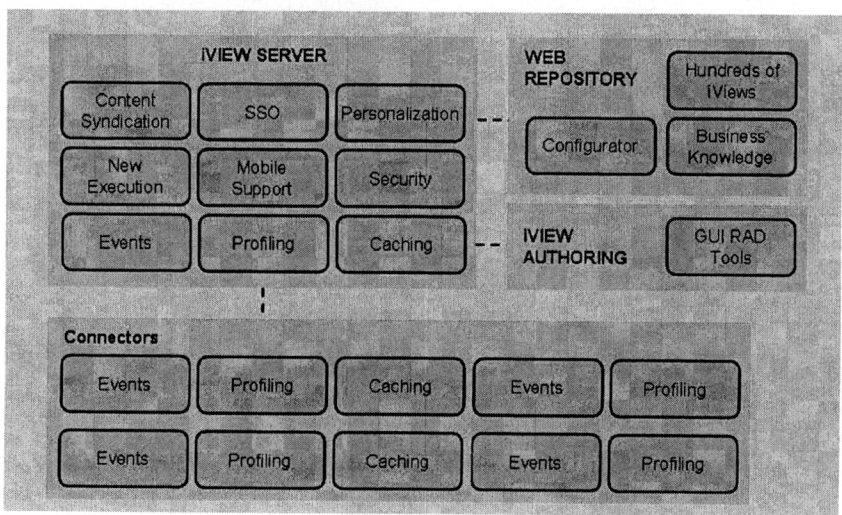

Abbildung 5–19: iView Server Architektur (Quelle: SAP AG)

SAP iViews ermöglichen die einfache Aggregation von Content-Clustern aus hetreogenen Applikationen. Der iViewServer greift auf unterschiedliche Content-Quellen über den iViewConnector zu und bindet die strukturierten oder unstrukturierten Content-Objekte rollen- und nutzerspezifisch in die Portalanwendung ein.

Anwendungsgebiete

SAP Enterprise Portal bietet Anwendern Zugriff auf alle SAP-Funktionalitäten über eine einheitliche Oberfläche. Das Portal integriert Content und Applikationen aus SAP-Systemen und kombiniert diese mit Content und Applikationen aus Fremdanwendungen. Die Stärke der Software liegt in der einfachen Integrierbarkeit aller SAP-Anwendungen in das Portal und deren Kombination mit strukturierten und unstrukturierten Inhalten.

Die Software deckt das komplette Funktionsspektrum der Content-Management-Architektur ab. Schwerpunkte liegen dabei auf der Daten- und Applikationsintegration über das Portal sowie der personalisierten Bereitstellung des Content über frei konfigurierbare Portalseiten. Ähnlich wie *Lotus Knowledge Discovery System* (s. Kapitel 5.5.3) kann das Produkt als Integrationsplattform gewertet werden. Im Gegensatz zu diesem Produkt eignet sich SAP Enterprise Portal besonders für Unternehmen, die SAP-Anwendungen im Einsatz haben [vgl. Ovum 2000, S. 171-172, http://www.sap.com/solutions/enterpriseportal/].

5.6 Funktionsportfolio der untersuchten Content-Management-Systeme

Abbildung 5–20 illustriert die Funktionsunterstützung der in dieser Arbeit untersuchten Systemlösungen. Das Funktionsportfolio zeigt pro Funktionskategorie der IS-Architektur die Abdeckungstiefe der einzelnen Softwaresysteme auf.

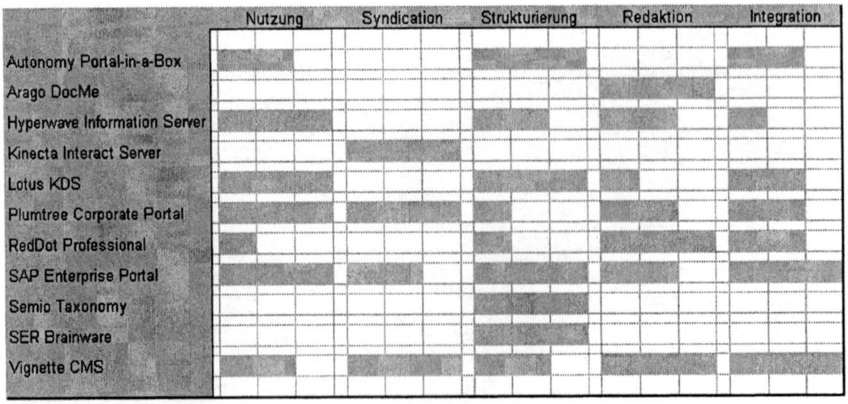

Abbildung 5–20: Funktionsportfolio der untersuchten Content-Management-Systeme

Die Grafik enthält sowohl Speziallösungen als auch die in Kapitel 5.5 untersuchten Content-Management-Systeme. Aufgrund der bei den meisten Systemen fehlenden Kanalintegration (CTI, Unified Messaging etc.) ist die Abdeckung in diesem Bereich nur bei zwei Lösungen vollständig. Die stärkste Funktionsabdeckung im Bereich Nutzung bieten Softwaresysteme für den Aufbau von Portalen (z.B. Autonomy, Hyperwave, Plumtree). Diese Produkte stellen Funktionen für die Personalisierung, Linkpflege und Sitemapgenerierung im Rahmen der Content-Nutzung bereit. Klassische Redaktionssysteme wie Arago DocMe oder RedDot Professional unterstützen diesen Bereich nur marginal. Nur wenige Systeme bieten Funktionen für das Content-Syndication an. Neben der Speziallösung für das Content-Syndication *Kinecta Interact*, decken die Produkte *Plumtree Corporate Portal* und *Vignette Syndication Server* das vollständige Funktionsspektrum dieses Segments ab. Die Strukturierung von Content-Objekten wird von den meisten Anwendungen durch Funktionen wie Linkmanagement oder Klassifikation unterstützt. Funktionen zur Taxonomieverwaltung, automatischen Klassifikation oder Katalogmanagement zählen zum momentanen Zeitpunkt nicht zu den Basisfunktionen eines CMS und müssen in vielen Fällen durch Produkte von Drittanbietern separat ergänzt werden. Funktionen aus dem Bereich Redaktion decken einerseits spezialisierte Redaktionssysteme wie *Arago DocMe* oder *RedDot Professionell* andererseits aber auch die meisten Content-Management-Systeme ab. Eine Ausnahme bilden Lösungen wie *Autonomy Portal-In-A-Box* oder *Lotus KDS*, die die Redaktionsprozesse nicht unterstützen sondern den Schwerpunkt auf die Integration heterogener Content-Quellen legen. Im Bereich Integration bieten die meisten Systeme die Funktionen Benutzerverwaltung und Workflowmanagement an. Nur wenige Systeme (z.B. Vignette) decken das gesamte Funktionsspektrum, inklusive Funktionen der Kanalintegration (Unified Messaging) ab.

Für eine vertiefte Untersuchung der funktionalen Abdeckung von Content-Management-Systemen s. http://www.contentmanager.de. Die Website bietet einen Service, mit dem ausgewählte Systeme bezüglich bestimmter Funktionen verglichen werden können.

6 Projektszenarien

6.1 Fallbeispiel E-Plus

Vor der Einführung des Multi-Access-Portals bezog E-Plus keinen externen Content von Content-Providern. Im Projekt konnte somit nicht auf vergangene Erfahrungen zurückgegriffen werden. Content-Syndication musste technisch und organisatorisch vollkommen neu im Unternehmen verankert werden. Die Erfahrungen, die die Beteiligten durch das Projekt sammelten, konnten im Rahmen des Prozessentwurfs für die Gestaltung des Syndication-Prozesses verwendet werden. Weitere Erfahrungen flossen in die Gestaltung der Standardverträge ein, die mit Content-Providern abgeschlossen werden (s. Kapitel 3.4.1).

Einzelne Tätigkeiten des Projektes „Content-Syndication" werden nicht nur bei der erstmaligen Konzeption und Gestaltung des Syndication benötigt, sondern müssen im täglichen Betrieb ebenfalls durchgeführt werden (z.B. Scoring der Partner, Request for Information versenden, Vertragsverhandlungen). Im laufenden Betrieb kann das Unternehmen auf Standarddokumente für Verträge und Request for Information zurückgreifen, so dass sich die Aufwendungen aufgrund wiederverwendbarer Komponenten, gegenüber dem Initialprojekt reduzieren. Abbildung 6–1 bildet die Tätigkeiten ab, die notwendig waren, um das Multi-Access-Portal mit externen Content-Clustern zu bewirtschaften. Die rechte Spalte enthält die für die Ausführung der Tätigkeiten verantwortlichen Rollen bzw. Organisationseinheiten. Das Projekt teilt sich auf in strategische Aufgaben wie Bestimmung der Content-Cluster, Auswahl der Content-Partner und Vertragsgestaltung, organisatorische Aufgaben wie Prozessanpassung oder Rollenbeschrei-bung und technische Aufgaben wie Anpassung der DTD, Konvertierung der Daten, Testläufe oder Pilotierung. Ein Grossteil der Tätigkeiten lagen im Verantwortungsbereich des Content-Managers.

Projektschritt	Verantwortlich
Content-Cluster auswählen - Zielgruppen ableiten - Zu Kundengruppen passende Content-Cluster identifizieren - Vorschläge an Portalmanager weiterleiten	Content-Manager (Input aus Marktforschung)
Potenzielle Content-Partner auswählen - Request for Information verfassen - Request for Information an potenzielle Partner senden - Scoring der Partner	Content-Manager
Content-Partner auswählen	Content-Manager
Vertragsverhandlungen - Technische Verfügbarkeit - Lieferverfahren - Aktualisierungsfrequenz - Vertraulichkeit	Content-Manager Technik Juristen
Testdaten anfordern und evaluieren - Formate, Funktionen prüfen - Testläufe durchführen	Agentur
Organisationale Anpassungen vornehmen - Prozesse (entwickeln und dokumentieren) - Rollen/Skills	
Technische Anpassungen vornehmen - DTD entwickeln (Elemente und Attribute) - Stylesheets definieren (Cascading Stylesheets) - Templates anpassen	Technik Content-Provider
Pilotierung	Portalmanager Content-Manager
Test	Qualitätssicherung Technik Portalmanager

Abbildung 6–1: Projektplan „Content-Syndication"

6.2 Fallbeispiel Credit Suisse

Das Intranet der Credit Suisse entwickelte sich von den ersten Ansätzen 1994 bis heute kontinuierlich weiter. Dabei entstanden in verschiedenen Funktionsbereichen der Bank separate Intranets, die von den Betreibern entsprechend der Bedürfnisse des Organisationsbereichs aufgebaut wurden. Separate Webserver und Technologien führten zu Insellösungen, die untereinander nicht koordiniert wurden. Um den entstandenen Wildwuchs zu koordinieren, initiierte die Credit Suisse das Projekt „Bereinigung Intranet-Landschaft", das sich in vier inhaltlich miteinander verzahnte Aufgabenpakete aufteilt:

- *Auswahl eines Verbunds von dezentralen Intranet-Providern.* Über den bereits bestehenden zentralen Webserver hinausgehend, sollen weitere Webserver ausgewählt werden, die auch nach der Konsolidierung bestehen bleiben. Die Auswahl der Webserver erfolgt entsprechend der Vorgaben eines dreistufigen Qualitätsrasters, das von der neu zu gründenden Gesamtwebredaktion ausgearbeitet und gepflegt werden soll.

- *Definition von Prozessen und Rollen für die Bewirtschaftung des Intranet.* Zur professionellen Bewirtschaftung und Betrieb des Intranet spezifiziert das Projektteam ein Konzept, das Unterstützungsprozesse, Aufgaben und Rollen des Content-Management beinhaltet.

- *Einsatz eines Publishing-Systems.* Die definierten Prozesse und Aufgaben sollen mit entsprechenden Softwarefunktionen unterstützt werden. Dazu soll im Rahmen des Projekts eine Intranet-Publishing-Software ausgewählt und an die unternehmensspezifischen Bedürfnisse angepasst werden. Ein vollständiges Content-Management-System wird die Credit Suisse erst in späteren Ausbaustufen einsetzen.

- *Implementierung einer Suchmaschine.* Eine Suchmaschine besteht bereits seit längerer Zeit im Unternehmen. Die Suchfunktionen sollen zusätzlich durch ein festes Set von Metainformationen unterstützt werden.

6.3 Systematik

Aufgrund der gewachsenen, meist sehr heterogenen organisatorischen und technischen Strukturen haben die meisten Unternehmen nicht die Möglichkeit, eine integrierte Content-Management-Lösung komplett neu zu entwickeln. Vorhandene Hostsysteme, Datenbanken oder Intranets, die oftmals mangelhaft integriert sind, aber von Mitarbeitern und Geschäftspartnern produktiv genutzt werden, starre Organisationsstrukturen und begrenzte Ressourcen für umfassende Content-Management-Projekte verhindern den viel zitierten „Grüne-Wiese-Ansatz". Die Entwicklung eines internen oder externen Portals, das verschiedene Prozesse, Systeme und Nutzer im und ausserhalb des Unternehmens integriert, muss die technische und organisatorische Situation im Unternehmen sowie Budget- und Ressourcenrestriktionen berücksichtigen. Abhängig von der spezifischen Ausgangslage bieten sich unterschiedliche Projektsszenarien an, um die Transformation der heterogenen Applikationslandschaft zu einem integrierten Portal zu ermöglichen. Die nachfolgenden Kapitel beschreiben vier Projekttypen, die, ausgehend von momentan typischen Ausgangssituationen in Unternehmen, mit überschaubarem Ressourcenaufwand, verhältnismässig hohe Nutzenpotenziale versprechen. Für jeden Projekttyp werden zuerst die Nutzenpotenziale konkretisiert, die sich aus der Realisierung des Projekts ergeben können. Diese können verwendet werden, um gegenüber den unterschiedlichen Interessensgruppen die Relevanz des Projektes zu verdeutlichen (Business Case). Anschliessend folgt für jeden Projekttyp ein idealtypischer Projektplan, der basierend auf Praxiserfahrungen und Literaturangaben die durchzuführenden Aufgaben, eine Kurzbeschreibung der Tätigkeiten sowie Hinweise auf Verwendungsmöglichkeiten der Ergebnismodule der vorliegenden Arbeit enthält.

Die Einteilung der Schritte in Phasen kann entsprechend den im Unternehmen verfügbaren Projektmanagementstandards vorgenommen werden. Alle Projektpläne werden in Form von Tabellen aufgestellt, die die Schritte in sequentieller Folge beinhalten.

6.4 Rahmenbedingungen

Allgemeine Projektmanagementaufgaben, die unabhängig von der inhaltlichen Ausprägung einer einzelnen Projektinstanz anfallen, erwähnen die Projektbeschreibungen nicht explizit. Für jedes Projekt müssen Vorarbeiten durchgeführt werden, die sich der Standardliteratur zum Projektmanagement oder konkreten Projektmanagement-Methoden entnehmen lassen. Für das Projektmanagement von IS-Projekten bieten [Österle et al. 1991] und [Jenny 1995] einen umfangreichen Überblick.

Typische Vorarbeiten im Rahmen des Projektmanagements sind [vgl. Steinle et al. 1995, S. 89]:

- Problemstellung konkretisieren (Was führte zum Projekt?, Was ist die Vorgeschichte?);
- Projektziele ableiten (Kritische Erfolgsfaktoren, Führungsgrössen);
- Projektorganisation festlegen (Rollen, Aufgabenträger);
- Zeitplan festlegen;
- Ressourcenbedarf ableiten (Finanzen, Personal).

Die Darstellung der Projekttypen soll nur die Kernaufgaben des jeweiligen Projektes skizzieren. Bei der praktischen Umsetzung der Projekttypen müssen diese in konkrete Projektpläne umgesetzt werden, die sich i.d.R. an bewährten Vorgehensmodellen orientieren. Diese unterteilen Projekte in idealtypische Phasen, die unabhängig von der inhaltlichen Ausprägung des Projekttyps zu durchlaufen sind. Bei der Entwicklung von Informatikprojekten können Unternehmen auf Standard-Vorgehensmodelle zurückgreifen (z.B. Wasserfallmodell, V-Modell, Spiralmodell.

6.5 Projekttypen

6.5.1 Content-Syndication

Der Aufbau organisatorischer und technischer Strukturen für die Realisierung von Content-Syndication ermöglicht Unternehmen auf der einen Seite, Content von Kunden, Geschäftspartnern oder Content-Providern in Portale zu integrieren und schafft auf der anderen Seite die Voraussetzung, eigene und fremde Inhalte über standardisierte Protokolle an Partner oder Kunden zu verteilen. Abhängig von der geplanten Ausgestaltung des Content-Syndication ergeben sich verschiedene Varianten der technischen Realisierung. Die Projektbeschreibung in unterstellt, dass die Abwicklung des Content-Syndication durch eine Syndication Software unterstützt wird. Dabei kann es sich entweder um eine dezidierte Anwendung (z.B. Kinecta Interact Server) oder eine, in ein Content-Management-

System integrierte, Syndication-Komponente handeln (z.B. Vignette Syndication Server).

Nutzenpotenziale

Eine Marktstudie von *Forrester Research* ergab, dass attraktive Inhalte bei den Endkonsumenten von Internet-Auftritten mit Abstand der wichtigste Grund sind, eine Seite zu besuchen [vgl. ScreamingMedia 2000]. Das Unternehmen *Zona Research* ermittelte, dass e-Commerce-Unternehmen weltweit mehr als 58 Millionen Dollar pro Monat verlieren, weil Kunden aufgrund schlecht gepflegter und unattraktiver Webseiten diese nicht wieder besuchen [vgl. Kraemer 2000]. Mittels Content-Syndication können Unternehmen, auf Basis standardisierter Protokolle, Inhalte von Content-Providern, Content-Brokern, Geschäftspartnern oder Unternehmenseinheiten über Portale an verschiedene Nutzergruppen verteilen und so den Nutzwert ihrer Portale erhöhen.

Content-Syndication bietet Unternehmen die Möglichkeit, eigene Informationen wie z.B. Produktkataloge, Broschüren oder Kundenaufträge gezielt über das Internet an Kunden, Partnern, Marktplätze oder Geschäftseinheiten zu verteilen. Es stellt die Aktualität der Informationen in den verschiedenen Anwendungen sicher und ermöglicht eine gezielte Informationsversorgung der verschiedenen Interessengruppen. Syndizierte Inhalte von Geschäftspartnern, Content-Providern oder verteilten Unternehmenseinheiten bilden die Grundlage für eine effiziente Ausgestaltung von Intranetportalen. Mitarbeiter benötigen zur durchgängigen Bearbeitung von Geschäfts- und Unterstützungsprozessen Informationen aus heterogenen Quellen. Content-Syndication ermöglicht die Integration der verteilten Informationen. Über standardisierte Protokolle lassen sich diese schnell und präsentationsneutral in bestehende Anwendungen integrieren und können von Mitarbeitern über gewohnte Systeme bearbeitet werden. Content-Syndication stellt somit ein effizientes Integrationsinstrument in heterogenen Informationsstrukturen dar [vgl. Infopark 2001]. Unstrukturierte Inhalte können ohne Integration der zugrundeliegenden Content-Quellen formatunabhängig zwischen unterschiedlichen Anwendungen ausgetauscht werden. Nutzen ergibt sich somit durch eine durchgehende Informationsbereitstellung, schnellen Zugriff auf relevante Inhalte und einheitliche Informationsversorgung verschiedener Nutzergruppen.

Projektplan

Das Vorgehen bei der Auswahl der Content-Cluster, Make-or-Buy-Entscheid sowie Auswahl der Content-Partner inklusive Vertragsgestaltung ist ausführlich in Kapitel 3 (Content-Management-Strategie) beschrieben und wird im Zusammenhang mit nachfolgendem Projektszenario nur stichpunktartig dargestellt.

Aufgabe	Beschreibung	Verwendung der Architekturkomponenten
Variantenentscheid - Syndication-Variante - Softwareunterstützung	Entscheidung über Syndication-Variante: Aggregation und/oder Distribution. Entscheid über Softwareunterstützung der Prozesse oder Eigenentwicklung.	
Vorauswahl Content-Cluster - Kundengruppen ableiten - Prozessanalyse - Marktforschung - Realisierbarkeit - Wirtschaftlichkeitsanalyse	Bestimmung der Content-Cluster, die über Partner bezogen werden sollen.	- Vorgehensmodell zur Auswahl der Content-Cluster.
Vorauswahl Content-Partner (nur bei Content-Aggregation nötig) - Anbietertypen - Kooperationsformen - Vertragsvarianten - Marktbeobachtung - Pflichtenheft, RFI - Evaluation und Auswahl	Evaluation und Auswahl der Content-Provider, über die Content-Cluster bezogen werden sollen.	- Vorgehensmodell zur Auswahl der Content-Partner. - Kooperationsformen und Vertragsvarianten.
Anforderungen ableiten - organisatorisch - technisch - rechtlich	Anforderungen aufnehmen, die sich aus Einsatzgebiet des Content-Syndication, Content-Clustern und Content-Providern ergeben. Klärung der organisatorischen, technischen und rechtlichen Rahmenbedingungen.	
Machbarkeitsstudie	Anforderungen auf organisatorische, technische und rechtliche Umsetzbarkeit überprüfen.	
Auswahl Content-Partner (nur bei Content-Aggregation nötig) - Endauswahl - Konkretisierung Content-Cluster - Vertragsgestaltung - Technische Verfügbarkeit - Urheberrecht	Endauswahl der Content-Partner nach positivem Ergebnis der Machbarkeitsstudie. Vertragsverhandlungen, Detailabstimmungen etc. können parallel zu Auswahl und Einführung der Software durchgeführt werden.	- Vorgehensmodell zur Auswahl der Content-Partner. - Kooperationsformen und Vertragsvarianten.
Auswahl Software - Anforderungskatalog - Pflichtenheft - Anbieterevaluation - Anbieterauswahl	Typische Vorgehensschritte zur Auswahl von Software. Unternehmen können aus Know-how laufender oder abgelaufener Softwareeinführungen zurückgreifen.	

Abbildung 6–2: Projektplan „Content-Syndication"

Aufgabe	Beschreibung	Verwendung der Architekturkomponenten
Testumgebung aufbauen - Hardware beschaffen - Software installieren (Betriebssystem, Datenbanken etc.)		
Basisinstallation und Test - Aufbau Testumgebung - Anforderung Testdaten - Testläufe - Prüfung Formate, Funktionen - Testbericht		
Einführung Software - Installation - Customizing - Benutzerkonzept - Schnittstellenkonzept - Benutzerschulung - Roll-Out	s.o.	
Technische Anpassungen - DTD's ableiten - Templates definieren - Stylesheets entwickeln	Konkretisierung von Inhalt, Struktur und Layout. Abhängig von Protokoll und gewünschtem Format. In diesem Fall: XML bzw. ICE.	
Organisatorische Anpassungen - Konzept Aufbauorganisation (Rollen, Skills) - Zuordnung Mitarbeiter/Rollen - Entwicklung Syndication-Prozess - Anpassung Geschäftsprozesse	Bildung organisatorischer Rahmenbedingungen für Content-Syndication. Integration in Geschäftsprozesse, Einführung neuer Prozesse.	- Prozessarchitektur - Aufbauorganisation
Pilotierung	Aufbau und Betrieb einer Pilotumgebung. Schrittweise Erweiterung des Pilotumfangs bis zum geplanten Rahmen.	
Produktivstart		

Abbildung 6-2: Fortsetzung

6.5.2 Konsolidierung Portal-Landschaft

Viele Unternehmen haben in den vergangenen Jahren Intranetanwendungen oder externe Webauftritte entwickelt, die als Insellösungen nur unzureichend genutzt und nicht einheitlich koordiniert werden. Einzelne Unternehmensbereiche entwickelten abgegrenzte „Portale" für spezifische Anwendungen und Themen und vernachlässigten die Integration der verschiedenen I-Net Anwendungen. So beschreibt [Koulopoulos 1999], dass das Intranet des Flugzeugherstellers Boeing aus über 1.600 separaten, nicht vernetzten Einzelplattformen besteht. Diese werden von insgesamt 160.000 Angestellten genutzt. Die Folge ist eine mangelnde Transparenz über vorhandene Informationen und Services. I-NET Komponenten, die bereits im Unternehmen bestehen, müssen neu entwickelt werden statt diese wiederzuverwenden. Der Pflegeaufwand für isolierte Lösungen ist in Gesamtheit höher, als für zentrale Anwendungen und kann selten von den Bereichen ausreichend bewältigt werden. Die Folge ist eine mangelnde Akzeptanz der Anwender aufgrund schlecht gepflegter Websites.

Da in den verschiedenen unkoordinierten Portalen relevante Informationen und wiederverwendbare Komponenten vorhanden sind, bietet sich die Entwicklung eines Portales an, das die vorhandenen I-Net Anwendungen integriert. Über eine zentrale Einstiegsseite erhalten Anwender Zugriff auf die für sie relevanten Informationen und haben die Möglichkeit, bei Bedarf die gewohnten Bereiche aus den isolierten Lösungen in ihre personalisierte Oberfläche zu integrieren.

Nutzenpotenziale

Die Konsolidierung von bisher getrennten Portalen in eine integrierte Anwendung hat i.d.R. eine Verminderung der eingesetzten Webserver zur Folge. Ein positiver Effekt der Konsolidierung sind Kosteneinsparungen in Form von Softwarelizenzen, Hardware und Personal für die Betreuung der Server und Content Repositories. Bauen alle Anwendungen auf den gleichen Standards auf, lässt sich ein professioneller Support der I-Net Lösungen besser realisieren und finanzieren. Notwendige technische bzw. konzeptionelle Änderungen der Anwendungen können koordiniert durchgeführt werden, die Mehrfachentwicklung bzw. -anpassung gleichwertiger Komponenten entfällt durch das zentrale Vorgehen.

Aus Anwendersicht ergibt sich eine verbesserte Transparenz über die im Unternehmen vorhandenen Informationen sowie eine gezielte Verteilung dieser Informationen in Form von personalisierten Portalseiten. Das „Dachportal" integriert die verschiedenen Insellösungen und bietet Anwendern einen zentralen Einstiegspunkt. Anwender müssen nicht mehr erst das geeignete Portal auswählen, bevor sie nach Informationen suchen, sondern werden durch das personalisierte Dachportal geführt.

Darüber hinaus haben Projekte dieser Art eine integrative Wirkung für die betroffenen Unternehmensbereiche. In Verbindung mit einem durchdachten Change Management kann dieser Projekttyp eine verbesserte Kommunikation der betroffenen Bereiche induzieren.

Projektplan

Bei der Konsolidierung verschiedener Portale bieten sich Unternehmen zwei unterschiedliche Vorgehensweisen:

- Konsolidierung der Informationsquellen und Server und Vereinheitlichung des Zugriffs auf die Dokumentenbestände;

- Bildung eines Dachportals, das Ausschnitte aus bestehenden Portalen über Content-Syndication integriert. Zusätzlich Syndikation von Content zwischen den einzelnen Portalen bei weiterem Betrieb der zugrundeliegenden Server.

Der Projektplan in Abbildung 6–3 skizziert die erste Variante. Bei der 2. Variante handelt es sich um ein Content-Syndication Projekt, dass sich mit Hilfe des Projektplans „Content-Syndication" realisieren lässt. Die konkrete Ausgestaltung des Projektplans hängt stark von der Art der Content-Verwaltung ab. Als Möglichkeiten bieten sich Content-Management-Systeme, Datenbanken oder das Filesystem des Servers an.

Aufgabe	Beschreibung	Verwendung der Architekturkomponenten
Rahmen festlegen - Isolierte Intranets identifizieren - Informationsmenge abschätzen - potenzielle Nutzer festlegen - Content-Quellen identifizieren		
Vorhandene Informationen aufnehmen - Informationsobjekte ableiten - Redundanzen auflösen - Kategorisierung (Art, Format, Anwendungsgebiet) - Priorisierung	Ableitung der Informationen aus den einzelnen Intranets. Dabei sollten doppelte Informationen bereinigt, veraltete gelöscht und der Bestand vorläufig kategorisiert und priorisiert werden	- Vorgehen zur Ableitung der Content-Cluster
Bedarfsermittlung - Informationen auf Bedarf prüfen - Nutzungsprozesse identifizieren - Nutzerbefragung - Objekte Aufgaben zuordnen - Überflüssige Objekte archivieren - Weiteren Bedarf ermitteln	Ableitung des Informationsbedarfs auf Basis der kategorisierten Informationen. Anhand von Nutzerbefragung oder Prozessanalysen lassen sich Informationen Aufgaben in Nutzungsprozessen zuordnen, zusätzlicher Bedarf an Inhalten ermitteln und überflüssige Objekte identifizieren.	- Vorgehen zur Ableitung der Content-Cluster
Auswahl Softwarekomponenten - Redaktionssystem - Information Retrieval Lösung	Auswahl der Komponenten zur Verwaltung der Informationen (evtl. im Unternehmen vorhandene Softwarelösungen).	- IS-Architektur - Softwaresysteme
Navigationskonzept - Grundstruktur Navigation - Nutzerpfade ableiten - Container bestimmen - Templates entwickeln	Das Navigationskonzept beschreibt die Navigationsstruktur des „Dachportals". Die Abbildung der Struktur erfolgt in Templates. Container bündeln thematisch verwandte Inhalte.	
Berechtigungskonzept entwickeln		

Abbildung 6–3: Projektplan „Konsolidierung Portal-Landschaft"

Aufgabe	Beschreibung	Verwendung der Architekturkomponenten
Organisatorische Anpassungen - Konzept Aufbauorganisation (Rollen, Skills) - Zuordnung Mitarbeiter/Rollen - Entwicklung Syndication-Prozess - Anpassung Geschäftsprozesse	Organisatorische Anpassungen an die neue Content-Bewirtschaftung. Evtl. Adaption bestehender Content-Management-Organisation.	- Prozessarchitektur
Server migrieren (entsprechend Migrationskonzept) - Informationen übertragen - Datensicherung - Nicht unterstützte Formate konvertieren - Testläufe		

Abbildung 6-2: Forsetzung

6.5.3 Einführung eines CMS

Kapitel 5 analysierte unterschiedliche Ausprägungen von Content-Management-Systemen und untersuchte ausgewählte Standardlösungen. Dabei bieten sich Unternehmen prinzipiell die zwei Varianten:

- Komplettlösungen, die das Funktionsspektrum von Content-Management weitgehend durch ein System oder integrierte Systemkomponenten abdecken;

- Speziallösungen, die ausgewählte Funktionalitäten zur Unterstützung spezialisierter Teilaufgaben des Content-Management bereitstellen (Best-of-Breed).

Die Entscheidung für eine der beiden Varianten kann im Rahmen der Evaluation gefällt werden, ist aber auch abhängig von der Informatikstrategie und technischen Rahmenbedingungen (Schnittstellen, zu integrierende Produkte, Standards).

Nutzenpotenziale

Nutzenpotenziale, die sich durch die Einführung eines CMS realisieren lassen, können anhand der Bausteine des Content-Management (s. Kapitel 2.4) verdeutlicht werden. Content-Management-Systeme decken i.d.R. alle benötigten Funktionen des Content-Management-Modells ab. Folgende Nutzenpotenziale ergeben sich durch Systemunterstützung der einzelnen Bereiche [vgl. McCrath/Schneider 1997; Kartchner 1998; Mindbridge 1998]:

- *Content-Syndication*: Flexible Integration heterogener Informationen, Steigerung der Aktualität der Informationen, Einheitliche Präsentation heterogener Content-Objekte.

- *Content-Redaktion*: Beschleunigung der Redaktionsprozesse durch Workflowsteuerung und Vermeidung von Medienbrüchen, Verbesserte Informationsqualität durch Workflowsteuerung und Staging-Konzept, Single-Source-Content durch einheitliche Dokumentenablage und Publishingstandards, Konzentration auf Kernaufgaben der Fachabteilung durch wiederverwendbare Templates.

- *Content-Strukturierung*: Steigerung der Corporate Identity und Auskunftsfähigkeit durch genormtes Vokabular, Verbessertes Information Retrieval durch Taxonomie.

- *Nutzung*: Flexibles Kanalmanagement durch Trennung von Inhalt und Layout (s. Kapitel 2.4.4), effiziente Informationsversorgung der Nutzer, Senkung der Suchkosten durch Personalisierung und Suchfunktionen, Steigerung der Aktualität der Informationen durch semiautomatisches Publishing (Faster-Time-to-Web).

Der tatsächliche Nutzen hängt von unternehmensspezifischen Faktoren ab. Ein wichtiger Faktor bei der Wirtschaftlichkeitsanalyse von Content-Management-Systemen ist die Zahl der zu verwaltenden Content-Objekte. Die relativ hohen Basis- und Folgekosten von Content-Management-Systemen amortisieren sich erst, wenn ausreichend Objekte mit der Lösung verwaltet werden.

Projektplan

Dieses Kapitel beschreibt die Einführung eines Content-Management-Systems im Unternehmen, das eine integrierte Systemunterstützung für die Erstellung, Pflege und Verteilung von Dokumenten bereitstellt. Aspekte des Content-Syndication sowie der systemunterstützten Strukturierung von Inhalten decken Kapitel 6.5.1und 6.5.4 ab, so dass sich die Ausführungen dieses Kapitels auf reine Redaktionslösungen beschränken. Bei der Auswahl der Aufgaben wurde der Schwerpunkt auf die Konzeptionsphase gelegt, da in dieser Phase spezifische Basisdokumente für Realisierung und Einführung eines Systems generiert werden. Bei der Auswahl der verschiedenen Konzepte lehnte sich der Autor an die Ausführungen von [Büchner et al. 2001, S. 197-205] an.

Aufgabe	Beschreibung	Verwendung der Architekturkomponenten
Voruntersuchung - Einsatzbereich - Zielgruppe - Ziele - Umfeldanalyse	Rahmenbedingungen festlegen. Ziele und Nutzen des Systems frühzeitig bestimmen. Anwendergruppe und deren Anforderungen an das System definieren.	
Inhaltliches Konzept - Content-Screening - Bedarfsermittlung - Analyse der Quellen - Kanäle, Rubriken festlegen	Festlegung der zu produzierenden und integrierenden Inhalte. Ableitung Content-Bedarf und Content-Cluster. Analyse der zu integrierenden Content-Quellen.	- Strategieelemente (Bedarfsanalyse, Content-Cluster)
IM-Konzept - Unterstützte Datenformate - Anlieferungsarten - Auslieferungsarten - Zugangskanäle	Datenformate, Liefermechanismen und Verteilungsarten, die sich aufgrund des Inhaltskonzepts ergeben. Zusätzlich Bestimmung der Zugangskanäle.	- Strategieelemente (Kanalmanagement, Basistechnologien)
Redaktionskonzept - Prozesse - Rollenmodell - Schnittstellen - Workflowmodell	Festlegung von Aufbau- und Ablauforganisation der Content-Redaktion. Definition technischer und organisatorischer Schnittstellen. Workflowkonzept.	- Prozessarchitektur - Organisationsmodelle - IS-Architektur
Media-Konzept	Überlegungen zu Layout und Navigation der GUI. Definition von Grundlayouts unter Berücksichtigung der Corporate Identity. Vorbereitung zum Templateentwurf.	
Technisches Konzept - Serverarchitektur - Schnittstellen - Datenbankkonzept - Anforderungskatalog	Anforderungen an das System ableiten. Serverarchitektur auswählen. Schnittstellen zu bestehenden oder geplanten Applikationen spezifizieren. Datenmodell ableiten.	- IS-Architektur - Serverarchitekturen - Softwaresysteme
Deploymentkonzept - Serverstrategie - Arbeitspakete definieren	Aufteilung der Systeme auf Server. Schrittfolge der Realisierung bestimmen. Zeitplan, Budget, Meilensteine.	
Systemauswahl - Pflichtenheft - Anbieterevaluation - Prototyping	Typische Vorgehensschritte zur Auswahl von Software. Unternehmen können auf Know-how laufender oder abgelaufener Softwareeinführungen zurückgreifen.	- IS-Architektur - Softwaresysteme - Kriterienkatalog
Schulungskonzept	Festlegung des Vorgehens bei Schulung: Inhouse oder durch Partner, Zeitplan, Budget, Priorisierung der zu schulenden Mitarbeiter.	

Abbildung 6–4: Projektplan „Einführung eines CMS"

Aufgabe	Beschreibung	Verwendung der Architekturkomponenten
Betriebskonzept	Konzept für den laufenden Betrieb des Systems: Verantwortlichkeiten, Vorgehen bei Systemabstürzen, Ansprechpartner, Systempartner etc.	
Basisinstallation - Server, Datenbanken - CMS-Basis		
Customizing - Templates definieren - Workflows definieren - Attribute und Objektklassen - Berechtigungen, Rollen	Anpassung des Systems an unternehmensspezifische Anforderungen. Berechtigungskonzept, Templates, Workflows ableiten.	- Prozessarchitektur
Pilotierung - Pilotprojekt - Anwenderschulung - Anpassung		
Roll Out		

Abbildung 6-4: Fortsetzung

6.5.4 Automatische Strukturierung von Inhalten

Kapitel 4.8 beschrieb Ansätze, Standards und Softwarelösungen zur Strukturierung von Inhalten. Darauf aufbauend betrachtet dieses Kapitel Aspekte des Projektmanagements bei der softwareunterstützten Content-Strukturierung. Ein Grossteil dieses Projektes besteht in der Evaluation, Auswahl und erstmaligen Installation der Software. Das Vorgehen unterscheidet sich jedoch nicht von anderen Softwareeinführungsprojekten. Aus diesem Grund vernachlässigt der Projektplan die Aufgaben die in dieser Phase anfallen und fasst die Phase im Schritt „Softwareevaluation und -auswahl" zusammen. Die folgenden Ausführungen stellen die phasenweise Einführung der Software und Kalibrierung der Systemkomponenten in den Mittelpunkt der Betrachtung.

Nutzenpotenziale

Der Hauptnutzen einer automatischen Strukturierung der Dokumente besteht in der Einsparung von Personalkosten. Nach einer Studie der Firma *Forrester Research* betragen die Initialkosten bei der manuellen Klassifikation eines Dokumentenbestandes in einem durchschnittlichen Intranet (ca. 15.000 Seiten) 1.5 Millionen US Dollar [vgl. DePalma 1997]. Nach der erstmaligen Organisation eines Dokumentenbestandes fallen regelmässige Kosten aufgrund der Reorganisation des Bestandes und der Integration neuer Dokumente an. Studien schätzen die Kosten der Klassifikation eines einzelnen Dokumentes auf 25 – 100 US$ [vgl. Raghavan 2000].

Neben der Einsparung von Personalressourcen liegen erhebliche Nutzenpotenziale in einer Verbesserung des Information Retrieval. Im Gegensatz zur softwaregesteuerten Kategorisierung, können ab einer bestimmten Dokumentenmenge bestehende und neue Informationen von Mitarbeitern nicht in angemessener Zeit manuell verschlagwortet werden. Die Folgen sind falsch oder nicht klassifizierte Dokumente, erhöhte Suchkosten sowie unzureichende Kenntnisnahme und Nutzung relevanter Dokumente. Der personelle Flaschenhals lässt sich umgehen, indem Softwarelösungen Teilfunktionen der Content-Strukturierung übernehmen.

Mit jeder bestehenden Hierarchiestufe innerhalb des Ordnungssystems vervielfachen sich bei einer falschen Einordnung von Dokumenten die Anzahl der zu reorganisierenden Dokumente. In grossen Informationsbeständen, die in tiefen Hierarchien organisiert sind (z.B. Yahoo!), kann eine geringe Fehlerquote schnell zu massiven Reorganisationskosten führen [vgl. Dumais 1998]. Aus diesem Grund sollten ausreichend Ressourcen für die Feinsteuerung des Systems in der Initialphase bereit gestellt werden. Die Einführung softwareunterstützter Klassifikationssysteme ist zu Beginn mit teilweise erheblichen Fixkosten verbunden, die durch Terminologiearbeit (s. Kapitel 3.8) und Kalibrierung der Software durch schrittweise Lernphasen entstehen können.

Projektplan

Aufgaben	Beschreibung	Verwendung der Architektur-komponenten
Anwendungsbereich ableiten - Organisationseinheiten - Umfang Dokumentenbestand - Aktualisierungsfrequenz - Kritikalität der Dokumente - Rechtliche Anforderungen - technisches Umfeld (Standards, Protokolle) - Dokumentenformate	Ableitung der wesentlichen Umfeldfaktoren. Einsatzbereich, Umfang der zu strukturierenden Dokumente, wie rechtliche Faktoren, Dokumentenformate, Genauigkeitsanforderungen. Die Umfeldfaktoren helfen, Strukturierungsvarianten auszuwählen (s. Kapitel 4.8.1.3).	
Variantenentscheid - Grad der Automatisierung - Taxonomievarianten	Art der Strukturierung und Taxonomiegestaltung auswählen (s. Kapitel 4.8.1.3)	
Anforderungen spezifizieren - Anforderungskatalog - Pflichtenheft - Budget, Zeitplan - verfügbare Ressourcen	Konkretisierung der Anforderungen an die Softwarelösung. Anhand des Anwendungsbereichs lassen sich Anforderungskatalog und Pflichtenheft ableiten.	- IS-Architektur - Projektplan - Kriterienkatalog
Software auswählen - Anbieter selektieren - Anbieter evaluieren - Scoring und Auswahl	Auswahl der Software anhand Pflichtenheft und Anbieterevaluation. Scoring gemäss Anforderungskatalog mit gewichteten Kriterien.	- Softwarelösungen - Kriterienkatalog
Terminologiearbeit - Begriffssammlung - Glossar entwickeln - Taxonomie entwickeln - Begriffsdefekte auflösen	Terminologiemanagement entsprechend Vorgehen in Kapitel 3.8.4. Abhängig von Situation im Unternehmen (Bereits vorhanden, muss neu entwickelt werden, nicht gewünscht).	- Terminologiemanagement
Testumgebung aufbauen - Hardware beschaffen - Software installieren (Betriebssystem, Datenbanken etc.)	Aufbau der Systemumgebung für Testläufe und schrittweise Kalibrierung der Software	

Abbildung 6–5: Projektplan „automatische Content-Strukturierung"

Aufgaben	Beschreibung	Verwendung der Architektur-komponenten
Lernumgebung vorbereiten - Klassifikationsschema definieren - Dokumente auf Server spielen	Lernumgebung ableiten, die für die Kalibrierung der Software verwendet werden soll.	- Kriterien für die Auswahl von Lernmengen
Basisinstallation - Klassifikations-SW installieren - Klassifikationsschema abbilden - Dokumente der Lernmenge Klassen zuordnen	Basisinstallation des Klassifikationssoftware. Abbildung des Klassifikationsschemas (entsprechend Terminologiemanagement). Zuordnung der Lerndokumente zu Klassen	
Software kalibrieren - Testläufe mit Lernmenge - Kontrolle, Reporting - Kalibrierung des Systems - Benchmarking	Schrittweise Anpassung der Software (überwachtes Lernen). Benchmarking mit anderen Systemen und Annwendern.	
Organisatorische Anpassungen - Konzept Aufbauorganisation (Rollen, Skills) - Zuordnung Mitarbeiter/Rollen - Prozessentwicklung - Anpassung Geschäftsprozesse		- Prozessarchitektur - Aufbauorganisation
Pilotierung - Aufbau Pilotumgebung - Anwenderschulung		
Roll-Out		
Kontrolle und Revision - Regelmässige Nutzerbefragung - Testläufe und Anpassungen - Reporting	Regelmässige Kontrolle der Klassifikationsgüte. Testläufe und Anpassungen des Systems bei schlechten Werten.	

Abbildung 6-5: Fortsetzung

7 Zusammenfassung und Ausblick

Als Abschluss der Arbeit fasst Kapitel 7.1 die wesentlichen Ergebnisse mit Hinblick auf die in Kapitel 1.3 formulierten Ziele zusammen. Der anschliessende Ausblick in die Zukunft zeigt einige aktuelle Entwicklungen rund um das Thema Content-Management auf, die als Ansätze zur Weiterentwicklung der hier erarbeiteten Konzepte dienen können.

7.1 Zusammenfassung

Ziel der vorliegenden Arbeit war die Entwicklung einer Architektur für das Content-Management. Den Bezugsrahmen der Arbeit bildete das vom Autor entwickelte Content-Management-Framework, das die vier Bausteine des Content-Management *Content-Syndication, Content-Redaktion, Content-Strukturierung* und *Content-Nutzung* unterscheidet. Die Bausteine des Content-Management bilden das Gliederungssystem für die Prozessarchitektur, die IS-Architektur und die Darstellung der Content-Management-Systeme. Die Ergebnisse der Arbeit lassen sich nach den Ebenen des Business Engineering (Strategie, Prozess, Systeme) [vgl. Österle 1995] unterteilen:

- Ergebnisse auf der *Strategieebene* sind Vorgehensmodelle zur Ableitung und Umsetzung einer Content-Management-Strategie im Unternehmen. Die Kernelemente der Content-Management-Strategie sind Content-Cluster, Content-Partner, Zugangskanäle und die Fachterminologie. Ausgehend von der Analyse der Nutzerprozesse, leitet das portalbetreibende Unternehmen Content-Cluster ab, die einzelne Nutzergruppen des Portals im Prozess benötigen. Content, den das Unternehmen nicht selber bereitstellt, muss über Partner wie Content-Provider oder Content-Broker beschafft werden. Nach der Auswahl der Content-Partner und Vertragsgestaltung erfolgt das Kanalmanagement. Dabei entwickeln Unternehmen Verteilungsszenarien für unterschiedliche Zugangskanäle (z.B. WWW, WAP-Handy, PDA). Für die Beschreibung der Verteilungsszenarien bewährte sich das von E-Plus eingesetzte Storyboard-Konzept (s Kapitel 2.6.4). Ziel des Kanalmanagements ist die wirtschaftliche Verteilung von Content-Clustern auf die Zugangskanäle. Die Vorgehensmodelle illustrieren die Zusammenhänge zwischen den einzelnen Strategiekomponenten und beschreiben Verfahren für die Ermittlung der Wirtschaftlichkeit (Business Case) von Content-Management-Initiativen. Terminologiemanagement unterstützt die Auswahl und Strukturierung des verwendbaren Vokabulars, entwickelt terminologische Hilfen für die Benutzer und kontrolliert die Verwendung und Güte des Vokabulars und dessen Begriffsstruktur. Das Vorgehensmodell bildet die Grundlage für die Strukturierung der Content-Objekte.

- Auf der *Prozessebene* enthält die Arbeit eine *Prozessarchitektur* für das Content-Management. Diese enthält Prozesse, Aufgaben und Rollenmodelle für den Betrieb integrierter Content-Management-Umgebungen. Die Architektur ist in vier Module zerlegt, die die Komplexität der Ergebnisse reduzieren und die isolierte Anwendung einzelner Bausteine des Content-Management ermöglichen: Die *Nutzung* des Content erfolgt auf Anwenderseite im Geschäfts- oder Kundenprozess. Die *Content-Redaktion* teilt sich in die Prozesse „Erstellung", „Pflege" und „Archivierung" auf. Diese Arbeit entwickelte getrennte Prozesse für die Erstellung bzw. Pflege von Content- und Layouttemplates, um die geforderte Trennung von Layout und Inhalt umzusetzen. Die eingehenden Content-Flüsse der Content-Nutzung (Anfragen, Kritik, Pflegebedarf etc.) nimmt der Prozess „Feedbackmanagement" entgegen, beantwortet diese oder verteilt die Anfragen entsprechend vordefinierter Routingszenarien. *Content-Syndication* teilt sich in zwei verschiedene Prozesse für das eingehende (Aggregation) sowie das ausgehende Syndication (Distribution) auf. Auf Partnerseite verfügen Partnerunternehmen ebenfalls über die beiden Syndication-Prozesse. Die *Strukturierung* des Content wird über die Prozesse „Strukturierung" und „Terminologiepflege" sichergestellt. Der Prozess „Terminologiepflege" übernimmt die Pflege von Glossar und Taxonomie, während die „Strukturierung" Content-Objekte bündelt, klassifiziert und personalisiert.

- Auf der *Systemebene* liefert die Arbeit zwei Hauptergebnisse: Eine *IS-Architektur* für das Content-Management von Portalen und eine Auswahl und Analyse von *Softwaresystemen* zur Unterstützung des Content-Management. Die IS-Architektur beschreibt und strukturiert die für das Content-Management relevanten Funktionen. Die Arbeit stellt die abgeleiteten IS-Funktionen den zugeordneten Aufgaben der Prozessarchitektur gegenüber. Die Strukturierung der Funktionen erfolgt entlang der Bausteine des Content-Management. Darüber hinaus existieren Integrationsfunktionen (z.B. Content-Mining, Unified Messaging, Benutzerverwaltung), die bausteinübergreifend die Integration von Content-Objekten, Kanälen oder Diensten unterstützen. Content-Management-Systeme lassen sich auf einer ersten Ebene unterteilen in Komplettlösungen, die das gesamte Funktionsspektrum der Content-Management-Architektur abdecken und Speziallösungen, die dezidierte Segmente des Spektrums zur Unterstützung spezifischer Anwendungsgebiete abdecken. Die Arbeit illustriert verschiedene Produkte beider Typen und beschreibt idealtypische Anwendungsschwerpunkte der jeweiligen Lösungen.

Ein ebenenübergreifendes Ergebnis der Arbeit sind *Projektszenarien* für die praktische Umsetzung der Content-Management-Architektur. Diese illustrieren, basierend auf Fallstudien und Fachliteratur, idealtypische Projekttypen und Nutzenpotenziale für unterschiedliche Content-Management-Projekte. Auswahlkriterium für die Projekttypen waren die hohen Nutzenpotenziale, die sich durch die Durchführung des Projekts realisieren lassen. Dabei erwiesen sich die Projekttypen *Content-Syndication, Konsolidierung heterogener Portale, Einführung eines Content-Management-Systems und automatische Strukturierung von Inhalten* als besonders erfolgsversprechend.

7.2 Ansätze zur Weiterentwicklung

Der in dieser Arbeit vorgestellte Architekturvorschlag stellt einen generischen Ansatz dar, der von spezifischen Branchen und Anwendungsszenarien (z.B. Projektintranet, Marktplatz, Call Center Arbeitsplatz) des Content-Management abstrahiert. Zur Konkretisierung der Ergebnisse bieten sich verschiedene Ansätze zur Weiterentwicklung der Arbeit an:

- Entwicklung *branchen- und anwendungsspezifischer Referenzprozesse* für das Content-Management. Die Anforderungen an die Ausgestaltung der Content-Management-Prozesse variieren mit unterschiedlichen Branchen und Anwendungsszenarien. Beispiele sind höhere Anforderungen an die Qualitätssicherung im Internet gegenüber eines Projektintranets oder unterschiedliche Benennungen von Prozessen und Organisationseinheiten. Anhand von Fallstudien können die generischen Prozesse der Architektur zu branchen- und anwendungsspezifischen Referenzprozessen ausgebaut werden.

- Entwicklung *branchen- und anwendungsspezifischer Content-Strukturen*. Aufbau und Pflege einer unternehmensweiten Content-Struktur bilden einen erheblichen Teil der Kosten von Content-Management-Projekten (s. Kapitel 3.7.3). Bestehen branchenspezifische Content-Strukturen, können diese im Projekt verwendet und an die spezifischen Gegebenheiten des Unternehmens angepasst werden. Die Content-Strukturen können in Form von Taxonomien aus Fallstudien abgeleitet und in standardisierter Form aufbereitet werden.

- Entwicklung *branchen- und anwendungsspezifischer Projektszenarien*. Die in Kapitel 6 skizzierten Projektsszenarien bilden allgemeine Vorschläge für die Ausgestaltung spezifischer Projekttypen. Basierend auf realisierten Projekten des entsprechenden Typs und Berücksichtigung der Lessons Learned können die generischen Projekttypen zu spezifischen Referenzprojekten ausgebaut und zeit-sparend beim Design zukünftiger Projekte verwendet werden.

Herausforderungen und Möglichkeiten des Content-Management verändern sich durch technische Entwicklung. Der Autor berücksichtigte bei der Gestaltung der Architektur neue technische Entwicklungen und integrierte diese in den Architekturvorschlag (z.B. Content-Mining, XML, Kanalintegration). Trotzdem sollten Unternehmen vor der Anwendung oder Weiterentwicklung der Architektur technische Entwicklungstrends analysieren und deren Einfluss auf das Content-Management überprüfen. Die folgenden Trends sind Beispiele für Treiber des Content-Management, die sich zum heutigen Zeitpunkt abzeichnen (die vorliegende Arbeit berücksichtigte diese Entwicklungen aus Platzgründen nur marginal):

- *Peer-to-Peer-Netzwerke*, die Content aus heterogenen Content-Quellen (verschiedene Server, Verzeichnisse auf lokalen Festplatten) über einen zentralen Indexserver verwalten. Populäre Beispiele für die Realisierung eines Peer-to-Peer-Netzwerks sind die Musiktauschbörsen Napster oder Gnutella. Sämtliche Musiktitel, die auf freigegebenen, lokalen Verzeichnissen der Nutzer gespeichert sind, können über den Indexserver durchsucht und vom lokalen Verzeichnis geladen werden. Für den Aufbau eines Peer-to-Peer-Netzwerks benötigen Unternehmen lediglich eine Serversoftware, die i.d.R. wenig Speicherplatz und Konfiguration benötigt. Nach der Freigabe der entsprechenden Verzeichnisse auf Servern oder lokalen Arbeitsplatzrechnern, steht Unternehmen ein effizientes Retrievalinstrument über die Content-Bestände zur Verfügung.

- *Knowledge Discovery Systeme*, die sämtliche Informationsflüsse kanalübergreifend überwachen, analysieren und organisieren. Die vorliegende Arbeit berücksichtigte Content-Mining Technologien, die Dokumente analysieren und automatisch klassifizieren. In Verbindung mit Instrumenten der Kanalintegration wie *Unified Messaging oder Computer Telephony Integration* können diese Lösungen zu umfassenden Knowledge Discovery Systemen ausgebaut werden, die die Content-Nutzung über verschiedene Kanäle (Telefon, Fax, SMS, Email, WWW etc.) analysieren und klassifizieren. Solche Instrumente bieten neue Möglichkeiten der Aggregation, Strukturierung und Personalisierung von Content und können als Integrationsinstrument heterogene Content-Quellen und Kanäle zusammenführen.

7.3 Ausblick – Die Semantic Web Initiative

7.3.1 Grundlagen

Unter dem Namen Semantic Web fasst das *W3-Consortium* verschiedene Standards zusammen, die die maschinelle Verarbeitung von Content-Objekten erleichtern sollen. Ziel der Bestrebung ist die Anreicherung herkömmlicher WWW-Ressourcen mit Zusatzinformationen zur Erreichung einer einheitlichen Semantik im WWW. Die primär layoutorientierte Formatierungssprache HTML eignet sich nicht für die Spezifikation der Inhalte von Content-Objekten. HTML beschreibt lediglich die Präsentation von Webseiten unabhängig von deren Inhalt und Struktur.

Die wesentlichen Bestandteile des Semantic Web sind nach [Berners-Lee et al. 2001]

- *Extensible Markup Language (XML)* zur klaren Trennung von Inhalt, Struktur und Layout von Content-Objekten. Die Metasprache ermöglicht die Definition anwendungsspezifischer Dokumententypen (s. Kapitel 2.5.4);

- *Ressource Description Framework (RDF)*. Das W3-Consortium hat mit dem *Ressource Description Framework* (s. nachfolgende Beschreibung) eine allgemeine Beschreibungssprache entwickelt, mit deren Hilfe sich XML-basierte Dokumententypen zur Beschreibung von Metadaten ableiten lassen. Prinzipiell lassen sich die Elemente verschiedener Metadaten-Standards mit Hilfe des Framework beschreiben Dazu muss lediglich eine

DTD entwickelt werden, welche die im Standard festgelegten Elemente und deren Verwendung konkretisiert;

- *Ontologien (Taxonomien)*, die einzelne Begriffe und deren Relationen spezifizieren. Die Ontologien des Semantic Web bilden die Ordnungssysteme, die WWW-Ressourcen anhand deren Metadaten strukturieren. Zusätzlich zur Taxonomiestruktur enthalten die Ontologien Inferenzregeln. Diese ermöglichen die automatische Ableitung resultierender Angaben aus gegebenen Metadaten (z.B. aufgrund von Generalisierungs Spezialisierungs Beziehungen).

Das *Ressource Description Framework* vereinigt unterschiedliche webbasierte Metadatenstandards und stellt eine Infrastruktur für die Verwendung von Metadaten auf Basis von XML bereit. Metadaten sind in diesem Zusammenhang Informationen, die WWW-Ressourcen konkretisieren. RDF ermöglicht die Beschreibung sogenannter Statements. Ein einzelnes Statement besteht immer aus

- Einer Ressource, auf welche sich die Angaben beziehen (d.h. das Content-Objekt, das in der Regel über einen Unified Ressource Identifier eindeutig identifiziert wird);

- Eigenschaften, d.h. spezifische Charakteristika, Attribute oder Relationen des beschriebenen Informationsobjektes und

- Werten der Eigenschaften.

Abbildung 7-1 illustriert die allgemeine Struktur eines RDF-Statements anhand eines einfachen Beispiels. Das zu beschreibende Content-Objekt wird über einen Hyperlink identifiziert und mit Metainformationen zu Titel, Dokumentenname und Ersteller versehen. Der Ersteller des Dokumentes ist, wie das Dokument selber, als Hyperlink referenzierbar (Homepage). Das Objekt „Ersteller" enthält die Metainformationen „Name" und „E-Mail". Das Beispiel funktioniert in der Praxis nur, wenn ein XML-basierter Dokumententyp (DTD) erstellt wurde, der die verwendbaren Elemente und Attribute spezifiziert.

RDF basiert auf einem graphenbasierten Datenmodell. Die einzelnen Knoten stellen beliebige WWW-Ressourcen dar, die über URL´s eindeutig identifizierbar sein müssen. Jede Ressource kann mit beliebig vielen Attributen verknüpft werden.

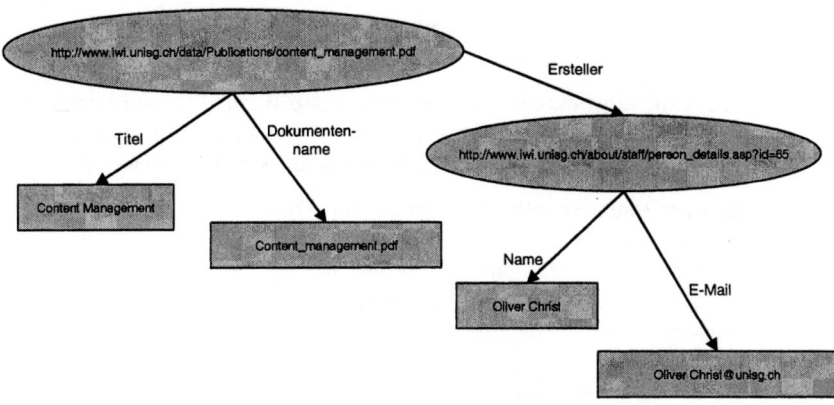

Abbildung 7–1: RDF Statement im Graphenmodell

Die Beschreibung von Content-Objekten auf der Basis standardisierter Metadaten bietet sich an, wenn die Dokumente nicht nur für den internen Gebrauch bestimmt sind, sondern zwischen Geschäftspartnern ausgetauscht oder über öffentliche Websites verteilt werden sollen. Die Verwendung eines Metadatenstandards erleichtert die Suche und automatische Verarbeitung der beschriebenen Informationen. Suchmaschinen wie Google oder Northern Light berücksichtigen die Metadaten bei der Indizierung der Seiten. Eine standardisierte Beschreibung der Metadaten steigert die Aussagekraft der Suchanfragen. Sollen die Inhalte zwischen Partnern (z.B. Informationen in Produktkatalogen oder über Content-Broker vertriebene syndizierbare Inhalte) ausgetauscht und mit Content anderer Anbieter gebündelt werden, ist die Verwendung eines einheitlichen Metadatenstandards zwingende Voraussetzung.

7.3.2 Potenziale für das Content-Management

Die Semantic Web Initiative stellt verschiedene Standards zur Verbesserung der maschinellen Interpretation und Verarbeitung von Content-Objekten zur Verfügung. Folgende Auflistung illustriert anhand der Bausteine des Content-Management, die Potenziale, die sich durch die semantische Beschreibung von Content-Objekten für Unternehmen ergeben:

- *Content-Syndication*: Direkte Integration der ausgetauschten Content-Objekte ohne Konvertierung der Objekte (Transformation verschiedener Dokumentenstrukturen), sofortige Klassifikation und personalisierte Verteilung der Content-Objekte aufgrund standardisierter Metadaten.

- *Content-Redaktion*: Verbesserung der Metadatenvergabe durch standardisierte Glossare und Taxonomien, automatische Auslese inhaltsbezogener Metadaten und Bereitstellung von Navigationshilfen innerhalb des Metadatenkatalogs.

- *Content-Strukturierung*: Automatische Klassifikation und Verlinkung von Content-Objekten durch standardisierte, inhaltsbezogene Metadaten, Reduktion der Terminologiepflege durch standardisierte Taxonomien (Ontologien), automatische Durchführung von Änderungen an Taxonomiebäumen durch Inferenzregeln.

- *Content-Nutzung*: Verbesserte Suchergebnisse durch kontextbasierte Suche, automatische Generierung von Standardtaxonomien für unterschiedliche Nutzergruppen und Navigationshilfen durch Synonymverweise.

Ein Hindernis der Initiative könnte die mangelnde Durchsetzung der vorgeschlagenen Standards sein. In der Vergangenheit entstanden eine Reihe von Standards, insbesondere im XML-Umfeld, die nur wenige Unternehmen einsetzen. Im Bereich der Strukturierung von Content-Objekten konkurriert die Initiative z.B. mit dem von der ISO standardisierten Konzept der *Topic Maps* [vgl. Gerick 2000], das ebenfalls die standardisierte Beschreibung von digitalen Ressourcen anstrebt. Der Erfolg der Semantic Web Initiative hängt von der Verbreitung einer standardisierten Metadaten-Architektur ab, die von einer Vielzahl von Akteuren akzeptiert und eingesetzt wird.

7.4 Ubiquitous Computing – Herausforderung für das Content-Management?

Ubiquitous Computing (pervasive Computing) bezeichnet die Kombination aus physischen Produkten und weitgehend unsichtbaren Minicomputern wie Sensoren, Prozessoren oder Smart Labels. Typische Anwendungen für diese Produkte sind eLogistik, vernetzte Häuser, Patientenüberwachung oder Kontrolle von Lagerbeständen. Diese Technologien können als Produzenten und Nutzer von Content agieren und bilden eine neue Herausforderung für die Organisation des Content-Management. Beispiele für zukünftige zu integrierende Content-Objekte, die durch Entwicklungen des ubiquitous Computing möglich sind, sind Blutdruckwerte von Patienten für den ärztlichen Überwachungsdienst, Reifendruck eines Fahrzeugs für den Servicetechniker oder die Ortsbestimmung einer Ware für die Logistik. Content-Management muss zukünftig in der Lage sein, auch Content aus solchen Quellen zu integrieren, strukturieren und nutzergerecht aufzubereiten. Der Begriff und die ersten Anwendungsszenarien des Ubiquitous Computing gehen auf Forschungsarbeiten von Marc Weiser, ehemals Chief Technologist am Xerox PARC zurück [vgl. Weiser 91].

7.4.1 Technologische Enabler des Ubiquitous Computing

Technologien wie Radio Frequency Identification (RFID) Systeme für die automatische Identifikation physischer Objekte, Sensoren für die Aufnahme und Analyse von Umweltinformationen sowie Standards für die Übertragung und Integration dieser Informationen in Informationssysteme ermöglichen die bisher letzte Entwicklungsphase der Informatisierung. Kapitel 7.4.1.1 beschreibt verschiedene Basistechnologien, die Funktionen wie automatische Identifikation, Lokalisierung oder die Aufnahme von Umweltinformationen ermöglichen bzw. unterstützen. Diese Technologien werden jeweils isoliert und unter dem Blickwinkel der Bereitstellung einzelner Funktionen betrachtet. Kapitel 7.4.1.2 skizziert einen Ansatz des Auto-ID Center am MIT in Cambridge, das mittels verschiedener Komponenten eine standardisierte Infrastruktur für die automatische Identifikation physischer Objekte sowie der Speicherung und Verarbeitung der daraus abgeleiteten Informationen spezifiziert.

7.4.1.1 Basistechnologien

Ausgehend von den Funktionen, die technologisch unterstützt bzw. realisiert werden sollen, illustriert dieses Kapitel verschiedene Technologien auf deren Basis sich Ubiquitous Computing Anwendungen realisieren lassen. Einige dieser Anwendungen werden in diesem Kapitel vorgestellt.

Identifikation: Aufgabe von Technologien zur automatischen Identifikation ist die automatische Bestimmung der Identität von Objekten oder Personen. Die Identifikation erfolgt vielfach über eine eindeutige Nummer, die als Zeiger zu zugeordneten Datensätzen oder Dokumenten im Informationssystem fungiert oder die Zugehörigkeit zu einer Objektklasse dokumentiert (z.B. Barcodesysteme). Alternativ lassen sich Objekte über optische oder akustische Verfahren automatisch Identifizieren (z.B. bei der Authentifizierung von Benutzern über Iriskontrolle oder Stimmerkennung). Anforderung an Identifikationstechnologien ist, dass sich zu identifizierende Objekte anhand spezifischer Merkmale (Nummernschema, Stimme) eindeutig bestimmen lassen. Barecodesysteme bspw. beschreiben ein Objekt bzw. eine Objektklasse mit Hilfe weisser und schwarzer Balken, die einem standardisierten Numerierungssystem unterliegen. Die Information über das Objekt kann über Barecodeleser ermittelt und automatisch an das Informationssystem weitergeleitet werden (z.B. zur Ableitung von Preis- oder Herkunftinformationen). Radio Frequency Identification (RFID) Lösungen speichern die Identifikationsnummern und Zusatzinformationen in digitaler Form auf einem Chip, der bei Bedarf von einem Lesegerät angesprochen werden kann. RFID-Systeme bestehen aus einem Chip und einer Antenne. Im einfachsten Fall benötigen die Transponder keine externe Energiequelle, sondern erhalten die zum Senden benötigte Energie kurzfristig mittels Induktionsverfahren von einem externen Lesegerät (passive RFID-Systeme). Aktive Systeme hingegen können automatisch, ohne Anstoss durch ein Lesegerät Informationen übertragen [Finkenzeller 99]. Die Unterschiede zwischen den beiden Lösungen liegen in der Erzielung wesentlich höherer Reichweiten bei aktiven Systemen, die bis zu mehreren hundert Metern betragen können (Die Reichweite von passiven Systemen liegt im Bereich einiger Millimeter bis mehrerer Zentimeter). Durch die bei aktiven Systemen zur Energieversorgung benötigte Batterie steigen jedoch Gewicht und Preis der Transponder, wodurch diese für Anwendungen im Massenbereich (z.B. Identifikation von Konsumgütern, Ersatzteilen oder Mitarbeitern) unrentabel werden. Der in Kapitel 7.4.1.2 vorgestellte Ansatz des Auto-ID Center spezifiziert eine Lösung für die automatische Identifikation physischer Objekte basierend auf der RFID-Technologie.

Lokalisierung: Lokalisierungstechnologien geben Auskunft über den Aufenthaltsort von Objekten oder Personen. Die Informationen können vergangene, gegenwärtige oder zukünftig prognostizierte Orte betreffen und in kumulierter Form Wege, die Objekte oder Personen zurücklegen, verfolgen und visualisieren. Die Ortsinformationen können als absolute Werte (z.B. GPS-Koordinaten innerhalb eines Navigationssystems) oder relative Grösse (z.B. Suche nach befreundeten Mobilfunknutzern innerhalb eines Funkzellenbereichs) angegeben werden. Die Lokalisierung von Objekten lässt sich technisch über verschiedene Verfahren realisieren. Eine weit verbreitete Technologie sind Global Positioning Systeme (GPS), die weltweit die exakte Position eines Objektes bestimmen. GPS-Systeme sind satellitengestützte Radio Positionierungssysteme, die eine dreidimensionale Positionierung sowie Geschwindigkeit- und Zeitinformationen über standardisierte Devices liefern. Zum heutigen Zeitpunkt sind zwei verschiedene öffentliche GPS-Systeme verfügbar: Das NAVSTAR System der USA und das russische GLONASS System. Alternativ kann eine Lokalisierung über das GSM-Netz oder mittels aktiven Transpondern erfolgen. Einige Netzbetreiber (z.B. Genion oder Swisscom) bieten Services an, die auf der Lokalisierung innerhalb des GSM-Systems aufbauen. Über Annäherungsverfahren kann die Position eines Nutzers bzw. eines Devices innerhalb einer Funkzelle bestimmt werden. Aktive Transponder senden regelmässig via Infrarot ihre Identität aus, die von einem Empfängersystem gesammelt und für Ortungsinformationen aufbereitet werden kann. Typische Anwendungen, die auf Lokalisierungstechnologien basieren, sind Navigationssysteme im Automobil, Location based Services (Wo befindet sich der nächstgelegene Geldautomat?) oder Track- and Trace-Systeme (z.B. beim Warentransport) [Borriello/Hightower 01; Domnitcheva 01].

Monitoring: Monitoringtechnologien liefern Informationen über vergangene oder gegenwärtige Zustände physischer Güter oder Personen bzw. deren Umwelt. Technisch lassen sich diese Informationen mittels Sensoren ableiten. Sensoren setzen eine physikalische (z.B. Druck, Temperatur) oder chemische Grösse (z.B. Geruch, Bakterienbestand) in eine elektrische Grösse um. Dabei werden unter Berücksichtigung von Störgrössen aus den identifizierten Werten physikalische Grössen wie Strom, Spannung, Frequenzen oder Widerstände erzeugt, die als Auslöser für Aktionen (z.B. Farbveränderung, Lautsignal) dienen können. Sensoren sind hochspezialisierte Bestandteile unterschiedlichster Systeme wie z.B. Abstandsmesser im KFZ, Brandmelder oder Temperaturfühler in Gebäuden. Typische Anwendungen innerhalb dieser Klasse sind die Überwachung der Temperatur kritischer Güter (Kühlkettenmonitoring), Systeme für den Nachweis der ordnungsgemässen Lagerung von Gütern (Monitoring von Luftfeuchtigkeit, Druck, Lichteinfall etc.) oder Diagnosesysteme in medizinischen Anwendungen (z.B. Überwachung des Glukosespiegels bei Diabetikern oder Systeme zur Identifikation kontaminierter Nahrungsmittel).

Kommunikation: Ein weiterer technologischer Baustein von Ubiquitous Computing Anwendungen sind Kommunikationstechnologien, die Informationen zwischen physischen Objekten austauschen oder diese Informationen an Informationssysteme wie CRM- oder ERP-Systeme übertragen. Kommunikationstechnologien sind Bestandteil der meisten Anwendungen im mobilen bzw. ubiquitären Umfeld und bilden damit eine Querschnittsfunktion des Ubiquitous Computing. Kommunikationstechnologien realisieren die Vernetzung physischer Objekte. Die mobile, d.h. drahtlose Übertragung dieser Informationen kann über das Mobilfunknetz (GSM) oder, bei kürzeren Entfernungen bspw. über Bluetooth erfolgen. Bei Bluetooth handelt es sich um eine Nahbereichsfunk-Technologie. Auf einer Frequenz von 2.4 GHz können Daten mit bis zu 1 Mbit pro Sekunde übertragen werden. Die Reichweite von Bluetooth beträgt im allgemeinen ca. 10 m, lässt sich mittels eines zusätzlichen Funkmoduls jedoch auf mehr als 100 m ausdehnen. Eine wichtige Designentscheidung bei der Gestaltung von Ubiquitous Computing Anwendungen ist die Frage nach Push- oder Pullkommunikation der physischen Objekte bzw. deren assoziierten Technologien. Im ersten Fall liefert das physische Objekt aktiv Informationen über sich oder seine Umwelt an andere Objekte oder Informationssysteme. Beispiele für Push-Anwendungen sind Warnsysteme, die bei Erreichen eines kritischen Schwellenwertes aktiv Meldungen ausgeben oder Systeme, die Informationen zwischen verschiedenen Objekten untereinander austauschen (z.B. Sicherheitslösungen, die den Verlust eines oder mehrerer zu einer Klasse von Produkten gehörigen Objektes melden).

Die vorgestellten Technologien bilden einen Ausschnitt aus den für die Realisierung von Ubiquitous Computing Anwendungen möglichen Technologien. Dieses Kapitel dient lediglich zur überblicksartigen Orientierung über Technologien, die in den im Text beschriebenen Anwendungen eingesetzt werden. Die einfachen Anwendungen beschränken sich auf Basisfunktionen des UbiComp Identifikation, Lokalisierung bzw. Verfolgung, wobei lediglich der Identifikator dezentral auf dem smarten Ding gespeichert wird. Komplexere Anwendungen nutzen zunehmend Sensoren zur dezentralen Sammlung von Daten aus der Umwelt und arbeiten mit sogenannten Notification Services, d.h. smarte Dinge melden sich selber, wenn eine vorgegebene Bedingung eintritt oder wenn sie gegen eine vorprogrammierte Regel verstossen (z.B. Kühlkettenmanagement). In komplexeren Anwendungen nimmt i.d.R. auch die Menge an dezentral gespeicherten Daten zu, womit die Anforderungen an die verarbeitenden Informationssysteme steigen (s. Kapitel 7.4.3).

7.4.1.2 Ansatz des Auto-ID Center

Der Lösungsansatz des Auto-ID Center besteht aus den drei Basiskomponenten Electronic Product Code (EPC), Object Name Service (ONS) und Physical Markup Language (PML). Die einzelnen Komponenten werden in den folgenden Abschnitten erläutert:

Electronic Product Code (EPC)

Der EPC hat die Aufgabe, jede physische Ressource über eine einheitliche Nummer zu identifizieren. Analog zu herkömmlichen Barcodesystemen besteht der EPC aus verschiedenen Abschnitten, die in numerischer Form, Hersteller, Produktklassen, Art des verwendeten Namensschemas eindeutig kennzeichnen. Darüber hinaus kann für jedes einzelne Objekt eine eindeutige Seriennummer vergeben werden, um bei Bedarf Produkte innerhalb einer Klasse voneinander unterscheiden zu können.

Feldbezeichnung	Header	EPC Manager	Object Class	Serial Number
Bit-Position	0..7	8..35	36..59	60..95

Abbildung 7–2: Electronic Product Code

Der EPC verfügt, entsprechend der aktuellen Spezifikation des Auto-ID-Center, über eine Länge von 96 Bit. Gespeichert werden können diese Nummern bspw. auf RFID-Chips (Radio Frequency Identification). Diese Transponder verfügen über eine integrierte Antenne, benötigen im einfachsten Fall keine eigene Energiequelle und werden über ein externes Lesegerät ausgelesen, das die Verbindung zum Informationssystem bereitstellt.

Object Name Service (ONS)

Analog zum Domain Name Service im Internet handelt es sich bei dem Object Name Service um einen Dienst, der physische Ressourcen mit ihren virtuellen Repräsentanten im Informationssystem verknüpft. Im Internet verbindet der DNS eine IP-Adresse und einen URL (Uniform Resource Locator). Der ONS übernimmt innerhalb des Auto-ID-Ansatzes, die Zuordnung zwischen EPC und einer URL.

Physical Markup Language (PML)

Die Informationen über die physischen Ressourcen können in verschiedenen Datenformaten und Systemumgebungen abgelegt sein. Um bspw. die Bestellung eines Kunden verfolgen zu können, benötigt das Unternehmen Auftragsdaten, Produktinformationen, Ort und Historie des bestellten Gutes. Die Informationen sind in der Regel in unterschiedlichen Systemen und Formaten gespeichert. So verwenden Unternehmen Standards für die Beschreibung von Produktdaten, Kundeninformationen etc., die den Austausch der Daten innerhalb des Unternehmens sowie zwischen verschiedenen Organisationseinheiten erleichtern sollen. Um die Informationen aus den heterogenen Systemen zu extrahieren und in eine einheitliche Struktur zu übertragen, entwickelt das Auto-ID-Center in Zusammenarbeit mit dem *M-Lab* die sogenannte Physical Markup Language. Diese Beschreibungssprache für physische Ressourcen soll die verschiedenen Informationen, die zu einer physischen Ressource benötigt werden, aus den zugrundeliegenden Systemen auslesen und integrieren [Auto-ID 01, Brock 01].

Das M-Lab (Mobile and Ubiquitous Computing Lab) ist ein Gemeinschaftsprojekt der ETH Zürich und der Universität St. Gallen. In diesem Projekt entwickeln Wissenschaftler beider Universitäten zusammen mit 7 Partnerunternehmen betriebswirtschaftliche Anwendungen basierend auf Ubiquitous Computing Technologien (s. www.m-lab.ch).

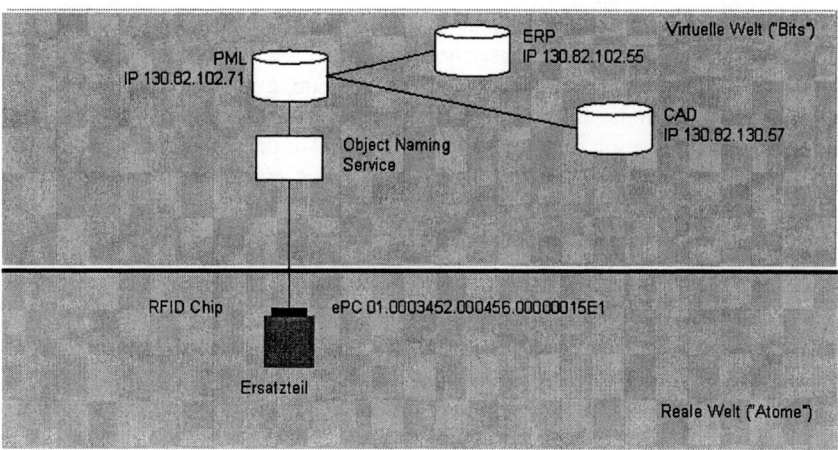

Abbildung 7–3: Auto-ID Konzept

7.4.1.3 Cooltown-Ansatz von Hewlett Packard

Die von Hewlett Packard (HP) entwickelte Technologie Cooltown verknüpft physische Ressourcen mit ihren virtuellen Repräsentanten ausschliesslich über Hyperlinks. Nicht nur jede physische Ressource erhält eine eindeutige Adresse, auch digitale Produkte wie Musikstücke, Film(sequenzen) oder Grafiken werden über Hyperlinks verwaltet und mit Metainformationen über das entsprechende Objekt verknüpft.

Über Directories werden die verteilten Informationen zu einer physischen Ressource zusammengestellt und Nutzern verfügbar gemacht. Ein von HP illustriertes exemplarisches Anwendungsszenario für die Technologie ist die Bereitstellung ergänzender Informationen zu ausgestellten Kunstobjekten innerhalb einer Kunstausstellung. Besucher können über ein Personal Digital Assistant (PDA) oder ein ähnliches Device mittels eines infrarotgesteuerten Aufrufs des Bildes, Hintergrundinformationen über Epoche, Künstler, Geschichte und verwandte Themen auf das Gerät laden [Kindberg 01].

Nach einem Aufruf der physischen Ressource löst das System die auf dem Transponder gespeicherte Identifikationsnummer auf und gibt die Anfrage als Hyperlink weiter. Der Hyperlink kann dabei auf Informationen oder Services (z.B. Bestellmöglichkeit) verweisen, die im Zusammenhang mit dem Objekt angeboten werden aber auch vorab definierte Aktionen (Bestellung auslösen) auslösen [Kindberg 01]. Die Informationen werden kontextabhängig bereitgestellt, so dass unterschiedliche Informationen oder Services, abhängig von Sprache, Rolle oder Prozess bereit gestellt werden können.

Die Cooltown-Technologie verwendet die im Internet etablierten Standards http (HyperText Transfer Protocol) und URI (Uniform Resource Identifier), um Verbindungen zwischen Objekten und Informationen bzw. Services herzustellen. Das System baut auf einer bereits etablierten Infrastruktur auf und verzichtet auf die Entwicklung proprietärer Standards. HP erweitert die Einsatzmöglichkeiten dieser Basistechnologien auf physische Ressourcen und ermöglicht eine mobile, kontextabhängige Informationsbereitstellung. Abhängig von Sprache, Alter, Rolle des Nutzers kann das System verschiedene Informationen in der gewünschten Darstellungsform bereit stellen. Im betrieblichen Umfeld lassen sich so rollen- und prozessabhängige Nutzungsszenarien auf Basis etablierter Standards realisieren.

7.4.2 Anwendungsbeispiele des Ubiquitous Computing

Die nachfolgenden Fallbeispiele illustrieren Anwendungspotentiale des Ubiquitous Computing in verschiedenen Industrien. Die Anwendungsbeispiele lassen sich in den meisten Fällen auf andere Industrien übertragen und werden daher in generalisierter Form beschrieben. Die in Kapitel 7.4.1.1 beschriebenen Basistechnologien sind Bestandteil der Anwendungen.

Kühlkettenmonitoring: Die Überwachung von Kühlketten, z.B. in der pharmazeutischen oder in der Lebensmittelindustrie erfordert Aktualität und Genauigkeit der Temperaturinformationen über den gesamten kritischen Zeitablauf (Wareneingang, Produktion, Lagerung, Verteilung, ...). Beim Erreichen kritischer Schwellenwerte sollten über Warnfunktionen Eskalationsszenarien ausgelöst und deren Erfolg überwacht werden. Beispiele für Eskalationsszenarien sind der Abbruch des Transports und die Zwischenlagerung falsch temperierter Güter oder das Auswechseln eines Kühlaggregats.

Patient Monitoring: Systeme für das Remote Patient Monitoring (RPM) unterstützen die Überwachung der Körperfunktionen von Patienten. Nutzer der Informationen können Krankenhäuser, Ärzte, Patienten oder deren Angehörige sein. RPM-Systeme messen kontinuierlich oder in bestimmten Zeitintervallen eine oder mehrere Körperfunktionen und senden diese über ein Kommunikationsmodul (Notificationservice) an eine Basisstation oder direkt zu einem Rechner eines Krankenhauses oder Arztes. Die Systeme verfügen über integrierte Sensoren, welche die physikalischen Informationen messen und an Informationssysteme weitergeben. RPM-Systeme können aktiv die Medikamentation von Patienten unterstützen, indem der Erfolg der verabreichten Medikamente regelmässig überwacht und Dosierung bzw. Arzneimittel gegebenenfalls angepasst werden können. Mittlerweile existieren eine Vielzahl von Systemlösungen für das Remote Patient Monitoring. Diese reichen von einfachen Systemen zur Pulsmessung (z.B. für Sportler) bis hin zu komplexen Lösungen, die kontinuierlich den Glukosespiegel, Körpertemperatur und Lageveränderungen des Patienten überwachen und die Informationen mobil an Ärztezentren (Call-Center) weitergeben. Ein Beispiel für ein solch komplexes System zum Monitoring von Körperfunktionen ist das „Smartshirt" des Unternehmens Sensatex (s. Abbildung 7–4)dabei handelt es sich um ein mit Sensoren ausgestattetes T-Shirt, dass verschiedene Körperfunktionen wie Temperatur, Atmungsfrequenz, Puls und EKG misst und die Werte über das Mobilfunknetz an Basisstationen überträgt. Die Informationen können auch auf andere Devices wie eine Uhr oder ein PDA übertragen und dort ausgelesen werden.

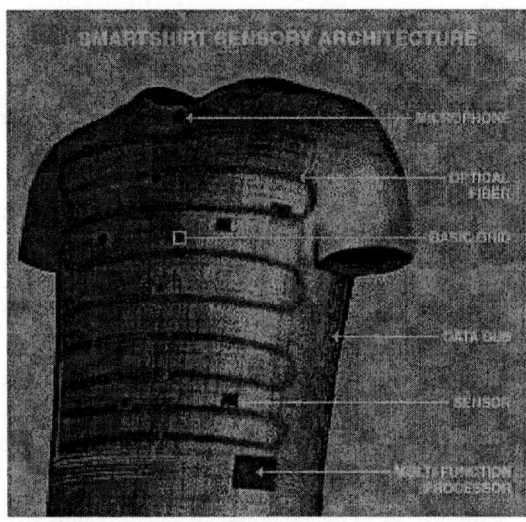

Abbildung 7-4: Smartshirt für das Remote Patient Monitoring (Quelle: http://www.sensatex.com)

Anwendungsfälle für ein Produkt dieser Art sind die Überwachung von Trainingseinheiten im Hochleistungssport oder militärischen Bereich sowie das Monitoring chronischer Patienten (z.B. Herzpatienten).

Leasing: Ubiquitous Computing ermöglicht neuartige Anwendungen im Leasinggeschäft. So lässt sich Monitoring, Abrechnung und Billing von Leasingobjekten vereinfachen bzw. vollständig automatisieren. Erfolgt die Abrechnung der Leasingobjekte zählerabhängig, wie dies z.B. bei Kopiergeräten oder Autoreifen möglich wäre, könnten die Zähler ihren Stand direkt an das Leasingunternehmen weiterleiten und Auslöser für eine nutzungsgerechte Abrechnung der Leasingnehmer darstellen. Lösungen, die auf die beschriebene Art Leasingfirmen in der Abrechnung ihrer Objekte unterstützen, benötigen Identifikationstechnologien, um das Leasingobjekt automatisch und eindeutig identifizieren zu können sowie ein Kommunikationsmodul, das die Übertragung der Nutzungsinformationen vom Leasingobjekt zum Leasinggeber realisiert. Soll die Lösung zusätzlich Standortinformationen (z.B. beim Leasing von Containern oder Paletten) mitliefern, so müssen die Objekte mit Lokalisierungstechnologien wie GPS ausgestattet werden.

Flottenmanagement: Das Unternehmen Fleetfinder (www.fleetfinder.com) bietet ein Online-Informationssystem für die Ortung und Statusanzeige von Fahrzeugen, Gebäuden, Yachten etc. an. Die zu überwachenden Objekte werden mit Bordcomputer, GPS-System und integriertem Mobiltelefon ausgestattet. Per Satellit lässt sich die aktuelle Position der mobilen Objekte ermitteln. Die Positionsinformationen werden zusammen mit weiteren Daten über das Objekt wie z.B. Kühltemperatur oder Ladezustand einer Batterie über das Mobilfunk-Netz zur Fleetfinder-Zentrale übermittelt. Über vorab definierte Szenarien lassen sich Aktionen definieren, die beim - Erreichen kritischer Werte ausgelöst werden (z.B. wenn das Objekt einen bestimmten Raum verlässt, oder Türen eines Hauses geöffnet werden). Für Speditionsunternehmen bietet Fleetfinder einen Service, der Position und Statusinformationen über die transportierte Ware liefert und diese über ein WWW-basiertes Informationssystem Kunden zur Verfügung stellt.

Smarte Kleinteileboxen: Teileboxen an Montagebändern bei Ford kontrollieren automatisch ihren Bestand und senden ein Signal über ein Mobilnetz an das Lager und an Lieferanten, sobald sie ersetzt werden müssen. Zulieferer erhalten auf diese Weise präzise Informationen zum Bedarf und können die benötigten Teile zeitnah liefern. Ford setzt das System mittlerweile in über 25 Werken weltweit ein. Die Installationszeit gegenüber dem früher eingesetzten drahtgebundenen Netz hat sich um 75% verringert, die Prozessanpassungen sind in einem Bruchteil der Zeit durchführbar und die Kosten haben sich gegenüber dem alten und festverdrahteten System um 200.000 bis 500.000 USD pro Werk reduziert.

Gewichtsabhängige Abfuhrbeseitigung: In Schweden setzen ca. 10% der Gemeinden eine System zur gewichtsabhängigen Abrechnung der Müllgebühren ein. Die Lösung besteht aus einem RFID-Transponder, der auf jeder Mülltonne befestigt ist und Mülltonne bzw. Haushalt eindeutig identifiziert. Die Müllwagen sind mit einem Lesegerät ausgestattet, über das die Identifikationsnummer an das System übergeben wird. Auf jedem LKW ist eine Wage montiert, die jede einzelne Mülltonnen vor und nach der Leerung wiegt, um so das exakte Gewicht des beseitigten Abfalls zu ermitteln. Die Informationen über Kunden, Gewicht und Art des Abfalls werden anschliessend an einen PC übertragen, über den Rechnungen und Statistikinformationen abgerufen werden können.

7.4.3 Herausforderungen für das Content-Management

Aus Sicht des Content-Management ergeben sich durch Anwendungen des Ubiquitous Computing weitreichende Veränderungen. Ein wesentlicher Unterschied gegenüber den herkömmlichen Szenarien des Content-Management, wie weitgehend in dieser Arbeit beschrieben, besteht in der Möglichkeit der direkten Kommunikation zwischen physischen Objekten untereinander oder deren Kommunikation zum Informationssystem. Bei der heutigen Vorstellung von Content-Management überwiegt die strukturierte Bereitstellung von Content-Objekten für menschliche Nutzer. Durch Anwendungen des Ubiquitous Computing lässt sich im Extremfall der gesamte Content-Life-Cycle automatisch durchführen und besteht aus maschinellen oder informationstechnischen Nutzern.

Ein weiterer Unterschied betrifft die Granularität der Informationen bzw. Content-Objekte. Handelt es sich bei den über Portale verteilten Content-Objekte i.d.R. um aus verschiedenen kleineren Objekten zusammengestzten Content-Objekten (Eine Website eines Mitarbeiters besteht aus dem HTML-Template der Seite, einem Foto des Mitarbeiters, Adressdaten, Informationen zum Lebenslauf und weiteren Anhängen), werden in den meisten Ubiquitous Computing Anwendungen atomare Informationen an das Informationssystem gesendet (z.B. Temperatur zum Zeitpunkt X). Die Datenmenge der zu verarbeitenden Daten wird durch Anwendungen der in diesem Kapitel beschriebenen Art erheblich ansteigen und weitreichende Herausforderungen an das unternehmensweite Content-Management stellen.

Werden einzelne Objekte über Identifikationstechnologien oder Sensoren an das Informationssystem angebunden, so benötigen Unternehmen Systeme, die in der Lage sind, die Vielzahl an Events zu verarbeiten, d.h. zu filtern und im Bedarfsfall Aktionen im Informationssytem oder der physischen Welt (Aktorik) auszulösen. Mit wachsender Anzahl unternehmensweiter Ubiquitous ComputingAnwendungen werden Softwarehersteller ihre Produkte anpassen, d.h. um standardisierte Schnittstellen und Funktionen erweitern, um aktive und passive Transponder, GPS-Empfänger, Sensoren etc. mit ihren Systemen zu verknüpfen und die gelieferten Informationen entsprechend der definierten Geschäftslogik verarbeiten zu können.

7.4.4 Zusammenfassung und Ausblick

Ubiquitous Computing ist nach Phasen der Automatisierung betrieblicher Funktionen, Funktionsbereiche, Prozesse und Unternehmen die bisher letzte Entwicklungsstufe der Informatisierung. Wesentliche Triebkraft des Ubiquitous Computing ist, wie in der Vergangenheit auch, die Vermeidung von Medienbrüchen und die Automatisierung bisher manueller Vorgänge. Der Medienbruch, den Ubiquitous Computing Anwendungen fokussieren, betrifft die Schnittstelle zwischen der physischen, dinghaften Welt und den Informationssystemen.

Um Anwendungen zu realisieren, die Objekte der physischen Welt automatisch mit dem Informationssystem verbinden, müssen die Objekte technologisch erweitert werden. Technologien, die dies ermöglichen, sind Identifikationstechnologien wie z.B. RFID-Chips, die automatisch oder auf Anfrage die Identität eines Objektes übermitteln, Sensoren, wie z.B. Temperaturfühler oder Geruchssensoren, die physikalische oder chemische Umweltinformationen in elektrische Signale umwandeln und Lokalisierungstechnologien wie z.B. GPS-Empfänger, die Position und Bewegung eines Objektes ermitteln. Basis fast aller Anwendungen sind Kommunikationstechnologien, die Informationen über die Objekte und deren Umwelt mobil an sogenannte Devices wie z.B. PDA, PCs oder andere Objekte übertragen.

Basierend auf diesen Basistechnologien lassen sich eine Vielzahl betrieblicher Anwendungen realisieren, die die Kluft zwischen Physis und Informationswelt überbrücken. Beispiele sind die Überwachung von Körperfunktionen chronischer Patienten, das Monitoring von Kühlketten in der Lebensmittelindustrie oder die automatische und nutzungsabhängige Abrechnung von Leasingobjekten.

Die meisten Anwendungen des Ubiquitous Computing befinden sich zum heutigen Zeitpunkt noch in der Entwicklungsphase. Vielfach werden in Pilotprojekten isolierte Bereiche technologisch unterstützt. Eine wesentliche Herausforderung bei der Umsetzung von Ubiquitous Computing Lösung besteht in der Realisierung bzw. der Einführung leistungsfähiger Middlewaresysteme zur Verarbeitung der vielfältigen Events.

Anhang A: Prozessarchitektur – Aufgabenbeschreibungen

A.1 Aufgaben des Nutzungsprozesses

Aufgabe: Content suchen	
Beschreibung	Während der fachlichen Arbeit kann beim Anwender Informationsbedarf entstehen. In diesem Fall sucht der Anwender Content-Objekte über das Portal. Dabei hat der Anwender die Möglichkeit, Content über Volltextsuche oder Navigation (Verzeichnisse) zu suchen.
Aufgabenträger	Anwender

Aufgabe: Content lesen	
Beschreibung	Der Anwender liest im Rahmen der fachlichen Arbeit Content-Objekte.
Aufgabenträger	Anwender

Aufgabe: Pflegebedarf formulieren	
Beschreibung	Identifiziert der Anwender beim Lesen Pflegebedarf eines oder mehrerer Content-Objekte, formuliert er den Bedarf und informiert den Autor des betroffenen Content-Objekts. Die Weiterleitung kann automatisch über Workflowfunktionen erfolgen
Aufgabenträger	Anwender

Aufgabe: Anfrage formulieren	
Beschreibung	Treten bei der Content-Nutzung Fragen auf, die über den reinen Pflegebedarf eines Content-Objekts hinausgehen, so formuliert der Anwender seine Anfrage über Webformulare, Email, Instant Messaging Systeme etc. Die Anfragen werden im Prozess Feedbackmanagement bearbeitet.
Aufgabenträger	Anwender

A.2 Aufgaben des Prozesses „Erstellung Content"

Aufgabe: Content-Objekt erstellen	
Beschreibung	Die Aufgabe Content erstellen beinhaltet die inhaltliche Erstellung des Content-Objekts. Die Erstellung erfolgt in Applikationen aus dem Bereich Büroautomation wie z.B. Textverarbeitung, Tabellenkalkulation oder Präsentationsgrafik. Aufgabenträger ist ein Autor aus der Fachabteilung, der die inhaltliche Verantwortung für das Dokument besitzt.
Aufgabenträger	Autor

Aufgabe: Metadaten zuordnen	
Beschreibung	Nach der Fertigstellung des Content-Objekts ordnen die Autoren diesem Metadaten (z.B. Verfallsdatum, Kategorie, Stichworte, Versionsnummer) zu. Einige Metadaten (z.B. Autor, Erstellungsdatum, Dateityp) können automatisch während der Erstellung des Content-Objekts ausgelesen und in die Metadaten integriert werden.
Aufgabenträger	Autor

Aufgabe: Pflegebedarf Terminologie formulieren	
Beschreibung	Bei der Zuordnung der Metadaten kann ein Pflegebedarf des Vokabulars entstehen (z.B. „neue Begriffe aufnehmen", „Begriffe ändern", „Begriffe löschen", „Begriffe zusammenfassen"). Autoren leiten diesen Pflegebedarf an die Abteilung Terminologiemanagement weiter, die den Bedarf als Auslöser des Prozesses „Terminologiepflege" auffasst
Aufgabenträger	Autor

Aufgabe: Content-Objekt formal freigeben	
Beschreibung	Ein Qualitätsmanager prüft in diesem Schritt das Content-Objekt auf formale Korrektheit. Die Überprüfung schliesst eine Kontrolle der Metadaten ein.
Aufgabenträger	Qualitätsmanager

Aufgabe: Pflegebedarf formulieren	
Beschreibung	Bei der Überprüfung des Content-Objekts kann ein Pflegebedarf entstehen. Diese Aufgabe expliziert den Pflegebedarf durch strukturierte Aufnahme (Formulare). Der Pflegebedarf ist Auslöser für den Prozess „Pflege Content".
Aufgabenträger	Qualitätsmanager

Aufgabe: Content-Objekt inhaltlich freigeben	
Beschreibung	Nach einer abschliessenden Kontrolle, gibt der Content-Manager das Content-Objekt inhaltlich frei. Nach der Freigabe kann das Content-Objekt im Strukturierungs- bzw. Distributionsprozess des Partnerunternehmens bearbeitet werden.
Aufgabenträger	Content-Manager

A.3 Aufgaben des Prozesses „Pflege Content"

Aufgabe: Pflegebedarf entgegennehmen	
Beschreibung	Auslöser des Prozesses „Pflege Content" ist entweder ein Pflegebedarf, der im Erstellungs- oder Nutzungsprozess aufgetreten ist und weitergeleitet wurde oder ein vorab definierter Kontrolltermin für das entsprechende Content-Objekt. Content-Manager nehmen den Pflegebedarf über Kommunikationsanwendungen wie Email, Newsboard oder Telefon entgegen.
Aufgabenträger	Content-Manager

Aufgabe: Triage durchführen	
Beschreibung	In diesem Schritt überprüft der Content-Manager den entgegen genommenen Pflegebedarf und kategorisiert diesen anhand von definierten Triagekriterien. Geringe Anpassungen (Korrektur von Rechtschreibfehlern, Anpassung von Metadaten) können vom Content-Manager selbständig durchgeführt werden, während inhaltliche Änderungen ab einem gewissen Grad (als Schwellenwert definiert) vom Autor des Content-Objekts vorgenommen werden müssen.
Aufgabenträger	Content-Manager

Aufgabe: Geringe Anpassungen durchführen	
Beschreibung	In diesem Schritt führt der Content-Manager die notwendigen Anpassungen am Content-Objekt durch.
Aufgabenträger	Content-Manager

Aufgabe: Content-Objekt verifizieren	
Beschreibung	Die Aufgabe *Contentobjekt verifizieren* überprüft bei Erreichen eines Kontrolltermins das Content-Objekt auf Aktualität und Korrektheit des Inhalts. Der Autor überprüft ob zwischenzeitlich eingetretene Ereignisse (z.B. interne Weisungen, veränderte Marktsituation), Anregungen und Hinweise von Anwendern eine Anpassung des Content-Objekts notwendig machen.
Aufgabenträger	Autor

Aufgabe: Content-Objekt anpassen	
Beschreibung	In der Aufgabe *Content-Objekt anpassen* arbeitet der Autor die notwendigen formalen und inhaltlichen Änderungen in das Content-Objekt ein
Aufgabenträger	Autor

Aufgabe: Metadaten anpassen	
Beschreibung	Nach der Durchführung der Anpassungen passt der Autor die Metadaten (z.B. Verfallsdatum, Kategorie, Stichworte, Versionsnummer) des Content-Objekts an. Einige Metadaten (z.B. Autor, Erstellungsdatum) können automatisch während der Pflege des Content-Objekts ausgelesen und angepasst werden.
Aufgabenträger	Autor

Aufgabe: Pflegebedarf Terminologie formulieren	
Beschreibung	Bei der Zuordnung der Metadaten kann ein Pflegebedarf des Vokabulars entstehen (z.B. „neue Begriffe aufnehmen", „Begriffe ändern", „Begriffe löschen", „Begriffe zusammenfassen"). Autoren leiten diesen Pflegebedarf an die Abteilung Terminologiemanagement weiter, die den Bedarf als Auslöser des Prozesses „Terminologiepflege" auffasst.
Aufgabenträger	Autor

Aufgabe: Content-Objekt freigeben	
Beschreibung	Nach einer abschliessenden Kontrolle, gibt der Content-Manager das Content-Objekt frei. Nach der Freigabe kann das Content-Objekt im Strukturierungs- bzw. Distributionsprozess des Partnerunternehmens bearbeitet werden.
Aufgabenträger	Content-Manager

Aufgabe: Anwender benachrichtigen	
Beschreibung	Anwender in den Fachabteilungen oder Kunden, die den Pflegebedarf ausgelöst haben, müssen in diesem Schritt über die durchgeführten Anpassungen informiert werden.
Aufgabenträger	Content-Manager

A.4 Aufgaben des Prozesses „Erstellung Templates"

Aufgabe: Templatebedarf entgegennehmen	
Beschreibung	Die Aufgabe dient der Aufnahme des Templatebedarfs. Template-Redakteure nehmen die Anforderungen für neue Templates
Aufgabenträger	Template-Redakteur

Aufgabe: Rohgerüst Template erstellen	
Beschreibung	Das Rohgerüst des Templates besteht aus der Navigationsstruktur und Containern für Content-Objekte. Die Erstellung der Templates erfolgt in speziellen Template-Editoren. Der Template-Redakteur integriert Navigations- und Designelemente entsprechend der Corporate-Design-Richtlinien in das Template.
Aufgabenträger	Template-Redakteur

Aufgabe: Grafikbedarf spezifizieren	
Beschreibung	Besteht ein Bedarf nach Grafiken, die als Navigations- oder Designelemente in das Template integriert werden sollen, formuliert der Template-Redakteur die Anforderungen und informiert den Designer.
Aufgabenträger	Template-Redakteur

Aufgabe: Grafiken erstellen	
Beschreibung	Der Designer erstellt in diesem Schritt die Grafiken, basierend auf den Anforderungen des Template-Redakteurs.
Aufgabenträger	Designer

Aufgabe: Grafiken integrieren	
Beschreibung	Die neuen Grafiken müssen in das Template integriert werden. Der Template-Redakteur verankert die Grafiken über Hyperlinks oder integriert diese fest in das Template.
Aufgabenträger	Template-Redakteur

Aufgabe: Template freigeben	
Beschreibung	Der Content-Manager der Marketingabteilung (oder Unternehmenskommunikation) überprüft das Template auf Korrektheit bezüglich Designrichtlinien und Kompatibilität mit dem Unternehmensleitbild und gibt das Template frei. Content-Objekte, die nur intern verwendet werden, können direkt vom Template-Redakteur freigegeben werden.
Aufgabenträger	Content-Manager

Aufgabe: Webmaster benachrichtigen	
Beschreibung	Diese Aufgabe informiert den Webmaster über die Verfügbarkeit der angeforderten Templates. Diese können Content-Objekten zugeordnet werden.
Aufgabenträger	Template-Redakteur

A.5 Aufgaben des Prozesses „Pflege Templates"

Aufgabe: Pflegebedarf Template entgegennehmen	
Beschreibung	Auslöser des Prozesses „Pflege Templates" ist ein Pflegebedarf, der im Strukturierungs- oder Nutzungsprozess aufgetreten ist und weitergeleitet wurde. Template-Redakteure nehmen den Pflegebedarf über Kommunikationsanwendungen wie Email, Newsboard oder Telefon entgegen.
Aufgabenträger	Template-Redakteur

Aufgabe: Template anpassen	
Beschreibung	Der Template-Redakteur führt in dieser Aufgabe die notwendigen Anpassungen am Template durch. Betreffen die Änderungen Designelemente, müssen diese vom Designer bearbeitet werden. Ansonsten können die Templates zur Freigabe an den Content-Manager (Marketing) weitergeleitet werden.
Aufgabenträger	Template-Redakteur

Aufgabe: Grafiken anpassen	
Beschreibung	Der Designer passt die Grafiken entsprechend des formulierten Pflegebedarfs an.
Aufgabenträger	Designer

Aufgabe: Template freigeben	
Beschreibung	Der Content-Manager der Marketingabteilung (Alternativ: Unternehmenskommunikation) überprüft das Template auf Korrektheit bezüglich Designrichtlinien und Kompatibilität mit dem Unternehmensleitbild und gibt das Template frei. Content-Objekte, die nur intern verwendet werden, können direkt vom Template-Redakteur freigegeben werden
Aufgabenträger	Content-Manager

Aufgabe: Anwender benachrichtigen	
Beschreibung	Diese Aufgabe informiert den Webmaster über die Verfügbarkeit der angeforderten Templates. Diese können Content-Objekten zugeordnet werden. Lösen Anwender der Fachabteilungen den Pflegebedarf aus, so sind diese über die durchgeführten Anpassungen zu informieren.
Aufgabenträger	Template-Redakteur

A.6 Aufgaben des Prozesses „Feedbackmanagement"

Aufgabe: Anfrage entgegennehmen	
Beschreibung	Anfragen von internen oder externen Nutzern des Content werden von Feedback-Agents entgegengenommen. Die Agents nehmen die Anfrage über den vom Nutzer gewählten Kanal auf und priorisieren parallele Anfragen anhand der Eingangskanäle.
Aufgabenträger	Feedback-Agent

Aufgabe: Triage durchführen	
Beschreibung	Die Triage dient der Klassifikation der Anfrage. Dabei entscheidet der Feedback-Agent anhand vordefinierter Triagekriterien, ob die Anfrage direkt von ihm bearbeitet werden kann oder an Mitarbeiter der Fachabteilungen (Second Level) weitergeleitet werden muss.
Aufgabenträger	Feedback-Agent

Aufgabe: Anfrage weiterleiten	
Beschreibung	Die Anfrage wird entsprechend hinterlegter Routingtabellen oder basierend auf der Auswahl des Feedback-Agent an Experten der Fachabteilungen weitergeleitet. Dabei sollten (idealerweise systemgesteuert) ergänzende Informationen zu der Anfrage (Kontakthistorie, Kundenakte etc.) angehängt werden.
Aufgabenträger	Feedback-Agent

Aufgabe: Anfrage beantworten	
Beschreibung	Die Anfrage kann, abhängig von deren Priorität, sofort oder zeitversetzt erfolgen. Der zuständige Feedback-Agent beantwortet Anfragen über den vom Anwender gewünschten Kanal. Wurde die Anfrage zu Experten einer Fachabteilung weitergeleitet, so übernehmen diese die Bearbeitung der Anfrage
Aufgabenträger	Feedback-Agent

Aufgabe: Vorgang archivieren	
Beschreibung	Zum Abschluss des Vorgangs übergibt der Feedback-Agent sämtliche Vorgangsdaten an den Archivierungsprozess.
Aufgabenträger	Feedback-Agent

A.7 Aufgaben des Archivierungsprozesses

Aufgabe: Objekt prüfen	
Beschreibung	Diese Aufgabe dient der abschliessenden Prüfung des zu archivierenden Objekts auf Vollständigkeit aller Informationen (Metadaten, Hyperlinks). Objekte der Archivierung können Content-Objekte, Templates (Stylesheets), Begriffe oder Taxonomien sein.
Aufgabenträger	Archivar

Aufgabe: Objekt archivieren	
Beschreibung	In dieser Aufgabe wird das Archivierungsobjekt in das Archiv überführt. Die Archivierung erfolgt i.d.R. automatisch.
Aufgabenträger	Archivar

A.8 Aufgaben des Aggregationsprozesses

Aufgabe: Content-Objekt übertragen	
Beschreibung	Übertragung des Content-Objekts vom Server des Anbieters auf den Webserver oder das Content-Management-System des Portalbetreibers. Die Übertragung kann automatisch (ereignis- oder zeitgesteuert) oder manuell erfolgen. Die Übertragungsart ist Gegenstand des Vertrages zwischen Content-Provider und Portalbetreiber.
Aufgabenträger	Webmaster

Aufgabe: Content-Objekt konvertieren	
Beschreibung	Konvertierung des Content-Objekts in das gewünschte Format (Dokumententyp). Diese Aufgabe entfällt, wenn das Content-Objekt anbieterseitig im gewünschten Format bereitgestellt wird. Die Einigung auf präferierte Dokumententypen ist Gegenstand des Vertrages zwischen Content-Provider und Portalbetreiber.
Aufgabenträger	Webmaster

Aufgabe: Content-Objekt technisch freigeben	
Beschreibung	Bevor das Content-Objekt auf dem Produktivsystem bereit gestellt werden kann, ist eine (mehrstufige) Qualitätssicherung durchzuführen. Die Anzahl der Kontroll- und Freigabeschritte ist abhängig von der Kritikalität des Content-Objekts. Im Rahmen der technische Freigabe prüft der Webmaster die ordnungsgemässe Konvertierung des Content-Objekts.
Aufgabenträger	Webmaster

Aufgabe: Content-Objekt formal freigeben	
Beschreibung	Qualitätsmanager prüfen das Content-Objekt formal, d.h. auf orthografische, grammatikalische und grafische Korrektheit und führen gegebenenfalls Fehlerkorrekturen durch.
Aufgabenträger	Qualitätsmanager

Aufgabe: Content-Objekt inhaltlich freigeben	
Beschreibung	Diese Aufgabe überprüft das Content-Objekt auf inhaltliche Kriterien (z.B. Relevanz, Kompatibilität mit dem Unternehmensleitbild). Zusätzlich überprüft der Content-Manager die Metadaten des Content-Objekts und korrigiert diese bei Bedarf. Dieser Schritt kann bei unkritischen Inhalten entfallen bzw. in Form von regelmässigen Stichproben durchgeführt werden. Entspricht das Content-Objekt den technischen, formalen und inhaltlichen Qualitätskriterien, wird es inhaltlich freigegeben. Nach der inhaltlichen Freigabe des Content-Objekts, kann dieses im Produktivsystem genutzt werden.
Aufgabenträger	Content-Manager

A.9 Aufgaben des Distributionsprozesses

Aufgabe: Content-Objekt übertragen	
Beschreibung	In diesem Schritt überträgt der Webmaster das Content-Objekt auf den Syndicationserver. Die Aufgabe entfällt, wenn über das Syndicationsystem lediglich die Pfade zu den Content-Objekten verwaltet werden.
Aufgabenträger	Webmaster

Aufgabe: Content-Objekt konvertieren	
Beschreibung	Gemäss der vertraglichen Vereinbarungen zwischen den Syndication-Partnern, muss der Webmaster das Content-Objekt konvertieren. Dieser Schritt entfällt, wenn die Konvertierung vom Austauschpartner durchgeführt wird.
Aufgabenträger	Webmaster

Aufgabe: Metadaten zuordnen	
Beschreibung	Content-Objekte werden in diesem Schritt über Metadaten, entsprechend ihres späteren Verwendungszwecks zugeordnet. Die Metadaten ermöglichen die Bündelung von Content-Objekten zu personalisierten Content-Clustern.
Aufgabenträger	Webmaster

Aufgabe: Content-Objekt freigeben	
Beschreibung	Nach einer abschliessenden Kontrolle, gibt der Content-Manager das Content-Objekt frei. Nach der Freigabe kann das Content-Objekt im Aggregationsprozess des Partnerunternehmens bearbeitet werden.
Aufgabenträger	Content-Manager

Aufgabe: Tracking des Austausch	
Beschreibung	Diese Aufgabe protokolliert den Austausch von Content-Objekten zwischen den beteiligten Partnern. Die Aufgabe dient der Qualitätssicherung, der Identifikation von Fehlerquellen und der Nachvollziehbarkeit von Transaktionen.
Aufgabenträger	Internet-Analyst

Aufgabe: Reporting durchführen	
Beschreibung	Die Ergebnisse des Austauschtrackings werden als Reports aufbereitet, die vom Content-Manager eingesehen werden können. Die Reports enthalten Fehlerprotokolle und Statistiken über vergangene Transaktionen.
Aufgabenträger	Internet-Analyst

A.10 Aufgaben des Strukturierungsprozesses

Aufgabe: Content-Objekt integrieren	
Beschreibung	Der Prozess beginnt mit der Integration neuer bzw. modifizierter Content-Objekte. Diese können aus dem Aggregations-, Erstellungs- oder Pflegeprozess stammen. Die Form der Integration ist abhängig von der im Unternehmen vorhandenen Systemlandschaft. Setzt das Unternehmen ein Dokumentenmanagementsystem oder Content-Management-System ein, müssen Content-Objekte i.d.R. nicht separat integriert, d.h. übertragen werden sondern können nach Freigabe direkt weiterverarbeitet werden. Verfügt das Unternehmen über keine integrierte Redaktionsumgebung, müssen die Content-Objekte nach Freigabe in eine separate Umgebung (Webserver, Staging-Server) übertragen werden.
Aufgabenträger	Webmaster

Aufgabe: Metadaten kontrollieren	
Beschreibung	Nach der Integration des Content-Objekts durch den Webmaster, kontrolliert dieser die Metadaten des Content-Objekts auf Vollständigkeit und Konsistenz bezüglich der Vorgaben aus dem Terminologiemanagement. Da die vom Autor vergebenen Metadaten für die Kategorisierung und Verlinkung der Content-Objekte verwendet werden, ist die Vollständigkeit und Konsistenz der Metadaten entscheidend für die gezielte Verwendbarkeit des Content-Objekts im Geschäfts- oder Kundenprozess.
Aufgabenträger	Webmaster

Aufgabe: Pflegebedarf formulieren	
Beschreibung	Sind die Metadaten des Content-Objekts unvollständig oder inkonsistent, definiert der Webmaster einen Pflegebedarf und leitet diesen an den Autor des Content-Objekts weiter. Über integrierte Workflowmanagementfunktionen kann der Pflegebedarf, zusammen mit dem Verweis auf das Content-Objekt automatisch nach Formulierung an den Autor geleitet werden.
Aufgabenträger	Webmaster

Aufgabe: Content-Objekt kategorisieren	
Beschreibung	In diesem Schritt muss das Content-Objekt kategorisiert, d.h. entsprechend des zugrundeliegenden Ordnungssystems strukturiert werden. Dieser Schritt entfällt i.d.R. bei Content-Objekten, die Autoren der Fachabteilungen erstellt oder angepasst haben. Diese Objekte können anhand der von Autoren zugeteilten Metadaten (Schlagworte) kategorisiert werden.
Aufgabenträger	Webmaster

Aufgabe: Content-Objekte verlinken	
Beschreibung	Nach der Kategorisierung des Content-Objekts, erfolgt die Verlinkung der Content-Objekte bzw. die Überprüfung vorhandener Hyperlinks. Hyperlinks können in den einzelnen Content-Objekten oder aber auch in den Templates enthalten sein.
Aufgabenträger	Webmaster

Aufgabe: Templates zuordnen	
Beschreibung	In der Aufgabe *Templates zuordnen* weist der Webmaster den Content-Objekten Templates zu, die die Layout- und Navigationsinformationen für verschiedene Anwendungsszenarien enthalten (Stylesheets). Die Verknüpfung zwischen Templates und Content-Objekt erfolgt i.d.R. automatisch entsprechend der Content-Kategorie (in Metadaten definiert). Dabei kann ein Content-Objekt verschiedenen Layouttemplates zugeordnet werden, abhängig von den unterschiedlichen Nutzungsszenarien (Kanal, Rolle, Nutzer).
Aufgabenträger	Webmaster

Aufgabe: Bedarf Templates formulieren	
Beschreibung	Benötigt der Webmaster für die Darstellung der Content-Objekte neue Templates, so formuliert er einen Bedarf, der den Prozess *Erstellung Templates* auslöst.
Aufgabenträger	Webmaster

A.11 Aufgaben des Prozesses „Terminologiepflege"

Aufgabe: Pflegebedarf Terminologie entgegennehmen	
Beschreibung	In den Prozessen „Erstellung Content", „Pflege Content" und „Nutzung" kann ein Pflegebedarf der Terminologie entstehen. Der Terminologe nimmt in dieser Aufgabe den Pflegebedarf entgegen und initiiert den Prozess. Der Pflegebedarf kann über verschiedene Kommunikationsmittel (Email, Newsboard, Telefon) formuliert und entgegengenommen werden. In dieser Aufgabe analysiert der Terminologe den Pflegebedarf in fachlicher und inhaltlicher Hinsicht. Terminologisch unbedarfte Anwender formulieren den Pflegebedarf umgangssprachlich und sind sich über die Tragweite eines Änderungsbedarfs selten bewusst. Dieser Schritt dient der nachfolgenden Ableitung der notwendigen Aktionen.
Aufgabenträger	Terminologe

Aufgabe: Notwendige Aktionen definieren	
Beschreibung	Diese Aufgabe dient der Formulierung der Änderungen, die nach eingehender Prüfung des Terminologen notwendig sind, um die gewünschten Änderungen zu erfüllen. Beispiele für Aktionen sind „Begriff löschen", „Begriffe zusammenfassen", „Klasse splitten".
Aufgabenträger	Terminologe

Aufgabe: Antrag entscheiden	
Beschreibung	Das Review-Team, das sich aus verschiedenen Vertretern der Fachabteilungen und des Terminologiemanagement zusammensetzt, entscheidet über den Antrag. Abgelehnte Begriffe werden in eine Negativliste aufgenommen, die bei späteren Anträgen zur Entscheidungsfindung herangezogen werden kann.
Aufgabenträger	Review-Team

Aufgabe: Alte Begriffe/Taxonomie archivieren	
Beschreibung	Stellt das Review-Team einen Archivierungsbedarf fest (Begriffe sind veraltet), so werden die betroffenen Objekte an den Archivierungsprozess weitergeleitet.
Aufgabenträger	Review-Team

Aufgabe: Aktionen durchführen	
Beschreibung	Der Terminologe führt die definierten Aktionen an Glossar und Taxonomie durch.
Aufgabenträger	Terminologe

Aufgabe: Fachliche und formale Überprüfung	
Beschreibung	Der Gutachter überprüft das Ergebnis der durchgeführten Aktionen aus fachlicher und formaler Sicht.
Aufgabenträger	Gutachter

Aufgabe: Anwender benachrichtigen	
Beschreibung	Der Terminologe informiert den Anwender, der den Pflegebedarf formuliert hat über die durchgeführten Aktionen. Der Anwender wird auch bei Ablehnung des Antrags und Archivierung alter Begriffe informiert.
Aufgabenträger	Terminologe

Anhang B: IS-Architektur – Funktionsbeschreibungen

B.1 Nutzungsfunktionen

Suche	
Beschreibung	Bei der Suche gibt der Benutzer einen oder mehrere Suchbegriff(e) ein, die mit verschiedenen Operatoren (z.B. und, oder, nicht) verknüpft werden. Die Search Engine vergleicht die gesuchten Begriffe bzw. Phrasen mit denen aus dem vorher erstellten Index und liefert als Ergebnis sämtliche Dokumente, die die gesuchten Begriffe bzw. Phrasen enthalten. Die Suche kann über den gesamten Index (Volltext) oder über Metadaten (Schlagworte) erfolgen. Die Suche erfolgt frontendseitig Suchformulare, backendseitig benötigen Unternehmen die Funktion Content-Indizierung.
Prozess/Aufgabe	Nutzung/ Content suchen

Navigation	
Beschreibung	Bei der Navigation sucht der Benutzer hingegen die Information innerhalb einer vorgegebenen Hierarchie von Begriffen. Die Struktur der Begriffe wird vom Anbieter der Information vorgegeben. Benutzer navigieren in der Begriffstruktur. Backendseitig können Aufbau und Pflege der Navigationsstruktur durch Content-Mining- und Klassifikationsfunktionen automatisiert werden.
Prozess/Aufgabe	Nutzung/ Content suchen

Dynamische Sitemaps	
Beschreibung	Eine Sitemap ist eine hierarchische, verlinkte Übersicht über einzelne Seiten, die auf einer Website angeboten werden bzw. vom Nutzer angesehen werden können [vgl. Büchner et al. 2001, S. 116]. Die Funktion generiert automatisch Sitemaps, basierend auf der im Content-Management-System angelegten Dokumentenstruktur.
Prozess/Aufgabe	Nutzung

Personalisierung	
Beschreibung	Die Personalisierungsfunktion stellt Inhalt, Struktur und Layout des Content, abgestimmt auf den Bedarf des Nutzers dar. Die Zuordnung der Content-Objekte und Layouttemplates zu Nutzern, basiert auf Profilinformationen, die über die Nutzerverwaltung administriert werden. Das Profil kann vom Portalbetreiber und/oder vom Nutzer selber bzw. dynamisch anhand des Nutzerverhaltens angepasst werden. Die Personalisierung von Content kann auf verschiedenen Ebenen erfolgen (z.B. Rolle, Nutzer, Zugangskanal).
Prozess/Aufgabe	Nutzung

B.2 Syndicationfunktionen

Content Exchange	
Beschreibung	Content Exchange ist die Basisfunktion des Content-Syndication. Die Funktion regelt den Übertrag von Content-Objekten zwischen den syndizierenden Parteien über standardisierte Austauschprotokolle wie ICE (Information and Content Exchange Protocol) oder RSS (Rich Site Summary).
Prozess/Aufgabe	Aggregation, Distribution/ Content-Objekt übertragen

Konvertierung	
Beschreibung	Die Funktion unterstützt Mitarbeiter bei der Transformation unterschiedlicher Dokumentenformate durch Filter und Mapping-Regeln. Fremdformate werden durch Konvertierungsfunktionen auf das benötigte Dokumentenformat abgebildet (z.B. eigene DTD, PDF).
Prozess/Aufgabe	Aggregation, Distribution/ Content-Objekt konvertieren

Content Packaging	
Beschreibung	Content Packaging unterstützt die Bildung personalisierter Content-Cluster, basierend auf Profildaten der Abonnenten. Diese wählen benötigte Content-Objekte anhand von Kategorien aus und konfigurieren individuelle Profile. Die Funktion Content Packaging strukturiert gleichartige Content-Objekte anhand vordefinierter Kategorien.
Prozess/Aufgabe	Distribution/ Metadaten zuordnen

Exchange Logging	
Beschreibung	Exchange Logging protokolliert den Austausch von Content-Objekten. Alle Aktivitäten des Datenaustauschs werden aufgezeichnet und in Logfiles archiviert. Die Funktion analysiert die Logfiles und informiert automatisch Administratoren bei Auffälligkeiten im Logprotokoll.
Prozess/Aufgabe	Distribution/ Tracking des Austauschs, Reporting

B.3 Strukturierungsfunktionen

Taxonomieverwaltung	
Beschreibung	Unterstützt Aufbau und Pflege von Ordnungssystemen für die Content-Strukturierung. Die Funktion stellt standardisierte Operationen (z.B. Klasse löschen, Klassen zusammenfassen oder Klasse splitten) bereit und führt die Operationen und alle nötigen Folgeoperationen durch [vgl. Appelrath et al. 2001]. Darüber hinaus unterstützt die Funktion die Verwaltung heterogener Taxonomien sowie das Mapping zwischen verschiedenen Ordnungsprinzipien.
Prozess/Aufgabe	Strukturierung/ Content-Objekt kategorisieren; Terminologiepflege/ Aktionen definieren, Aktionen durchführen

Klassifikation	
Beschreibung	Klassifikationssysteme entstehen durch eine wiederholte Klassenbildung, bei der die Elemente stufenweise nach immer feineren Merkmalen unterschieden werden, so dass eine hierarchische Ordnung entsteht. Die automatische Klassifikation von Inhalten basiert auf einer softwaregestützten Analyse der zu klassifizierenden Content-Objekte (Content-Mining). Die Klassifikations-funktion analysiert den Inhalt der Content-Objekte und ordnet diese (regel-basiert) mittels Metadaten vordefinierten Klassen zu [vgl. Harty et al. 1999].
Prozess/Aufgabe	Strukturierung/ Content-Objekt kategorisieren

Linkmanagement	
Beschreibung	*Linkmanagement* überprüft die Konsistenz der in Content-Objekten oder Templates enthaltenen Hyperlinks. Stellt die Funktion eine Inkonsistenz fest, wird automatisch der zuständige Content-Manager oder Webmaster informiert. In einfachen Fällen kann das System selbständig notwendige Änderungen vornehmen. Eine inhaltliche Kontrolle der Hyperlinks ist mit bestehenden Content-Management-Systemen noch nicht möglich [vgl. Büchner et al. 2001, S. 115].
Prozess/Aufgabe	Strukturierung/ Content-Objekt verlinken

Glossarverwaltung	
Beschreibung	Die Funktion *Glossarverwaltung* unterstützt die Erstellung, Pflege und Veröffentlichung von genormten Begriffen. Die Funktion unterstützt das Terminologiemanagement durch die Visualisierung von Begriffslandkarten, Sy-nonymverweisen und Navigationselementen.
Prozess/Aufgabe	Terminologiepflege/ Aktionen definieren, Aktionen durchführen

Katalogmanagement	
Beschreibung	Durch die zunehmende Vernetzung von Unternehmen steigt auch der Bedarf an einheitlichen Produktbeschreibungen. Standardisierte Produktklassifi-kationen erleichtern die Suche nach Produkten, die Vergleichbarkeit von Angeboten sowie die Integration neuer Geschäftspartner. Einzelne Angebote müssen eindeutig identifizierbar sein, um die Suche nach Angeboten, Ausschreibungen und Bestellvorgängen im E-Business gestalten zu können. Für die Beschreibung von Produktdaten haben sich verschiedene Klassifikationsstandards etabliert. Diese Standards sind in der Regel frei verfügbar, d.h. Unternehmen können ihre Produkte nach dem vorgegebenen Schema klassifizieren. Katalogmanagement verwaltet die Produktklassifikation, stellt standardisierte Operationen für die Pflege der Klassen zur Verfügung und vereinheitlicht heterogene Produktbeschreibungen über Mappingfunktionalitäten [vgl. Dolmetsch 2000].
Prozess/Aufgabe	Strukturierung

B.4 Redaktionsfunktionen

Versionsmanagement	
Beschreibung	Versionsmanagement hilft, die Entstehungsgeschichte einzelner Dokumente nachzuvollziehen. Die Veränderungen der Content-Objekte müssen protokolliert werden können, um bei Bedarf den Entstehungsprozess rekonstruieren bzw. frühere Zustände wiederherstellen zu können. Versionsmanagement dokumentiert den ursprünglichen Zustand eines Content-Objekts sowie dessen Veränderungen und speichert Ursprungsdokument und geändertes Dokument als getrennte Versionen ab [vgl. Bernd 1994; Pfaff 1995; Gersdorf 2000].
Prozess/Aufgabe	Erstellung, Pflege (Content und Templates)

Import/Export-Filter

Beschreibung	Importfilter integrieren externe Content-Objekte in das Content-Management-System und transformieren diese entsprechend anwendungsspezifischer Vorgaben. Verschiedene Daten- und Dokumentenformate können dadurch auf unternehmensspezifische Formate (z.B. XML-DTD, WML) abgebildet werden. Exportfilter übernehmen die Transformation von Content-Objekten aus dem Content-Management-System in benötigte Daten- und Dokumentenformate (z.B. PDF, Printformate, CD) [vgl. Büchner et al. 2001, S. 143-145].
Prozess/Aufgabe	Erstellung Content, Pflege Content

Metadatenmanagement

Beschreibung	Metadatenmanagement vereinfacht die Pflege und Vergabe von Metadaten durch strukturierte Aufbereitung und Kontextmenüs. Autoren greifen bei der Erstellung und Pflege von Content-Objekten auf die Funktion zurück. Metadatenmanagement stellt Autoren die möglichen Schlagworte zur Verfügung und unterstützt die Navigation im Metadatenkatalog durch Synonymverweise.
Prozess/Aufgabe	Erstellung Content/ Metadaten zuordnen

Template Editing

Beschreibung	Die Funktion erleichtert die Erstellung und Pflege von Layout- und Navigationstemplates. Die Gestaltung von Templates erfolgt in Template Editoren, die die Wiederverwendung von Design- und Navigationselementen unterstützen und Funktionen zur Beschreibung der Template Container über Metadaten bereitstellen [vgl. Gruhn et al. 2000].
Prozess/Aufgabe	Erstellung, Pflege Templates

Compound-Documents

Beschreibung	Bestehen Dokumente aus einzelnen Teildokumenten, sollte das System die Kontrolle der einzelnen Teildokumente, sowie die Zuordnung zum Hauptdokument übernehmen. Compound-Documents verwalten verschiedene Dokumentenbestandteile als einzelne Content-Objekte und setzen diese zum Zeitpunkt der Content-Nutzung zusammen. Die Funktion ermöglicht die personalisierte Bereitstellung von Dokumenten. Bei der Nutzung eines Dokumentes wählt das System nur die Content-Objekte aus, die den Profilinformationen des Nutzers entsprechen und setzt diese zu einem personalisierten Dokument zusammen [vgl. Bernd 1994; Pfaff 1995].
Prozess/Aufgabe	Erstellung, Pflege (Content und Templates)

Archivierung	
Beschreibung	Die Archivierungsfunktion komprimiert zu archivierende Content-Objekte und speichert diese in einem Dokumentenarchiv ab.
Prozess/Aufgabe	Archivierung/ Objekt archivieren

B.5 Integrationsfunktionen

Content-Indizierung	
Beschreibung	Bei der *Content-Indizierung* werden Teile eines Content-Objekts extrahiert, die als Deskriptoren für das Objekt verwendet werden können. Im Fall von Texten sind dies Stichwörter, bei Bildern bzw. Filmen auch Farben oder Formen. Mit den gesammelten Informationen wird ein gemeinsamer Index erstellt, dessen Einträge mit den zugehörigen Wissensobjekten verknüpft werden. Das Finden von Dokumenten ist danach über die Suche nach Stichwörtern möglich [vgl. Raghavan 2000].
Prozess/Aufgabe	Strukturierung

Content-Mining	
Beschreibung	*Content-Mining* analysiert automatisch den Inhalt von Content-Objekten und strukturiert diese über Metadaten. Dabei lassen sich statistische, probabilistische und linguistische Verfahren unterscheiden [vgl. Kaiser 1993]. Die *statischen Verfahren* ermitteln die Deskriptoren basierend auf der Häufigkeit ihres Auftretens in einem Dokument. Für die Indizierung eines bestimmten Textes sollten bei diesem Vorgehen Begriffe gewählt werden, die in diesem speziellen Text besonders häufig, in anderen Texten aber sehr selten vorkommen. Im Mittelpunkt der *probabilistischen Verfahren* steht die Bestimmung der Relevanzwahrscheinlichkeit. Hierzu werden bei probabilistischen Methoden, meist auf Grundlage eines Vokabulars, nicht nur einzelne Terme indiziert, sondern Wahrscheinlichkeitsverteilungen für komplexere Termstrukturen errechnet. *Linguistische Verfahren* versuchen, den regelhaften Charakter der gesprochenen Sprache in Form von Algorithmen auf Computersysteme abzubilden. Es werden die im Dokumentenbestand enthaltenen Sätze syntaktisch analysiert, um ihnen als Ergebnis Satzstrukturen zuzuordnen. Content-Mining bildet die Basisfunktion für die automatische Content-Klassifikation [vgl. Raghavan 2000].
Prozess/Aufgabe	Strukturierung

Workflowmanagement	
Beschreibung	*Workflowmanagement* unterstützt sowohl die Spezifikation von Prozessen als auch ihre aktive Steuerung während der Ausführung. Zur Basisfunktionalität gehören eine Entwicklungs- und Laufzeitumgebung. Die Spezifikation eines Prozesses geschieht in der Entwicklungsumgebung. Das Ergebnis der Modellierung sind Workflowtypen, die das Workflowsystem in einem Repository verwaltet. Die Laufzeitumgebung steuert und kontrolliert die Durchführung einer Workflowinstanz auf Basis der vordefinierten Workflowtypen. Sie ermittelt die nächste Aktivität, stellt die notwendigen Informationen bereit und startet automatisch die erforderlichen Anwendungen zur Ausführung der Aktivität. Darüber hinaus wird die Ausführung zur Auswertung und Überwachung protokolliert (Statustracking).
Prozess/Aufgabe	Alle

Benutzerverwaltung	
Beschreibung	Die Benutzerverwaltung verwaltet die Nutzerinformationen wie Zugriffsrechte, Profildaten und Gruppenzugehörigkeit. Die Funktion unterstützt die Authentifizierung von Nutzerzugriffen sowie die Personalisierung von Content und Layouttemplates. Die Berechtigungen für Content-Objekte lassen sich vom Content-Management-System aus der Benutzerverwaltung ableiten [vgl. Büchner et al. 2001, S. 141].
Prozess/Aufgabe	Distribution, Erstellung, Pflege, Nutzung, Feedback-Management

Unified Messaging	
Beschreibung	Viele Unternehmen verfügen über Email-, Fax- und Voice-Messaging-Systeme, die jedoch in den meisten Fällen nicht integriert sind. Die Benutzung der einzelnen Systeme erfolgt über unterschiedliche Soft- bzw. Hardwarelösungen. Eine Integration der verschiedenen Medien und die Bereitstellung des einheitlichen Zugriffs über eine Anwendungsoberfläche verhilft Unternehmen zu Kosteneinsparungen und verbesserter Servicequalität. Mitarbeiter können jederzeit auf eingegangene Nachrichten über das Medium ihrer Wahl zugreifen und sind nicht auf bestimmte physische Standorte bzw. Medien angewiesen. Unified Messaging Systeme integrieren die verschiedenen Eingangsmedien wie Telefon, Fax und Email in einer einheitlichen Oberfläche und ermöglichen eine Konvertierung der Nachrichten in unterschiedliche Medienformate. Alle eingehenden Nachrichten werden vom Unified Messaging Server in einer integrierten Mail-Box verwaltet. Benutzer können die Nachrichten optisch oder akustisch über das System abrufen.
Prozess/Aufgabe	Feedback-Management

Computer Telephony Integration (CTI)	
Beschreibung	CTI-Anwendungen werden typischerweise in first-party- und third-party-Integration unterschieden. Die beiden Architekturvarianten unterscheiden sich in der Art der Anbindung von Telefonanlage und Informationssystemen. Im Falle einer first-party Integration existiert eine direkte physische Verbindung zwischen Telefonanlage und PC. Die Verbindung kann z.B.

Computer Telephony Integration (CTI)		
		über das Telefon-Interface (TIF), ein Modem oder ein Digital Processor Board hergestellt werden. Die Telefonfunktionalitäten werden über ein zusätzliches Anwendungsprogramm auf den Arbeitsplatzrechnern bereitgestellt. Moderne CTI-Lösungen setzen auf die third-party-Integration, bei der ein dezidierter CTI-Server zur Auswertung der Signalisierungsfunktionen und der Steuerung der benötigten Applikationen über das lokale Netzwerk eingesetzt wird. Die Sprachübertragung erfolgt bei der third-party-Variante in den meisten Fällen parallel über das Telefonnetz. Third-party CTI-Systeme bestehen generell aus einer Client- und einer Server-Softwarekomponente. Die wesentliche Aufgabe der CTI-Serverkomponente ist die Zuordnung eingehender Anrufe zu den einzelnen Arbeitsstationen und Telefonen im LAN durch die Auswertung und Verwaltung der Routing-Datenbanken. Die Client-Software stellt dem Benutzer wichtige Telefoniefunktionen bereit und bildet die Schnittstelle zum CTI-Server. Zusätzlich benötigt diese Architekturvariante ein CTI-Protokoll, das die Verbindung zwischen Nebenstellenanlage und CTI-Server bereitstellt.
	Prozess/Aufgabe	Feedback-Management

Anhang C: Materialien zur Fallstudie E-Plus

C.1 Ergebnisse, Lessons Learned und Ausblick

Für die Erfolgskontrolle des Mu0lti-Access-Portals ermittelt E-Plus regelmässig aussagekräftige Kennzahlen für die verschiedenen Zugangskanäle (s. Abbildung C–). Für die Darstellung in dieser Arbeit liegen nur die Kennzahlen für den Kanal WWW vor. Für das Webportal ermittelt E-Plus die Kennzahlen Page Impressions und Visits. Page Impressions bezeichnen die Anzahl der Sichtkontakte beliebiger Nutzer mit einer Seite ei-nes Online-Angebots. Visits bilden dagegen einen zusammenhängenden Nutzungsvorgang (Besuch) eines Online-Angebots. Ein Visit kann dabei aus mehreren Pageimpressions bestehen. Nach den Richtlinien der deutschen Werbeindustrie gilt ein Visit als beendet, wenn 30 Minuten lang keine Aktion mehr erfolgt ist. Als schwierig erweist sich momentan die Erfolgsmessung auf den anderen Zugangskanälen des Multi-Access-Portals. Das Unternehmen misst zwar spezifische Kennzahlen pro Kanal (s. Abbildung C–), kann jedoch schwer einen Bezug zwischen den Portalangeboten und den Nutzerzahlen auf den verschiedenen Kanälen feststellen. Diese lassen sich nicht content- oder servicespezifisch ermitteln, so dass eine Erfolgsmessung nur spekulativ erfolgen kann.

Kanal	Kennzahlen
WWW	Page ImpressionsVisits
WAP	Anzahl WAP-MinutenDurchschnittliche Verweildauer auf AngebotenWAP-Minuten pro Content-Cluster
SMS	Anzahl verschickter NachrichtenAnzahl verschickter Nachrichten pro Content-Cluster
Voice	Anzahl SubscriberDurchschnittliche Gesprächsdauer pro KundeVoice-Nutzung pro Content-Cluster

Abbildung C–1: Kanalabhängige Kennzahlen

Seit März 2000 haben sich die monatlichen Page Impressions von damals 3.337 auf 9.724 im Dezember desselben Jahres erhöht. Die Visits stiegen im gleichen Zeitraum von 645 auf 3874. Die deutliche Steigerung der Visits deutet auf ein verstärktes Interesse der Nutzer am Onlineangebot des Multi-Access-Portals hin. Mit schrittweisem Ausbau des Portals um Content und Services konnte E-Plus die Attraktivität des Portals für die anvisierte Nutzergruppe steigern.

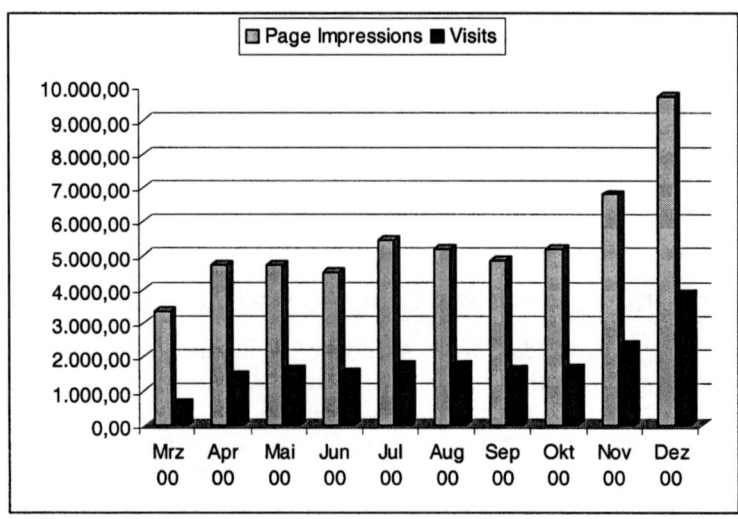

Abbildung C–2: Entwicklung der Nutzerzahlen MAP (März - Dezember 2000)

Lessons Learned

Die nachfolgend dargestellten Erfahrungen beziehen sich auf das komplette Projekt „Multi-Access-Portal". Die Darstellung unterscheidet zwischen positiven Aspekten, die das Projekt positiv beeinflussten und Hindernissen, die negative Auswirkungen auf den Projekterfolg hatten bzw. im Projektverlauf zu wenig berücksichtigt wurden.

Positive Aspekte

- Die *konsequente Multikanalstrategie*, die E-Plus von Anfang an verfolgte, führte zum Aufbau einer zukunftsweisenden, ausbaufähigen Lösung. Das Multi-Access-Portal kann flexibel an neue Technologien wie GPRS, UMTS oder iMode angepasst werden.

- *Klarer Fokus auf Bestandskunden.* E-Plus konzentrierte sich verstärkt beim Aufbau des Portals auf bestehende Kunden und versuchte, diesen schrittweise Zusatznutzen über neue Inhalte und Services zu bieten.

- Die am Projekt beteiligten Mitarbeiter empfanden das Umfeld als *lernende Umgebung*, in der Fehler verziehen und Lessons Learned direkt im Projekt verarbeitet wurden. Dies wirkte sich massgeblich auf die Motivation der Mitarbeiter und den Projekterfolg aus.

- *Hohe Flexibilität* bei der Projektgestaltung. Der Projektplan war insbesondere in der Anfangsphase des Projektes bewusst flexibel gehalten, so dass Erfahrungen und neue Ideen einfach in das Projekt integriert werden konnten.

Hindernisse:

- Die *niedrige Priorisierung des Content-Management* im Unternehmen erwies sich an einigen Stellen des Projektes als hinderlich. Das Projekt hatte Berührungspunkte mit sämtlichen Geschäftsbereichen des Unternehmens und führte damit oftmals zu Kompetenzüberschreitungen der Verantwortlichen. Das Projekt war von Anfang an in der Abteilung „Internetprodukte" verankert. Grundsatzentscheidungen konnten nur mit Verzögerungen durchgesetzt und notwendige Ressourcen schwer mobilisiert werden. Eine Verknüpfung zur Geschäftsleitung durch einen Sponsor des Top-Managements wäre nach Aussagen der Projektverantwortlichen der bessere Weg gewesen.

- Eine *frühe Ableitung der technischen Infrastruktur* führte zu einer Vernachlässigung strategischer und organisatorischer Fragestellungen im Anfangsverlauf des Projektes. Diese mussten im Projektverlauf nachgeholt werden und führten zu nachträglichen Anpassungen der technischen Infrastruktur. Die Reihenfolge „Structure follows Strategy" wäre aus nachträglicher Sicht effizienter und effektiver gewesen.

E-Plus erwartet in den kommenden Jahren einen erheblichen Nachfrageboom nach Dienstleistungen aus dem neuen Geschäftsfeld „Content Dienste". Das Unternehmen rechnet damit, dass in Zukunft der Umsatzanteil dieses Geschäftsfeldes um bis zu 50% wachsen wird.

Das Unternehmen möchte in Zukunft aktiv in den Bereich M-Commerce einsteigen und mit Mobile Ticketing neue Massstäbe setzen. Ab Sommer 2001 können E-Plus Kunden Karten für Veranstaltungen aller Art schnell und komfortabel über das Handy buchen und über ihre Mobilfunkrechnung oder Kreditkarte bezahlen. Der geplante Veranstaltungskalender umfasst mehr als 8.000 Events, vom Sportereignis über Konzerte bis hin zu Musicals und Theateraufführungen

KPN Mobile - und damit auch E-Plus - hat im Januar 2001 bekannt gegeben, dass die beiden Unternehmen gemeinsam mit NTT DoCoMo ein Unternehmen aufbauen wollen, das neue, moderne Non-Voice-Services entwickeln soll. Die Vermarktung dieser Services in Deutschland wird E-Plus übernehmen.

In dieses Joint Venture bringt NTT DoCoMo sein Know-how ein, über das es mit seinem äusserst erfolgreichen Produkt i-mode in Japan verfügt. Die neuen Produkte, die dieses Joint Venture entwickeln soll, werden in das dann bereits bestehende Angebot integriert. Das Geschäftsmodell von i-mode basiert auf dem Prinzip einer offenen Plattform auf dem die Content-Anbieter ihre Services direkt den i-mode Nutzern anbieten können. Inzwischen nutzen mehr als 20 Millionen Japaner die unter dem Produktnamen i-mode offerierten Angebote des mobilen Internets.

E-Plus wird in Zukunft verstärkt Services über moderne Übertragungstechniken wie GPRS oder UMTS anbieten. Bereits zum heutigen Zeitpunkt können Kunden die WAP-Leistungen des Unternehmens über GPRS nutzen. Die Abrechnung der Dienste erfolgt konsequent nach der übertragenen Datenmenge und nicht nach Nutzungsdauer. E-Plus plant den Aufbau des UMTS-Netzes für das Jahr 2002 und wird in den kommenden Monaten mit den ersten Pilotversuchen in Deutschland beginnen. Ein weiterer Baustein der zukünftigen Entwicklungen im Bereich Non-Voice-Dienste von E-Plus wird die verstärkte redaktionelle Erstellung und Verteilung von spezialisiertem Eigencontent sein. Neben den verschiedenen Themencontainern, die via Content-Syndication von externen Providern bewirtschaftet werden, wird das Unternehmen „Unique-Content" anbieten. Beispiele sind Informationen rund um das Kerngeschäft Telekommunikation (Technik-Beiträge, TK-Web-Datenbank, TK-Lexikon etc.), Informationen zu E-Plus Aktivitäten (Messeauftritte, Kooperationen) oder redaktionelle Vorstellung und Bewertung von Websites (Surf-Tipps).

C.3 Ansprechpartner

Ansprechpartner	Funktion
Jens Albers	Technischer Projektleiter CMS
Timo Dissarz	Abteilungsleiter Product Management-Internet Consumer
Christian Hofmeister	Content-Manager Product ManagementInternet Consumer
Martin Juschkus	Content-Manager Product ManagementInternet Consumer

C.4 Kontakte und Termine

Gesprächstermin	Ansprechpartner
21. Dezember 2000	Christian Hoffmeister
22. Dezember 2001	Christian Hoffmeister
19. Februar 2001	Christian Hoffmeister, Timo Dissarz
20. Februar 2001	Jens Albers, Christian Hoffmeister
19. März 2001	Martin Juschkus
20. März 2001	Jens Albers, Timo Dissarz

Literaturverzeichnis

[Aberdeen Group 2000]
    Aberdeen Group, From Silos to Suites, Integrated Web Site Applications, Aberdeen Group, Boston MA, 2000

[Acken 1998]
    Acken, D.v., Unified Messaging – Zentrales Informationsmanagement, in: HMD, Jg. 35, Nr. 204, 1998, S. 70-75

[Albers et al. 2000]
    Albers, S., Clement, M., Skiera, B., eCommerce. Einstieg, Strategie und Umsetzung im Unternehmen, F.A.Z. - Institut Verlag, Frankfurt a.M., 2000

[Appelrath et al. 2001]
    Appelrath, H.-J., Ritter, J., Meister, K., Moderne Werkzeuge des Wissensmanagement, Offis Systems, Oldenburg, 2001

[Auto-ID 2001]
    The Networked Physical World, MIT Auto-ID Center, MIT, Cambridge 2001

[Autonomy 2001]
    Autonomy, Portal-in-a-Box, Autonomy, White Paper, Cambridge, 2001

[Bach 2000]
    Bach, V., Business Knowledge Management: Wertschöpfung durch Wissensportale, in: Bach, V., Österle, H., Vogler, P. (Hrsg.), Business Knowledge Management in der Praxis, Springer, Heidelberg, 2000, S. 51-119

[Bach et al. 2000]
    Bach, V., Österle, H., Vogler, P. (Hrsg.), Business Knowledge Management in der Praxis, Springer, Berlin, 2000

[Bach et al. 1999]
    Bach, V., Vogler, P., Österle, H. (Hrsg.), Business Knowledge Management, Springer, Berlin et al., 1999

[Behme/Mintert 1998]
    Behme, H., Mintert, S., XML in der Praxis: Professionelles Web-Publishing mit der Extensible Markup Language, Bonn, 1998

[Bernd 1994]
    Bernd, O., Dokumentenmanagementsysteme, Luchterhand, Neuwied et al., 1994

[Berners-Lee 1998a]
Berners-Lee, T., Interpretation and Semantics on the Semantic Web, http://www.w3.org/DesignIssues/Interpretation.html (17.07.01)

[Berners-Lee 1998b]
Berners-Lee, T., The semantic Web as a language of logic, W3C, http://www.w3.org/DesignIssues/Logic.html (17.07.01)

[Berners-Lee 1998c]
Berners-Lee, T., Semantic Web Road map, http://www.w3.org/DesignIssues/Semantic.html (17.07.01)

[Berners-Lee et al. 2001]
Berners-Lee, T., Hendler, J., Ora, L., The Semantic Web, in: Scientific American, Nr. 5, 2001

[Bleicher 1999]
Bleicher, K., Das Konzept integriertes Management, Campus Verlag, Frankfurt am Main, New York, 1999

[Blessing 2001]
Blessing, D., Content Management für das Business Engineering. Fallbeispiele, Modelle und Anwendungen für das Wissensmanagement bei Beratungsunternehmen, Dissertation, Universität St. Gallen, St. Gallen, 2001

[Bock 2000]
Bock, G., Kinecta.Net as an Internet Service. Delivering the E-Process Expertise for Syndication Content on the Web, Patricia Seybold Group, Boston MA, 2000

[Borriello/Hightower 2001]
Borriello G., Hightower, J., Location Systems for Ubiquitous Computing, IIEE Computer magazine, August 2001, S. 57-66

[Brock 2001]
Brock, D., The Physical Markup Language – A Universal Language for Physical Objects, MIT Auto-ID Center, MIT, Cambridge 2001

[Bredow 2001]
Bredow, F.v., Knowledge Management für Jedermann?, Project Consult, Hamburg, 2001

[Büchner et al. 2001]
Büchner, H., Zschau, O., Traub, D., Zahradka, R., Web Content Management - Websites professionell betreiben, Galileo Press, Bonn, 2001

[Bullinger et al. 2000]
Bullinger, H.-J., Schuster, E., Wihelm, S., Content Management Systeme, Frauen-hofer-Institut für Arbeitswirtschaft und Organisation, Verlagsgruppe Handelsblatt GmbH, Wirtschaftswoche, Düsseldorf, 2000

[Busch 2000]
    Busch, D., Applikationsserver für die Webentwicklung, in: Internet Professionell, Nr. 12, 2000

[Charlesworth 2001]
    Charlesworth, I., Hyperwave eKnowledge Infrastructure, Butler Group Knowledge Management Research Paper, Yorkshire UK, 2001

[Computerwoche 2000]
    Computerwoche, Die Extensible Markup Language hält Einzug in Content-Management-Systeme, in: Computerwoche, Nr. 37, 2000, S. 78-79

[Condon 1999]
    Condon, C., Europe's mobile Internet opens up, Forrester Research, Inc., Cambridge, MA, 1999

[Cook 1996]
    Cook, M.A., Building Enterprise Information Architectures, Prentice Hall PTR, Upper Saddle River, 1996

[Copeland 2001]
    Copeland, R., Mine Your Intellectual Assets, informationweek, 12. Februar, 2001

[Dalton 2001]
    Dalton, J.P., Managing Content Hypergrowth, Forrester Research, Cambridge MA, Amsterdam, 2001

[Delphi 1999]
    Delphi, Delphi Opinion: Hyperwave Information Server, Delphi Group, Boston MA, 1999

[DePalma 1997]
    DePalma, D., Content Road Map, Forrester Research, Cambridge MA, Amsterdam, 1997

[Dolmetsch 2000]
    Dolmetsch, R., eProcurement - Einsparungspotentiale im Einkauf, Addison-Wesley, München, 2000

[Domnitcheva 2001]
    Domnitcheva, S., Location Modelling – State of the Art and Challenges, ETH Departement of Computer Science, 2001

[Donovan 2001]
    Donovan, T., Wirtschaftliche Gründe für Content Management. Ein Leitfaden für Führungskräfte, Trend Consulting, London, 2001

[Dörler/Daniel 1994]
    Dörler, H.A., Daniel, R., Von der Produkt-/Marktplanung zur dynamischen Unternehmensarchitektur, in: Riekhof, H.-C. (Hrsg.), Praxis der Strategieentwicklung. Konzepte - Erfahrungen - Fallstudien, Schaeffer-Poeschel, Stuttgart, 1994, S. 29-46

[Drakos/Votsch 2001]
    Drakos, N., Votsch, V., Worldwide Web Content Management Market, Gartner Group, 2001

[Dumais 1998]
    Dumais, S., Using SVMs for Text Categorization, Decision Theory and Adaptive Systems Group, Microsoft Research, 1998

[Fife 1998]
    Fife, L., The ICE 1.0 protocol: Internet content syndication standards and opportunities,1998

[Finkenzeller 99]
    Finkenzeller, K., RFID Handbook, John Wiley and Sons, 1999

[Fisbeck 1999]
    Fisbeck, H., Customized Marketing im Internet am Beispiel personalisierter Informationsdienstleistungen, Berlin, 1999

[Fleisch 2000]
    Fleisch, E., Koordination in Netzwerkunternehmen, Universität St. Gallen, St. Gallen, 2000

[Fleisch 2001]
    Fleisch, E., Strategien und Prozesse zur Steigerung der Wettbewerbsfähigkeit in der „Networked Economy" , Springer Verlag AG: Berlin 2000

[Fleisch/Österle 2001]
    Fleisch, E., Österle, H., Vom elektronischen Schaufenster zum Prozessportal. Sieben Thesen zur erfolgreichen Gestaltung von Internetportalen, in: ioManagement, Nr. 4, 2001, S. 18- 23

[Fleisch/Strassner 2002]
    Fleisch, E., and Strassner, M. Business Applications Using UbiComp Technologies, M-Lab, St. Gallen/Zurich, 2002

[Gaus 2000]
    Gaus, W., Dokumentations- und Ordnungslehre, Springer-Verlag, Berlin et al., 2000

[Gerick 2000]
    Gerick, T., Topic-Maps - Der neue Standard für intelligentes Knowledge Retrieval, in: Wissensmanagement, Jg. 2, Nr. 3, 2000

[Gersdorf 2000]
    Gersdorf, R., Prozessorientiertes Content Management: Entwicklungstendenz im Dokumentenmanagement, WiSt-Inforum, 09, 2000

[Gershenfeld 1999]
    Gershenfeld, N., Wenn die Dinge denken lernen, Econ, München, Düsseldorf, 1999

[Gingrande/Chester 2001]
    Gingrande, A., Chester, B., Content Management in a Wireless World, e-doc, 2001

[Goldfarb 1999]
    Goldfarb, C., XML Handbook, Prentice Hall, München, 1999

[Goulde 1999]
    Goulde, M., Tamino: Software AG´s XML-Server. Information Server for all Types of Data, Patricia Seybold Group, Boston, MA, 1999

[Gray 1999]
    Gray, C., Tamino XML Database. Butler Group Viewpoint, Butler Group, 1999

[Greening 1999]
    Greening, D., Self-Service Syndication with ICE, Webtechniques, http://www.webtechniques.com/archives/1999/11/greening (7.12.2000)

[Greer 1997]
    Greer, T., Intranets verstehen - Ein Leitfaden für Entscheidungsträger, Microsoft Press, Unterschleissheim, 1997

[Gruhn et al. 2000]
    Gruhn, V., Heymann, D., Kleine, M., Eine Architektur für Content-Management-Systeme auf Basis von XML, e-Spirit Company GmbH, 2000

[Haberl-Zemljic 2000]
    Haberl-Zemljic, A., Content is a commodity. Context is the value added, Magazin Zum Thema, Nr. 3, 2000

[Hansen 1992]
    Hansen, H.R., Wirtschaftsinformatik I, Einführung in die betriebliche Datenverar-beitung,6. Aufl., Fischer, Stuttgart, 1992

[Hansmann et al. 2001]
    Hansmann, U., Merk, L., Nicklous, M., Stober, T.: Pervasive Computing Handbook. Springer-Verlag, 2001

[Harold 1999]
    Harold, E.R., XML Bible, IDG Books Worldwide, 1999

[Harty et al. 1999]
 Harty, J., Balla, J., Andrews, L., Functional Assessment of Autonomy Knowledge Server, Knowledge Update and Knowledge Builder. A Doculabs White Paper, Doculabs, 1999

[Hauer 2000]
 Hauer, M., Knowledge Management braucht Terminologiemanagement, AGI-IMC, Neustadt, 2000

[Heck 2000]
 Heck, M., Web Content Management Software. Eliminate Web Publishing bottle-necks, InfoWorld, San Mateo CA, 2000

[Heck 2001]
 Heck, M., K-station Portal brings new life to business information, Infoworld, 2. Februar, 2001

[Heinrich 1992]
 Heinrich, L., Informationsmanagement, Oldenbourg, München, 1992

[Hellmuth 1997]
 Hellmuth, T., W., Terminologiemanagement. Aspekte einer effizienten Kommunikation in der computerunterstützten Informationsverarbeitung, Universität Konstanz, Konstanz, 1997

[Hess 2000]
 Hess, D.A., Software AG, Inc. Tamino, Datapro Information Services, 2000

[Hess 1996]
 Hess, T., Entwurf betrieblicher Prozesse, Deutscher Universitäts-Verlag, Wiesbaden, 1996

[Hoffmann/Wolf 2000]
 Hoffmann, A., Wolf, K., Portal-basierte Geschäftsmodelle – Chancen und Risiken, in: IM, Jg. 15, Nr. 2, 2000, S. 25-32

[Hübner 1996]
 Hübner, H., Informationsmanagement und strategische Unternehmensführung, Oldenbourg, München, Wien, 1996

[Hyperwave 2000]
 Hyperwave, Hyperwave Information Portal White Paper, Hyperwave, Westford MA, München, 2000

[ICE Authoring Group 2000]
 ICE Authoring Group, The Information and Content Exchange (ICE) Protocol, AC Review Version 1.1, Revision R, http://www.icestandard.org/spec/SPEC-ICE1.01-20000511.html (7.12.2000)

[Idetix 1999]
    Idetix, The importance of content systems in web based computing, idetix inc., 1999

[Infopark 2001]
    Infopark, Content Management Systeme und Enterprise Application Integration, Infopark AG, Berlin, 2001

[Interwoven 2001]
    Interwoven, Content Replication and Syndication, Interwoven, Sunnyvale CA, 2001

[Jacobs 2001]
    Jacobs, P., Online Syndication Still a Dream for Most, Internetweek, 2001

[Jansen 2000]
    Jansen, C., Prozessunterstützung durch Wissensplattformen für Business Engineers, Dissertation, Universität St. Gallen, St. Gallen, 2000

[Jansen et al. 2000]
    Jansen, C., Thiesse, F., Bach, V., Wissensportale aus Systemsicht, in: Bach, V., Österle, H., Vogler, P. (Hrsg.), Business Knowledge Management in der Praxis, Springer, Berlin, 2000, S. 121-189

[Jara et al. 1999]
    Jara, M., Christ, O., Bach, V., Buner, R., Wissensmanagement für die Schadenbearbeitung in Versicherungsunternehmen, in: Bach, V., Vogler, P., Österle, H. (Hrsg.), Business Knowledge Management, 1999, Heidelberg, 1999, S. 133-160

[Jenny 1995]
    Jenny, B., Projektmanagement in der Wirtschaftsinformatik, Hochschulverlag ETH Zürich, Zürich, 1995

[Jung 2000]
    Jung, F., XML - Grundstein zum grenzenlosen Datenaustausch. Technologie und Einsatzbereich, Software AG, Darmstadt, 2000

[Kaiser 1993]
    Kaiser, A., Computerunterstütztes Indexieren in intelligenten Information Retrieval Systemen. Ein Relevanz-Feedback orientierter Ansatz zur Informationserschliessung in unformatierten Datenbanken. Wirtschaftsuniversität Wien, Wien, 1993

[Kaiser 2000]
    Kaiser, T., Methode zur Konzeption von Intranets, Dissertation, Universität St. Gallen, St. Gallen, 2000

[Kappe 1999]
    Kappe, F., Hyperwave Information Server. Technical White Paper, Hyperwave, Westford MA, München, 1999

[Kappe 2000]
Kappe, F., Content-Management - Wissen darf nicht am Firmentor enden, in: Com-puterwoche, Nr. 37, 2000, S. 73-74

[Karst 1998]
Karst, K., Strategisches Management, Cornelsen Girardet, Berlin, 1998

[Kartchner 1998]
Kartchner, C., Content Management Systems: Getting from Concept to Reality, in: Journal of Electronic Publishing, Jg. 3, Nr. 4, 1998, S. 12-16

[Keller 2000]
Keller, R., Inhalte von der Stange, in: <e>Market, Jg. 1, Nr. 44, 2000, S. 74-76

[Kinecta 2000]
Kinecta, Kinecta Interact. A Technical Overview, Kinecta, San Francisco CA, 2000

[Kolks 1990]
Kolks, U., Strategieimplementierung, Deutscher Universitäts-Verlag, Wiesbaden, 1990

[Koller 1994]
Koller, H., Verfahren zur Beurteilung der Wirtschaftlichkeit von Terminologiearbeit, in: Arntz, R., Mayer, F., Reisen, U. (Hrsg.), Terminologie als Produktionsfaktor in volkswirtschaftlicher und betriebswirtschaftlicher Sicht. Akten des Symposiums zum Deutschen Terminologietag e.V., Köln, 1994

[Kortzfleisch/Winand 1997]
Kortzfleisch, H.F.O.v., Winand, U., Kooperieren und Lernen im Intranet, in: IM Information Management & Consulting, Jg. 12, Nr. 2, 1997, S. 28-35

[Koulopoulos 1999]
Koulopoulos, T.M., Corporate Portals: Make Knowledge Accessible To All, http://www.informationweek.com/731/31erall.htm (7. September 1999), 1999

[Kraemer 2000]
Kraemer, H.V., Trends und Technologien im Content-Management-Markt, in: Computerwoche, Nr. 37, 2000, S. 76-77

[Krcmar 1997]
Krcmar, H., Informationsmanagement, Springer-Verlag, Berlin et al., 1997

[Kühn/Grandke 1997]
Kühn, F., Grandke, R., Kundennutzen in der Leistungserstellung verankern, in: Hirzel Leder und Partner (Hrsg.), Fokussiertes Business Design, Gabler, Wiesba-den, 1997, S. 133-148

[Liebowitz 1999]
　　Liebowitz, J., Knowledge Management Handbook, CRC Press, Boca Raton, 1999

[Lobin 1998]
　　Lobin, H., Informationsmodellierung in XML und SGML, Springer-Verlag, Berlin, Heidelberg, 1998

[Lotus 2001a]
　　Lotus, Lotus Discovery Server: Taking Advantage of the Collective Experience in Your Organisation, Lotus Development Corporation, 2001a

[Lotus 2001b]
　　Lotus, Lotus K-Station Overview. The first Collaboration Portal - from Access to Action., Lotus Development Corporation, 2001b

[Ludewig 1999]
　　Ludewig, C., Existenzgründung im Internet: Aufbau und Ausbau eines erfolgreichen Online-Shops, Vieweg, Braunschweig, Wiesbaden, 1999

[Magee 1997]
　　Magee, F., IT Architecture is a Process, Not a Document, Gartner Group, 1997

[McCrath/Schneider 1997]
　　McCrath, G., Schneider, A., Measuring Intranet Return on Investment, Complete Intranet Resource (http://www.intrack.com/intranet), 1997

[Means/Graham 1999]
　　Means, K., Graham, J., Dispelling popular myths of Web Content Management, in: SunServer, Jg. 13, Nr. 7, 1999

[Mindbridge 1998]
　　Mindbridge, Eamining Return on Investment for Web Projects, mindbridge.com, Inc., 1998

[Morville 1997]
　　Morville, P., Calculating the Cost of a Large-Scale Website, webreview.com, 1997

[Müller-Veerse 1999]
　　Müller-Veerse, F., Mobile Commerce Report, Durlacher Research Ltd., Bonn, London, 1999

[Murray 2001]
　　Murray, D., Automating Content Integration with Autonomy, IDC, Framingham, MA, 2001

[Nohr 2000]
　　Nohr, H., Content Management - Die Einführung von Content Management Systemen, Arbeitspapiere Wissensmanagement Nr. 11, Stuttgart, 2000

[Nonaka/Takeuchi 1995]
    Nonaka, I., Takeuchi, H., The knowledge-creating company, Oxford University Press, Oxford, 1995

[Nylund 2000]
    Nylund, A., Tools Personalize E-Business, in: Knowledge Management, Jg. März, 2000

[Ortner 1997]
    Ortner, E., Methodenneutraler Fachentwurf, Teubner Verlagsgesellschaft, Stuttgart, Leipzig, 1997

[Österle 1995]
    Österle, H., Business Engineering: Prozess- und Systementwicklung, 2. Aufl., Springer, Berlin et al., 1995

[Österle 2000a]
    Österle, H., Auf dem Weg zum Service-Portal, in: Belz, C., Bieger, T. (Hrsg.), Dienstleistungskompetenz und innovative Geschäftsmodelle, Thexis, St. Gallen, 2000, S. 168-176

[Österle 2000b]
    Österle, H., Geschäftsmodell des Informationszeitalters, in: Österle, H., Winter, R. (Hrsg.), Business Engineering, Springer, Heidelberg, 2000, S. 21-42

[Österle/Blessing 2000]
    Österle, H., Blessing, D., Business Engineering Model, in: Österle, H., Winter, R. (Hrsg.), Business Engineering, Springer, Heidelberg, 2000, S. 61-81

[Österle et al. 1991]
    Österle, H., Brenner, W., Hilbers, K., Unternehmensführung und Informationssystem. Der Ansatz des St. Galler Informationssystem-Managements, Teubner, Stuttgart, 1991

[Österle/Simon 2001]
    Österle, H., Simon, K., Vom E-Business zum Collaborative Business, in: IMG World Online, Jg. 1, Nr. Mai, 2001, S. 1-4

[Österle/Winter 2000]
    Österle, H., Winter, R., Business Engineering, in: Österle, H., Winter, R. (Hrsg.), Business Engineering, Springer, Heidelberg, 2000, S. 3-20

[Ovum 2000]
    Ovum, Enterprise Portals: New Strategies for Information Delivery, Ovum Ltd., London, 2000

[Pfaff 1995]
    Pfaff, T., Dokumentenmanagement - Das papierlose Büro, VDE-Verlag, Berlin, 1995

[Picot et al. 1998]
Picot, A., Richwald, R., Wigand, R., Die grenzenlose Unternehmung, Gabler, Wiesbaden, 1998

[Pierce 2001]
Pierce, B., Vignette Content Management Server, Vignette, Austin, 2001

[Pils 2000]
Pils, J., Internet-Portale als Basis im Informationsdschungel, in: IM, Jg. 15, Nr. 2, 2000, S. 15-17

[Plumtree 2000a]
Plumtree, The Currency of Business-to-Business Commerce. Syndication Gadgets from Corporate Portals to the World, Plumtree Software, San Francisco CA, 2000

[Plumtree 2000b]
Plumtree, The Plumtree Corporate Portal 4.0. Technical White Paper, Plumtree Software, San Francisco CA, 2000

[Plumtree 2001a]
Plumtree, Corporate Portals. A Simple View of a Complex World, Plumtree Software, San Francisco CA, 2001

[Plumtree 2001b]
Plumtree, An Overview of Corporate Portal Technology and Deployment., Plumtree Software, San Francisco CA, 2001

[Poetzsch 1998]
Poetzsch, E., Information Retrieval, Verlag für Berlin-Brandenburg, Potsdam, 1998

[Probst et al. 1999]
Probst, G., Raum, S., Romhardt, K., Wissen managen, Gabler, Wiesbaden, 1999

[Quakenbush 2001]
Quakenbush, K., Vignette Content Syndication Server, Vignette, Austin TX, 2001

[Raghavan 2000]
Raghavan, P., Verity Intelligent Classification. Turn Information Assets into Com-petitive Advantage, Verity, Sunnyvale CA, 2000

[RedDot 2001]
RedDot, RedDot Enterprise 1.0. White Paper, RedDot Solutions AG, Oldenburg, 2001

[Reibold 2000]
Reibold, H., Content Management Systeme, in: Internet Professionell, Nr. 7, 2000, S. 38ff.

[Rosenfeld/Morville 1998]
> Rosenfeld, L., Morville, P., Information Architecture for the World Wide Web, O´Reilly, Cambridge et al., 1998

[Rothfuss/Ried 2001]
> Rothfuss, G., Ried, C., Content Management mit XML, Springer, Berlin, Heidelberg, New York, 2001

[Scheer 1998]
> Scheer, A.-W., ARIS - Vom Geschäftsprozess zum Anwendungssystem, 3. Aufl., Springer, Berlin, 1998

[Schmalzl 1995]
> Schmalzl, J., Architekturmodelle zur Planung der Informationsverarbeitung von Kreditinstituten, Physica-Verlag, Heidelberg, 1995

[Schmid 2001]
> Schmid, R., Eine Architektur für Customer Relationship Management und Prozessportale bei Banken, Dissertation, Universität St. Gallen, St. Gallen, 2001

[Schmid/Bach 2000]
> Schmid, R., Bach, V., Prozessportale im Banking – Kundenzentrierung durch CRM, in: IM, Jg. 15, Nr. 1, 2000, S. 49-55

[Schmid et al. 2000]
> Schmid, R., Bach, V., Österle, H., Mit Customer Relationship Management zum Prozessportal, in: Bach, V., Österle, H. (Hrsg.), Customer Relationship Management in der Praxis, Springer, Heidelberg, 2000, S. 3-56

[Schulze 2000]
> Schulze, J., Prozessorientierte Einführungsmethode für das Customer Relationship Management, Dissertation, Universität St. Gallen, St. Gallen, 2000

[ScreamingMedia 2000]
> ScreamingMedia, The Internet Content Revolution. A ScreamingMedia White Paper, Screaming Media Inc., 2000

[Semio 1999]
> Semio, A User´s Guide to Semio Taxonomy. Elavate your state of find, Semio, San Mateo CA, 1999

[Semio 2000a]
> Semio, Automatic Taxonomy Building. An Semio White paper, Semio Corporation, San Mateo, 2000

[Semio 2000b]
> Semio, Text Mining and the Knowledge Management Space, Semio Corporation, San Mateo, 2000

[Sinz 1999]
Sinz, E.J., Architektur von Informationssystemen, in: Rechenberg, P., Pomberger, G. (Hrsg.), Informatik-Handbuch, 2. Aufl., Hanser, München/Wien, 1999, S. 1035-1046

[Software AG 1999]
Software AG, Tamino - Der Information Server für Electronic Business, Software AG, Darmstadt, 1999

[Spencer 2000]
Spencer, J., Developing Wireless E-Business Applications with the Vignette V/5 E-Business Platform, Vignette, Austin, 2000

[Steinle et al. 1995]
Steinle, C., Bruch, H., Lawa, D., Projektmanagement: Instrumente moderner Dienstleistung, F.A.Z.-Verlag, Frankfurt am Main, 1995

[Stringer 1996]
Stringer, E.T., Action research: a handbook for practitioners, Sage Publications, Thousand Oaks, 1996

[Sumner 1999]
Sumner, M., Knowledge management: theory and practice, in: Proceedings of the Proceedings of the 1999 ACM SIGCPR conference on Computer personnel research, New Orleans, LA, 1999, S. 1-3

[Sydow 1993]
Sydow, J., Strategische Netzwerke: Evolution und Organisation, Gabler, Wiesbaden, 1993

[Tedeschi 2000]
Tedeschi, B., The Middlemen of Content, in: The New York Times, 2000

[The Open Group 1999]
The Open Group, The Open Group Architectural Framework (TOGAF) - Version 5, http://www.opengroup.org/public/arch/ (10.11.2000)

[Thiesse 2001]
Thiesse, F., Prozessorientiertes Wissensmanagement: Konzepte, Methode, Fallbeispiele, Dissertation, Universität St. Gallen, St. Gallen, 2001

[Torres 2001]
Torres, J., EContent Profile. Kinecta DIY Syndication, in: EContent, Jg. 2, Nr. 4, 2001, S. 66-67

[Ulrich 1984]
Ulrich, H., Management, Haupt, Bern/Stuttgart, 1984

[Walker et al. 1999]
    Walker, J., Schadler, T., Ciardelli, A., Building An Intranet Portal, Forrester Research, Cambridge MA, Amsterdam, 1999

[Webber 1999]
    Webber, N., Line of Business Systems and Web Application Architectures, Vignette, Austin, 1999

[Weinstein 2000]
    Weinstein, A., Content Management. Inhalte effektiv verwalten, in: Internet Professionell, Jg. 07, 2000, S. 38 f.

[Weiser 1991]
    Weiser, M., The Computer for the 21st Century. Scientific American, vol. 265 (1991), no. 9, pp. 66-75

[Werbach 2000]
    Werbach, K., Syndication - The Emerging Model for Business in the Internet Age, in: Harvard Business Review, Jg. 78, Nr. Mai/Juni, 2000, S. 84-93

[White/Hall 2000]
    White, T., Hall, K., Content Management in E-Commerce: An Emerging, Converging Market, Giga Information Group, Cambridge MA, 2000

[Zachman 1987]
    Zachman, J.A., A Framework for Information Systems Architecture, in: IBM Systems Journal, Jg. 26, Nr. 3, 1987

Sachverzeichnis

A

Ablauforganisation 18, 85, 89, 90, 181
Aggregation 92, 93, 122, 123, 124, 125, 133, 149, 160, 161, 165, 175, 186, 188, 218
Aggregationsprozess 123, 124, 213
Applikationsserver 143, 144, 146
Arago 151, 152, 153, 169
Architektur 17, 18, 21, 22, 23, 137, 138, 140, 147, 158, 160, 161, 163, 164, 165, 166, 167, 168, 185, 186, 187, 191
Archivierung 3, 15, 92, 94, 101, 103, 106, 108, 109, 111, 115, 116, 152, 161, 186, 211, 216, 222
Aufbauorganisation 10, 18, 84, 85, 89, 94, 176, 179, 184
Autobytel.com 12, 26
Autonomy 31, 127, 159, 160, 161, 168
Autor 9, 10, 14, 17, 21, 70, 74, 90, 91, 94, 101, 105, 110, 116, 133, 152, 180, 185, 187, 203, 204, 205, 206, 214

B

Bausteine des Content-Management 8, 9, 16, 23, 30, 92, 147, 151, 180, 185, 186, 190
Benutzerverwaltung 95, 97, 169, 186, 223
Browsing 128
Business Case 50, 65, 69, 70, 72, 73, 74, 173, 185
Business Collaboration Infrastructure 17

C

Call Center 76, 187
Cascading Style Sheets 37, 47
Cisco 2, 3
Compound-Documents 103, 151, 152, 161, 162, 221

Computer Telephony Integration 224
Contact Center 115
Content Exchange 29, 32, 33, 59, 121, 218
Content Feeder 138
Content Management 54, 139, 165
Content Packaging 218
Content-Aggregation 122
Content-Distribution 122
Content-Indizierung 217, 222
Content-Life-Cycle 15, 104, 105
Content-Management-Organisation 10, 98, 179
Content-Management-Prozesse 3, 7, 31, 84, 85, 92, 93, 95, 101, 104, 187
Content-Management-Strategie 8, 9, 22, 54, 66, 185
Content-Management-System 74, 108, 140, 141, 143, 144, 162, 172, 174, 211, 213, 217, 221, 223
Content-Mining 159, 162, 163, 186, 187, 188, 217, 219, 222
Content-Nutzung 6, 33, 37, 61, 92, 95, 96, 97, 99, 169, 185, 186, 188, 191, 203, 221
Content-Partner 9, 42, 56, 57, 58, 59, 62, 63, 66, 69, 84, 170, 171, 175, 185
Content-Redaktion 29, 73, 92, 101, 103, 104, 106, 107, 108, 109, 151, 162, 164, 180, 181, 185, 186, 190
Content-Syndication 29, 32, 41, 44, 92, 117, 119, 121, 122, 148, 149, 150, 151, 162, 165, 169, 170, 171, 174, 175, 178, 180, 185, 186, 187, 190
Credit Suisse 171, 172
CRM 49, 118, 146, 150
CSS 37, 47
CTI 100, 117, 168, 224
Customer Relationship Management 76, 165

D

Discovery Engine 126, 127
Distribution 92, 93, 110, 122, 124, 125, 149, 175, 186, 218, 219, 223
Distributionsprozess 123, 124, 205, 206
Dokumentenmanagement 3, 7, 13, 38, 101, 104, 105, 142, 157, 160, 164
Dokumentenmanagementsystem 133, 213
Dynamische Sitemaps 217

E

E-Plus 9, 10, 37, 40, 41, 42, 43, 44, 45, 46, 47, 52, 53, 54, 55, 56, 58, 59, 60, 61, 62, 63, 64, 65, 69, 84, 85, 86, 87, 109, 122, 123, 133, 137, 138, 139, 141, 147, 149, 170, 185, 225, 226, 227, 228
Exchange Logging 219
Extensible Syle-sheet Language 37

F

Feedbackmanagement 92, 93, 100, 108, 109, 113, 115, 186, 203, 210
Freigabe 15, 86, 87, 94, 106, 113, 123, 124, 133, 145, 146, 188, 205, 206, 209, 211, 212, 213

G

Geschäftsmodell 227
Geschäftsprozess 13, 19, 20, 28, 50, 99, 109
Glossar 82, 92, 132, 134, 183, 186, 216
Glossarverwaltung 220

H

Helsana 89, 90
Hyperlinks 32, 130, 133, 162, 208, 211, 214, 219
Hyperwave 6, 161, 162, 168

I

i-mode 227
Import/Export-Filter 221

Information and Content Exchange Protocol 29, 32, 33, 59, 121, 218
Integration 5, 7, 11, 17, 30, 33, 37, 85, 112, 117, 120, 121, 129, 132, 133, 138, 143, 146, 149, 151, 155, 162, 163, 164, 166, 169, 174, 176, 180, 186, 188, 190
Internet 1, 5, 6, 7, 11, 26, 32, 39, 52, 53, 79, 84, 85, 86, 94, 98, 99, 109, 117, 118, 119, 120, 124, 131, 142, 150, 161, 174, 187, 213
Intranet 1, 2, 4, 5, 7, 21, 23, 24, 25, 26, 28, 31, 57, 72, 106, 110, 129, 144, 155, 161, 171, 172, 177, 182

K

Kanalmanagement 9, 28, 37, 47, 53, 63, 64, 67, 106, 180, 181, 185
Katalogmanagement 22, 169, 220
Kinecta Interact Server 148, 174
Klassifikation 10, 122, 128, 129, 130, 132, 154, 156, 157, 158, 159, 162, 163, 166, 169, 182, 190, 191, 210, 219, 222
Klassifikationsvarianten 131
Knowledge Management 14, 157
Konvertierung 34, 35, 61, 94, 122, 123, 138, 139, 152, 153, 170, 190, 211, 212, 218, 223
Kriterienkatalog 8, 23, 181, 183
Kundenprozess 12, 13, 16, 27, 92, 99, 186, 214

L

LDAP 71, 97, 138, 141, 153
Lebenszyklus 104
Linkmanagement 73, 107, 152, 161, 169, 219
Liveserver 144, 146
Lotus Knowledge Discovery System 163, 168

M

M-Commerce 227
Metadaten 99, 105, 106, 109, 111, 112, 115, 123, 124, 128, 129, 130, 131, 133, 135, 212, 213, 214, 217, 218, 219, 221, 222

N

Nutzungsprozess 29, 96, 109, 110, 205, 209

O

Onvista 5, 42, 118
Ordnungsprinzipien 128, 219
Ordnungssysteme 31, 81, 128, 129, 189

P

PDA 6, 28, 37, 50, 96, 166, 185
Personalisierung 29, 37, 42, 43, 46, 47, 66, 71, 96, 97, 124, 129, 138, 140, 141, 149, 151, 159, 160, 161, 164, 166, 169, 180, 188, 218,
Pflege 7, 15, 29, 32, 46, 53, 75, 78, 84, 85, 90, 92, 94, 103, 105, 109, 113, 115, 116, 127, 130, 134, 151, 152, 162, 164, 180, 186, 187, 205, 209
Pflegebedarf 92, 94, 99, 109, 110, 113, 133, 134, 186, 203, 204, 205, 206, 207, 209, 214, 215, 216
Pflegeprozess 21, 88, 124, 133, 213
Plumtree 149, 150, 151, 168
Portal 11, 12, 24, 26, 27, 44, 45, 52, 84, 85, 86, 87, 92, 119, 122, 137, 138, 147, 150, 159, 160, 161, 163, 164, 169, 172, 177
Potenzialanalyse 49, 52
Profil 148, 165, 218
Projektmanagement 40, 173
Projektplan 23, 171, 173, 175, 176, 178, 179, 180, 182, 183, 184, 226
Projektszenarien 9, 10, 21, 22, 72, 170, 186, 187
Prozess 12, 13, 17, 21, 24, 30, 57, 68, 84, 86, 90, 94, 95, 99, 104, 107, 109, 111, 127, 132, 154, 176, 179, 186, 203, Prozessarchitektur 8, 9, 18, 21, 22, 23, 84, 176, 181, 182, 184, 185, 186, 203
Prozesslandkarte 91, 92, 93
Prozessportal 12, 26, 27
Prozessportale 11, 12

Q

Qualitätssicherung 73, 88, 103, 105, 124, 138, 146, 152, 165, 171, 187, 211, 213

R

RDF 189, 190
Red Dot 152
Redaktionssystem 139, 140, 141, 151, 152, 153, 165, 178
Reporting 61, 85, 184, 213, 219
Ressource Description Framework 131, 189
Rollenmodell 89, 94, 181

S

SAP 150, 162, 166, 167, 168
Schlagworte 133, 214, 217, 221
Search Engine 126, 127, 217
Semantic Web 188, 189, 190, 191
Semantik 78, 188
Semio Taxonomy 31, 127, 154, 155, 156
SER Brainware 31, 127, 156, 158
Serverarchitektur 143, 146, 178, 181
Sitemap 217
Staging-Server 133, 144, 145, 146, 213
Strategie 1, 8, 9, 22, 40, 49, 50, 51, 53, 54, 66, 67, 70, 85, 161, 175, 185
Stylesheet 36, 38, 153
Suchmaschine 42, 71, 172
Systemarchitektur 9, 84, 137, 139, 140, 141

T

Taxonomie 71, 76, 82, 92, 132, 134, 155, 156, 180, 183, 186, 216
Taxonomieverwaltung 154, 156, 162, 163, 169, 219
Templates 22, 29, 46, 71, 94, 108, 109, 111, 112, 115, 116, 133, 144, 155, 171, 176, 179, 180, 182, 207, 211
Terminologiemanagement 9, 22, 51, 70, 71, 75, 76, 77, 78, 81, 83, 89, 109, 132, 133, 183, 184, 185, 204, 206, 214, 215, 220

Terminologiepflege 92, 93, 109, 115, 132, 134, 135, 136, 186, 191, 204, 206, 215, 219, 220

U

Ubiquitous Computing 191
Unified Messaging 33, 34, 35, 45, 46, 100, 117, 168, 186, 188, 223

V

Versionierung 152
Versionskontrolle 107, 152, 161, 162
Vignette 137, 139, 142, 165, 166, 169, 174
Volltextsuche 99, 126, 127, 128, 203

W

Wissensmanagement 11, 13, 14, 15, 21, 49, 53
Workflowmanagement 95, 104, 107, 151, 152, 161, 169, 214, 223
Workflowmanagementsysteme 107
World Wide Web 117, 118

X

XML 6, 29, 30, 35, 36, 37, 38, 39, 40, 42, 44, 47, 48, 73, 120, 121, 124, 138, 140, 150, 153, 165, 166, 176, 187, 188, 189, 191
XSL 37, 39

Überzeugende Konzepte für die Praxis

R. Alt, H. Österle, Universität St. Gallen (Hrsg.)

Real-time Business

Lösungen, Bausteine und Potenziale des Business Networking

Um zum Netzwerk- oder Echtzeit-Unternehmen zu werden, ist ein Vorgehen in kleinen, wohlüberlegten Schritten erfolgversprechender als „der große Wurf". Jeder Schritt benötigt eine Geschäftslösung, einen Kooperationsprozess zwischen Unternehmen und eine offene Infrastruktur. Dazu hat die Universität St. Gallen gemeinsam mit neun namhaften Unternehmen eine Architektur erarbeitet, die eine Ausgestaltung der Schritte auf den Ebenen Strategie, Prozess und System unterstützt. Anhand dieser Architektur werden verschiedene marktgängige Produkte und Technologien eingeordnet.

2003. Etwa 400 S. Geb. **€ 49,95**; sFr 80,- ISBN 3-540-44099-2

Besuchen Sie uns im Internet: www.springer.de/economics

Bitte bestellen Sie bei Ihrem Buchhändler!

L. Kolbe, H. Österle, W. Brenner, Universität St. Gallen (Hrsg.)

Customer Knowledge Management in der Praxis

Kundenwissen erfolgreich einsetzen

Das in diesem Buch vorgestellte Modell kombiniert Customer Relation und Knowledge Management in einer Rahmenarchitektur kundenzentrierter Prozesse. Diese integrierte Sicht ermöglicht wesentliche Ergebnisverbesserungen in Marketing, Vertrieb und Service, aber auch in internen Leistungsbeziehungen. Die gezeigten Fallstudien dokumentieren die realisierbaren Potentiale aus Management- und IT-Sicht. Aus ihnen werden Handlungsempfehlungen für das Projektmanagement und der Ausblick auf zukünftige Herausforderungen abgeleitet.

2003. Etwa 280 S. Geb. ca. **€ 39,95**; ca. sFr 64,- ISBN 3-540-00541-2

E. von Maur, R. Winter, Universität St. Gallen (Hrsg.)

Extended Data Warehouse Management

St. Galler Konzepte für die Praxis

Ein ganzheitliches proaktives Datenqualitätsmanagement und integriertes Metadatenmanagemt sind für ein effektives Data-Warehouse-System heute ebenso elementare Voraussetzung wie Datenschutz und Datensicherheit, die im Data-Warehouse-Umfeld neue Bedeutung erlangt haben. Zahlreiche Synergiepotenziale bestehen mit Customer Relationship Management, Enterprise Application Integration und Knowledge Management.

2003. Etwa 280 S. Geb. **€ 44,95**; sFr 72,- ISBN 3-540-00585-4

Springer

Erfolgreich im Informationszeitalter

L. Kolbe, H. Österle, W. Brenner, Universität St. Gallen (Hrsg.)

Customer Knowledge Management in der Praxis

Kundenwissen erfolgreich einsetzen

Das hier vorgestellte Modell kombiniert Customer Relation und Knowledge Management in einer Rahmenarchitektur kundenzentrierter Prozesse. Diese integrierte Sicht ermöglicht wesentliche Ergebnisverbesserungen in Marketing, Vertrieb und Service, aber auch in internen Leistungsbeziehungen. Die gezeigten Fallstudien dokumentieren die realisierbaren Potentiale aus Management- und IT-Sicht. Aus ihnen werden Handlungsempfehlungen für das Projektmanagement und der Ausblick auf zukünftige Herausforderungen abgeleitet.

2003. Etwa 280 S. Geb. ca. € **39,95**; ca. sFr 64,-
ISBN 3-540-00541-2

C. Reichmayr, Universität St. Gallen

Collaboration und WebServices

Architekturen, Portale, Techniken und Beispiele

Collaboration und WebServices zeigt, welche Potentiale sich für Unternehmen durch eine konsequente Orientierung an den Kundenprozessen und einer kooperativen Zusammenarbeit zwischen Unternehmen ergeben. Eine wichtige Rolle nehmen dabei elektronische Dienstleister (sogenannte WebService-Anbieter) ein, die diese Kooperationsprozesse erst ermöglichen. Anhand anschaulicher Beispiele aus der Praxis gibt das Buch methodische Vorschläge zur Gestaltung des Kundenprozesses, zum Portaldesign und zur Kooperationsprozessanalyse und Out-tasking.

2003. XV, 255 S. 201 Abb. Geb. € **39,95**; sFr 64,-
ISBN 3-540-44291-X

H. Österle, R. Winter, Universität St. Gallen (Hrsg.)

Business Engineering

Auf dem Weg zum Unternehmen des Informationszeitalters

Wie werden Unternehmen fit für das Informationszeitalter? Dieser Frage geht die zweite Auflage des erfolgreichen Werkes zur Disziplin Business Engineering nach. Teil eins des **Business Engineering** stellt die Grundlagen des St. Galler Ansatzes des Business Engineering umfassend vor. Teil zwei fasst die verschiedenen Ansätze aus der angewandten Forschung zum Business Engineering zusammen, analysiert die Geschäftsmodelle des Informationszeitalters, identifiziert Indikatoren und Treiber des Wandels und entwickelt Methoden und Instrumente für Veränderungsprozesse.

2., neu bearb. u. erw. Aufl. 2003. Etwa 370 S. Geb. € **44,95**; sFr 72,-
ISBN 3-540-00049-6

Springer · Kundenservice · Haberstr. 7 · 69126 Heidelberg
Tel.: (0 62 21) 345 - 0 · Fax: (0 62 21) 345 - 4229
e-mail: orders@springer.de

Die €-Preise für Bücher sind gültig in Deutschland und enthalten 7% MwSt.
Preisänderungen und Irrtümer vorbehalten. d&p · BA 96105/2

Printed in the United Kingdom by
Lightning Source UK Ltd., Milton Keynes
141622UK00008B/57/A